W0189291

BASTEI
LÜBBE
TASCHENBUCH

Markus Maria Profitlich
mit Ralf Linus Höke

# STEHAUF-
# MÄNNCHEN

Markus Marias Tagebuch

BASTEI
LÜBBE
TASCHENBUCH

BASTEI LÜBBE TASCHENBUCH
Band 60667

1. Auflage: April 2012

Dieser Titel ist auch als E-Book erschienen.

Bastei Lübbe Taschenbuch in der Bastei Lübbe GmbH & Co. KG

Originalausgabe

Sie finden uns im Internet unter
www.luebbe.de
Bitte beachten Sie auch: www.lesejury.de

Der Preis dieses Bandes versteht sich einschließlich
der gesetzlichen Mehrwertsteuer.

# Inhalt

# 1. Ankunft

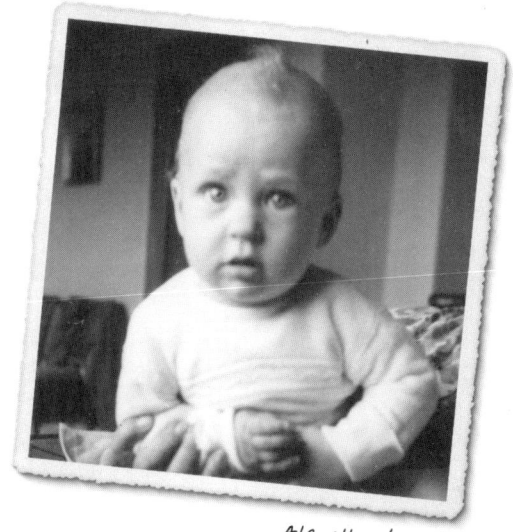

*Als alles begann*

### 25. März 1960, 10 Uhr 3

Eine Stimme reißt mich aus meinen Träumen. »Pressen! Pressen!« Ich presse wie verrückt, aber anscheinend bin ich gar nicht gemeint. Plötzlich sehe ich am Ende des Tunnels ein Licht – ist das schon mein Ende?

### 10 Uhr 8

Zum ersten Mal im Leben blicke ich in ein anderes Gesicht – das einer 70-jährigen Nonne. Bin sehr erschrocken. Das soll meine Mama sein? Will sofort wieder zurück! Die Nonne hat sich auch erschrocken, denn sie brüllt: »Mein Gott, was für ein Riesenbaby!« Frage mich, wen sie damit meint.

### 10 Uhr 12

Die Nonne haut mir auf den Hintern. Obwohl ich gar nix gemacht hab! Haue zurück und gebe meine erste Äußerung von mir. Einen Schrei. Alle freuen sich.

Im Bett liegt eine Frau, die mich anlächelt. Das ist also Mama. Schon besser. Will zu ihr, darf aber nicht. Stattdessen rennt die blöde Nonne aufgeregt mit mir raus und zeigt mich überall rum. Alle gucken mich an und lachen. Mein erster Auftritt. Beschließe, Komiker zu werden. Bin sicher, dass der Erfolg bei meinem Publikum mit meinem gewinnenden Lächeln zu tun hat und nicht, wie die blöde Nonne sagt, mit meinem Gewicht von knapp vierzehn Pfund.

### 10 Uhr 16

Die Vorstellung ist vorbei und ich darf endlich zu Mama. An ihrer Brust nehme ich die erste Mahlzeit meines Lebens ein. Lecker, was da so rauskommt! Und praktisch, dass sie gleich zwei davon hat. So kann ich mir direkt einen Nachschlag holen.

### 11 Uhr

Lerne Papa kennen. Ist okay. Allerdings hat er keine Brüste.

### 26. März 1960

Gegessen. Geschlafen. Gegessen. Bäuerchen gemacht. Geschlafen. Windel voll gemacht. Frische Windel bekommen. Geschlafen.

### 27. März 1960

Gegessen. Geschlafen. Gegessen. Bäuerchen gemacht. Geschlafen. Windel voll gemacht. Frische Windel bekommen. Geschlafen.

## 28. März 1960

Gegessen. Geschlafen. Gegessen. Bäuerchen gemacht.
Geschlafen. Windel voll gemacht. Frische Windel bekommen.
Geschlafen.

## 29. März 1960

Bringe etwas Abwechslung in mein Leben. Gegessen. Geschlafen.
Windel voll gemacht. Frische Windel bekommen. Windel direkt
wieder voll gemacht. Geschlafen. Prima! Wenn mein Leben so
weitergeht, bin ich zufrieden!

# 2. Leben auf dem Lande

### 2. August 1964

Wir wohnen auf dem Lande, und das kommt, weil unser Haus in einem Dorf steht. Dörfer findet man nämlich eher auf dem Lande als in der Stadt. Unser Haus ist ein Musterhaus. Musterhäuser schaut man sich an, wenn man ein Haus kaufen möchte, das genauso aussieht wie ein Musterhaus. So, wie wenn Mama sich im Katalog erst mal Bilder anguckt, bevor sie was kauft. Nur, dass unser Musterhaus nicht im Katalog steht, sondern auf einer Wiese.

Abends bringt Papa ein Huhn statt Geld von der Arbeit mit. Mama meint, von einem Huhn kann sie nix zu essen kaufen. Papa meint, wir sollten doch das Huhn essen. Huhn essen find ich gut. Mama fragt, wer das Huhn denn schlachten soll. Huhn schlachten find ich nicht gut und fange an zu weinen. Frage, ob man das Huhn auch essen kann, ohne es zu schlachten. Nein, das ginge nicht. Papa meint, heute sei es zu spät, aber morgen will er das Huhn schlachten. Bestimmt.

### 3. August 1964

Papa hat keine Zeit, das Huhn zu schlachten, weil er ja einen Stall für das Huhn bauen muss. Das sei jetzt dringender. Aber er will es morgen schlachten. Bestimmt.

### 4. August 1964

Papa hat wieder keine Zeit. Diesmal muss er dringend weg. Zu einem Termin. Frage, ob ich mit kann, denn ich habe noch nie einen Termin gesehen. Papa meint, ich soll besser zuhause bleiben und aufpassen, dass dem Huhn nichts passiert.

### 5. August 1964
Mama fragt, was jetzt mit dem Huhn ist. Sie würde gerne Hühnchen machen. Papa sagt, man könnte ja statt Hühnchen die Eier essen, die es legt. Stimme zu, denn Eier esse ich auch gern, und man muss sie vor dem Essen nicht schlachten. Nur köpfen.

### 12. August 1964
Letzte Woche hat das Huhn kein einziges Ei gelegt. Vielleicht ist es ja verstopft. Pule mit dem Finger hinten im Huhn rum, um die Verstopfung zu lösen. Habe Erfolg. Es kommt tatsächlich ein Ei. Aber kein richtiges, sondern nur so eine Art Rührei.

### 16. August 1964
Unser Huhn heißt jetzt Else und legt immer noch keine richtigen Eier. Mama meint, es reicht, und Papa soll es endlich schlachten. Papa sagt, er könne kein Tier mit einem Namen schlachten.

Kindheit auf dem Lande

### 17. August 1964

Papa hat von der Arbeit einen Kumpel für Else mitgebracht. Taufe den Kumpel direkt auf den Namen Herbert. So kann ihn niemand schlachten.

### 2. September 1964

Papa hat den Stall weiter ausgebaut. Wir haben jetzt zwölf Hühner. Keines legt ein Ei.

### 10. September 1964

Mama hat Papa gestern verboten, noch mehr Hühner mitzubringen. Papa gehorcht und bringt stattdessen eine Sau mit. Trotzdem ist Mama irgendwie sauer. Die Sau soll bei uns zu Wurst werden. Vorher baut Papa ihr einen Stall.

### 16. September 1964

Die Hühner legen immer noch keine Eier. Die Sau auch nicht. Dafür stinkt sie. Mama meint, im Dorf würde man schon über den Gestank reden. Habe Angst, dass die Sau wegkommt, und besprenkele sie mit Kölnisch Wasser. Damit sie besser riecht. Das macht Tante Gerda auch immer so, wenn sie schwitzt und anfängt, streng zu riechen. Damit die Sau nicht geschlachtet wird, gibt es eine Nottaufe. Weil mir in der Eile kein anderer Name einfällt, taufe ich die Sau auf den Namen Gerda.

### 18. September 1964

Tante Gerda ist zu Besuch. Stolz erzähle ich, dass unsere Sau denselben Namen hat wie sie. Und dass das kein Zufall sei, sondern daran läge, dass sie genauso riecht wie unsere Sau. Ich glaube, Tante Gerda ist sehr gerührt, denn sie fängt vor Freude an zu weinen.

### 26. September 1964

Mama sagt, Gerda muss weg. Die Sau, nicht die Tante. Am Abend ist sie wirklich weg. Hatte wohl vergessen, nach dem Füttern den Stall zu schließen. Wir veranstalten eine Treibjagd durchs Dorf. Komme mir vor wie ein Indianer auf Büffeljagd. Nur dass Büffel nicht nach Kölnisch Wasser riechen.

### 28. September 1964

Ein Mann mit einer Schürze kommt, um Gerda abzuholen. Frage ihn, wohin er sie bringt. Der Mann antwortet, dass sie in den Fleischwolf kommt. Mama erklärt ganz schnell, dass Fleischwolf der Name eines sehr, sehr schönen Schweinetiergartens wäre. Bin misstrauisch. Mama und der Mann gucken sich komisch an. Dann sagt der Mann, dass Mama Recht hätte, und schenkt mir zum Trost eine Knackwurst. Jetzt bin ich überzeugt, denn ein Mann, der eine so leckere Knackwurst macht, kann bestimmt nicht lügen.

### 29. September 1964

Der Mann mit der Schürze ist noch mal gekommen, um uns noch viel mehr Knackwürste zu schenken. Und Braten und Blutwurst. Frage ihn, wie es Gerda geht. Gut, sagt der Mann, schenkt mir wieder eine Knackwurst und sagt, die Wurst sei von Gerda. Freue mich. Hab noch nie etwas von einem Tier geschenkt bekommen. Schon gar nicht von einer Sau. Und erst recht keine Wurst. Gerda muss mich echt lieb haben. Habe Gerda auch lieb. Esse die Wurst. Lecker! Jetzt weiß ich, warum man immer sagt, dass Liebe durch den Magen geht.

### 2. Oktober 1964

Papa kommt rein und erzählt, dass Gerda im Auto sitzt. Renne raus und rufe begeistert, dass die Sau wieder da ist. Stoße fast mit Tante Gerda zusammen, die mich ernst anguckt. Später reden Mama, Papa und Tante Gerda laut über meine Erziehung.

### 4. Oktober 1964

Hurra! Unsere Hühner legen Eier! Am Abend gibt es Omelett!

### 5. Oktober 1964

Russenei!

### 6. Oktober 1964

Solei.

### 7. Oktober 1964

Rührei.

### 8. Oktober 1964

Papa will mal was anderes essen. Ich auch. Mama meint, das hätten wir uns selber zuzuschreiben. Wir wollten ja unbedingt die Eier.

### 9. Oktober 1964

Ein anderer Mann mit Schürze holt unsere Hühner ab und bringt sie in einen sehr schönen Hühnertierpark. Bin traurig, aber wahrscheinlich haben die Hühner es da besser als bei uns. Winke mit dem Taschentuch hinterher. Ob wir uns mal wiedersehen? Mama tätschelt mir den Kopf und meint, dass wir uns ganz bestimmt sehr bald wiedersehen. Glaube ihr und bin nicht mehr ganz so traurig. Am Abend gibt's zum Trost Hühnchen. Mama ist die Beste!

# 3. Zahnarzt, die erste

## 14. Juni 1965

Werner und ich spielen Zahnarzt. Werner war schon mal beim Zahnarzt und weiß, wie's geht. Er macht den Mund auf und ich muss reingucken. Dann muss ich fragen, ob was wehtut, und Werner sagt nein. Langweilig. Dann bin ich dran mit Mundaufmachen. Werner kennt sich aus, denn er leuchtet mir direkt mit Papas Schreibtischlampe in den Mund. Ich schlucke Staubfussel und Werner fragt, ob's wehtut. Ich sage nein. Dann nimmt Werner einen 17er Maulschlüssel in die Hand und will damit auf meine Zähne klopfen. Ich will was anderes spielen, aber Werner meint, Zahnärzte würden das so machen und sie würden auch so ein Werkzeug benutzen und schließlich hieße es ja auch Maulschlüssel. Werner klopft vorsichtig und fragt, ob's wehtut. Nein. Werner meint, es muss aber wehtun, sonst hätte die Zahnarztspielerei keinen Sinn, und ob es bestimmt immer noch nicht wehtut. Nein. Werner haut noch stärker zu. Bis jetzt wusste ich nicht, wie sich Zahnschmerzen anfühlen. Jetzt weiß ich es. Werner lobt mich. Ich würde perfekt den Patienten spielen. Ich spiele aber nicht. Der Zahn tut wirklich weh. Und wie beim echten Zahnarzt zieht Werner mit einer Wasserpumpenzange ein kleines Stück Zahn aus meinem Mund. Werner meint, mit mir Zahnarzt zu spielen würde riesigen Spaß machen. Mir nicht so.

Abends tut es richtig weh. Im Bett stecke ich den abgebrochenen Zahn in den Mund. Vielleicht wächst er ja wieder an.

## 15. Juni 1965

Am Morgen liegt der Zahn nicht mehr in meinem Mund. Aber
angewachsen ist er auch nicht. Bekomme einen Verdacht. Nach
dem großen Geschäft suche ich mit Mamas Fleischgabel in der
Kloschüssel nach meinem Zahn. Mama kommt rein und fragt, was
ich mache. Ich antworte, dass ich gerade Zahnarzt spiele. Mama
guckt mich komisch an und drückt dann die Spülung. Weil mein
Zahn jetzt ins Meer schwimmt, muss ich weinen. Mama guckt
mich wieder an. Dann schaut sie mir in den Mund und sagt das
böse Wort: »Scheiße!«

## 16. Juni 1965

Bin mit Mama beim Zahnarzt. Wir müssen nicht warten, denn
das Wartezimmer ist leer. Prima. Später lerne ich, dass dies kein
gutes Zeichen sein muss. Dann darf ich auf den Behandlungs-
stuhl. Der Zahnarzt kommt und lächelt mich an. In seinem
Mund hat er einen Zahn aus Gold. Wahrscheinlich hat er als
Kind auch Zahnarzt gespielt. Ich erkläre, dass mein Zahn im
Meer schwimmt. Der Zahnarzt lacht. Ich entdecke drei weitere
Goldzähne. Dann muss ich den Mund aufmachen. Der Zahnarzt
guckt rein, grunzt ein paarmal und sagt dann das böse Wort. Bin
beunruhigt. Er geht mit Mama in eine Ecke und tuschelt mit ihr.
Abwechselnd gucken sie mich an. Mama sieht ernst aus.
Bin stark beunruhigt und will aufs Klo. Außerdem tut es plötz-
lich nicht mehr weh. Bis der Zahnarzt meine Zähne abklopft.
Wie Werner. Er benutzt sogar dasselbe Werkzeug. Will weg, aber
Mama sagt, der Rest meines weggeschwommenen Zahns müsse
raus. Damit der neue besser nachwächst. Mama gibt mir einen
verdächtig dicken Kuss und geht ins Wartezimmer. Der Arzt
gibt ihr noch eine Packung Oropax. Wusste nicht, dass sich ein
Zahnarzt auch um Ohren kümmert.

    Der Zahnarzt kommt mit einer Spritze. Spritzen kenn ich,
denn ich bin schon mal geimpft worden. In den Po. Der Zahnarzt

will mir die Spritze aber nicht in den Po stecken, sondern in den Mund. Ich will keine Spritze in meinem Mund, die andere vorher im Po hatten. Ich wehre mich und die Spritze fliegt auf den Boden. Der Arzt sagt das böse Wort und ruft dann Frollein Gisela. Frollein Gisela ist die dicke Frau, die uns begrüßt hat. Frollein Gisela soll mir die Hand halten. Sie hält aber nicht meine Hand, sondern meinen Kopf. Der Arzt hebt die Spritze auf und steckt sie mir in den Mund. Schreie wie am Spieß nach Mama und beschließe, nie wieder Zahnarzt zu spielen. Es schmeckt bitter in meinem Mund und ich muss brechen, auf Frollein Giselas Schuhe. Jetzt sagt auch Frollein Gisela das böse Wort. Der Zahnarzt sagt, nach zehn Minuten würde die Betäubung wirken. Zehn Minuten können eine Ewigkeit sein. Nicht hier. Denn nach zwei Minuten kommt der Zahnarzt wieder. In seiner Hand hat er eine Wasserpumpenzange. Wie Werner. Frollein Gisela hält mich fest. Der Zahnarzt steckt die Zange in meinen Mund. Ich schreie. Der Zahnarzt und Frollein Gisela sagen abwechselnd das böse Wort und dass es nicht wehtut. Lüge! Ich wehre mich so heftig, dass der Zahnarzt mit seiner Zange abrutscht. Dann macht es laut »Krack«! Der Zahnarzt zieht einen Zahn aus meinem Mund. Taste vorsichtig mit meiner Zunge nach dem, was von meinen Zähnen übrig ist. Bemerke neben dem abgebrochenen Zahn eine Lücke. Jetzt wäre ich eigentlich dran, das böse Wort zu sagen. Kann aber nicht sprechen. Nur schreien. Der Zahnarzt geht und kommt mit einem Werkzeug wieder, das Papa immer benutzt, um die Radkappen von seinem Käfer zu hebeln. Wenn Papa das Werkzeug benutzt, geht er immer in die Knie. Frollein Gisela kniet sich auch hin. Aber nicht auf den Boden, sondern auf meinen Brustkorb. Weiß nicht, was schlimmer ist: die Zahnschmerzen oder das Gefühl, von Frollein Giselas dicken Brüsten erdrückt zu werden. Bei Winnetou hab ich gesehen, dass die Indianer ihre Feinde an einen Pfahl binden und sie martern. Die Feinde bleiben aber immer standhaft. Klar, denn sie kannten Frollein Gisela noch nicht. Plötzlich macht es wieder »Krack«. Der Zahnarzt zeigt mir die Reste meines abgebrochenen Zahns und sagt, dass es doch gar nicht wehgetan hätte. Ihm nicht. Aber mir und Frollein Gisela, denn bevor mir der Zahnarzt die Zange in den Mund gesteckt hat, hab ich sie ein paarmal gebissen.

Mama kommt rein. Sie zieht die Oropax aus den Ohren und lobt mich, weil ich so still und tapfer war. Beschließe, nie wieder zum Zahnarzt zu gehen. Am Nachmittag darf ich zur Belohnung einen Eisbecher. Da meine Backe aber um das Zehnfache angeschwollen ist, kriege ich meinen Mund nicht auf.
Schaue zu, wie das Eis schmilzt.

# 4. Einschulung

## 10. Juli 1966

Heute muss ich zu einem Test. Ob ich schon alt genug bin für die Schule. Denn wenn man Arzt werden möchte oder Professor, muss man zur Schule gehen. Ich will aber gar nicht zur Schule gehen. Denn ich will weder Arzt noch Professor werden, sondern Schmied. So wie der alte Johannes aus dem Dorf.

    Johannes ist bestimmt schon hundert. Johannes kann viel. Er kann Pferden die Hufeisen annageln und, wenn es sein muss, ihnen auch mal einen Dorn aus dem Fuß ziehen. Nur schreiben kann er nicht. Denn Johannes war nie in der Schule, wie man im Dorf erzählt. Trotzdem ist er Schmied geworden. Warum soll ich also in die Schule, wenn ich direkt Schmied werden kann? Mama lässt nicht mit sich reden. Schule sei Pflicht und außerdem etwas Wunderbares. Sie wäre auch zur Schule gegangen und hätte es nie bereut. Frage Mama, warum sie dann kein Arzt geworden ist, oder Professor. Mama meint, sie hätte jetzt keine Zeit mehr, mit mir zu reden, und ich solle mich umziehen.

Mein erster Schultag

Der Test findet in der Schule statt. Mama geht mit mir in ein Zimmer, in dem ein dickes Frollein auf uns wartet. Das Frollein fragt mich, wie ich heiße und ob ich ein Junge oder ein Mädchen sei. Antworte, dass ich Maria heiße und ein Junge bin. Und wie sie denn heißt, und ob sie denn ein Mädchen oder ein Junge sei. Weil Mädchen ja normalerweise keinen Bart haben. So wie das Frollein. Das Frollein schaut Mama fragend an. Mama meint, ich hätte eben eine gute Beobachtungsgabe. Das stimmt, denn als wir uns setzen beobachte ich, wie dem Frollein eine Naht an ihrem Kleid aufplatzt, und frage sie, warum sie so dick ist. Das Frollein schaut Mama jetzt böse an und sagt, die Erstbefragung sei vorbei und jetzt käme ein Sehtest und dann ein Hörtest. Sie fummelt an ihrer geplatzten Naht herum und meint, sehen könnte ich ja gut, das hätte sie schon bemerkt. Deswegen könnten wir direkt den Hörtest machen.

Ich muss mich umdrehen und immer aufzeigen, wenn das Frollein in eine Flöte reinpfeift. Die Flöte ist wirklich sehr leise und kaum zu hören. Aber jedes Mal, wenn das Frollein hineinpustet, atmet sie vorher keuchend ein. Das kann ich gut hören und zeige immer auf, wenn ich das Keuchen höre. Nach dem Hörtest darf ich mich umdrehen. Das Frollein hat vor lauter Pusterei einen roten Kopf und meint, ich hätte ein sehr gutes Gehör. Mama tätschelt mir stolz den Kopf.

Dann muss ich einen Satz nachsprechen. Aber in richtiger Reihenfolge. Das Frollein sagt: »Du nach Hause gehst jetzt.« Ich antworte, dass der Satz so richtig sei. Nein, der Satz sei falsch so und ich soll ihn richtig sagen. Ich sage: »Du nach Hause gehst jetzt.« Das Frollein wird etwas böse. Ich auch und wiederhole: »Du nach Hause gehst jetzt.« Das Frollein meint, niemand würde so verdreht sprechen. Dass stimmt nicht, denn Winnetou spricht so. Winnetou sei eine Romanfigur und würde in echt gar nicht leben. Bin entsetzt. Winnetou soll nicht echt sein? Ich habe Bilder von ihm gesehen. Im Fernsehen.

Und alle sagen, was im Fernsehen läuft, ist echt! Das Frollein wird laut und sagt streng: »Du gehst jetzt nach Hause!« Stehe artig auf und will nach Hause gehen. Mama hält mich gerade noch zurück.

Dann erzählt mir das Frollein eine Geschichte. Von einem Hasenpapa, der aufs Feld geht und für die Hasenmama und die Hasenkinder Möhren ausgräbt. Das war's. Habe nie im Leben eine langweiligere Geschichte gehört. Und dann soll ich sie noch nacherzählen. Schmücke die Geschichte etwas aus. Der Hasenpapa geht los, wird aber auf dem Feld von bösen Apachen angegriffen. Am Marterpfahl wird er gefoltert und verrät unter Qualen das Versteck seiner Familie. Die Apachen reiten los, um die Hasenmama zu einer Squaw zu machen, doch der Hasenpapa kann sich befreien und richtet unter den Apachen ein Blutbad an. Am Ende haben sich alle lieb und der Hasenpapa schenkt seiner Frau einen frischen Apachenskalp. Das ist eine Geschichte! Das Frollein schaut mich entsetzt an. Mama tätschelt mir den Kopf und lobt meine Phantasie.

Am Ende muss ich dem Frollein noch zeigen, dass ich auf einem Bein hüpfen kann. Stelle mich extra doof an und hüpfe auf zwei Beinen. Nein, ich solle auf einem Bein hüpfen. Wie denn? Das Frollein macht es mir vor und hüpft los. Zum ersten Mal macht der Test Spaß. Stelle mich weiter doof an. Das Frollein hüpft und kriegt einen roten Kopf. Nach fünf Minuten kann das Frollein nicht mehr. Sie lässt sich auf einen Stuhl plumpsen. Dabei platzt die Naht ganz auf. Sie sagt, ich hätte bestanden und könnte gehen. Mama bedankt sich und geht raus. Ich hüpfe auf einem Bein hinterher.

### 8. September 1966

Der erste Schultag. Hab mich doch noch überreden lassen, zur Schule zu gehen. Mama hatte zum Schluss ein Argument, dem ich nichts mehr entgegensetzen konnte: eine große Schultüte voller Süßigkeiten. Mamas Argument war aber nicht von langer Dauer, denn nach einer halben Stunde war die Schultüte schon leer.

Will meinen Entschluss, zur Schule zu gehen, noch mal überdenken, aber es ist zu spät. Hand in Hand betrete ich zusammen mit anderen Erstklässlern die Schule. Mama winkt mir mit einem Taschentuch hinterher. Sie weint ein bisschen. Komisch. Ich bin doch derjenige, der in die Schule muss.

In der Klasse treffe ich das dicke Frollein vom Test wieder. Sie sagt, sie sei unsere Lehrerin und heiße Frollein Rehbein. Sie lobt uns, weil wir uns alle für den großen Tag so schick gemacht haben. Ich zeige auf und lobe Frollein Rehbein ebenfalls, weil sie sich auch so schick gemacht hat, ein Kleid ohne Riss trägt und sich sogar ihren Bart abrasiert hat. Frollein Rehbein kriegt einen roten Kopf und sagt, ich soll nicht so ungezogen sein. Wieso ungezogen? Ich wollte doch nur nett sein.

Dann soll jeder sagen, was er mal werden will. Ich sage, dass ich Schmied werden will und deshalb jetzt gehen möchte. Alle Kinder lachen. Fange an, mich wohl zu fühlen, und beschließe, noch etwas zu bleiben. Wir erfahren von Frollein Rehbein, dass wir fürs Leben lernen und nicht für die Schule. Dann malt sie eine Pyramide an die Tafel, die ihr aber nicht gefällt, denn anschließend streicht sie die Pyramide wieder durch. Sie fragt uns, was wir da auf der Tafel sehen würden. Zeige auf und sage, dass ich eine durchgestrichene Pyramide sehe. Das sei falsch, sagt sie, denn auf der Tafel stünde keine durchgestrichene

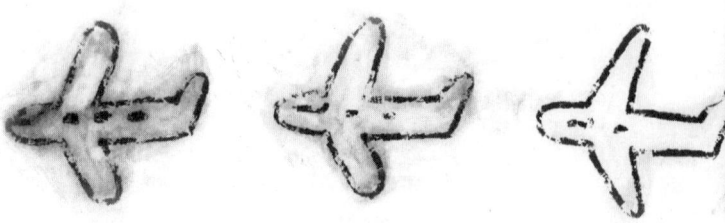

Pyramide, sondern der Buchstabe »A«. Für mich ist es aber eine durchgestrichene Pyramide! Habe keine Lust mehr auf Schule und will gehen. Doch dann müssen wir unsere Hefte aufschlagen und lauter »A« malen. Frage Frollein Rehbein, ob in dem Wort »Schmied« ein »A« drin vorkommt. Nein, natürlich nicht. Dann will ich auch keine »A« malen. In »Schmiedehammer« kommt nämlich bestimmt auch kein »A« vor, wie ich den Laden so kenne. Also, was soll dann der Quatsch?

Frollein Rehbein wird streng. Wenn ich jetzt kein »A« male, bekäme ich einen Tadel und da wäre ein »A« drin. Bin verzweifelt. Wenn ich doch fürs Leben lerne, wieso lern ich dann blöde Buchstaben, die man nur dann braucht, wenn man einen Tadel bekommt? Frollein Rehbein wird richtig böse und schreit, weil es so in der Schulordnung steht. Frage, ob denn in dem Wort »Schulordnung« ein »A« drin vorkommt. Bekomme einen Tadel und muss mich in die Ecke stellen.

Während die anderen Kinder hinter mir durchgestrichene Pyramiden in ihre Hefte malen müssen, mustere ich die Tapete. Stelle mit vor, es sei eine Landkarte. In meiner Phantasie male ich mir aus, wie ich in einem Flugzeug über das Land fliege und dabei beobachte, was unten so passiert. Ich sehe Giraffen, Panther, Affen und angreifende Apachen, jede Menge spannende Dinge, und alle ohne »A«. Am Ende der Stunde bin ich richtig traurig, die Ecke verlassen zu müssen. Aber nicht lange. Denn in der nächsten Stunde steh ich wieder drin.

Schule wird wahrscheinlich nie mein Ding sein …

# 5. Frollein Schmitz

### 1. November 1967

Seit einer Woche gehe ich gern zur Schule. Denn seit einer
Woche ist die dicke Rehbein krank und wir haben ein neues
Frollein. Sie heißt Frollein Schmitz und wir werden heiraten.
Frollein Schmitz weiß es nur noch nicht, denn ich habe ihr
meine Liebe noch nicht gestanden. Frage Papa, was er gemacht
hat, um Mama heiraten zu können. Papa sagt, er hätte Mama
einen Antrag gemacht. Antrag kenn ich. Das hat was mit Ämtern
zu tun und mit ganz viel Papierkram.

Im Schreibwarenladen frage ich nach einem Antrag. Der
Händler hat ganz viele Anträge. Kaufe den billigsten.

### 2. November 1967

Bin heute extra früher in die Schule gegangen, um Frollein
Schmitz meinen Antrag aufs Pult zu legen. Oben auf dem Antrag
steht zwar nichts von Heirat, dafür aber ganz groß »Antrag«.
Und danach etwas kleiner »auf eine Notschlachtung«. Habe
ihren Namen eingetragen und als Grund »gebrochenes Herz«.
Als Frollein Schmitz den Antrag sieht, regt sie sich furchtbar auf
und rennt raus. Wahrscheinlich weiß sie nicht, wohin mit ihrem
Glück.

### 3. November 1967

Frollein Schmitz hat meinen Heiratsantrag nicht richtig verstanden, denn als sie am nächsten Morgen in die Klasse kommt, trägt
sie kein Brautkleid. Bin enttäuscht.

## 4. November 1967

Muss mit ansehen, wie meine zukünftige Frau nach der Schule
von einem blonden Mann abgeholt wird. Der Mann küsst sie.
Sogar auf den Mund! Bin am Boden zerstört. Werner meint, in
so einer Situation würde man als Ehrenmann um die Liebe seiner
Frau kämpfen. Die Ritter früher hätten das auch so gemacht. Mit
Schwert und Speer.

## 5. November 1967

Liege vor der Schule auf der Lauer. Ohne Schwert und Speer.
Dafür mit einer Steinschleuder. Als der blonde Mann Frollein
Schmitz wieder auf den Mund küssen will, lass ich einen Stein
losflitschen. Der blonde Mann kippt um. Sieg! Renne aufgeregt
zu Frollein Schmitz,
damit ich schnell um ihre
Hand anhalten kann. Die
interessiert sich aber
überhaupt nicht für ihren
tapferen Ritter, sondern nur
für den blonden Mann, der
stöhnend am Boden liegt
und sich den Kopf reibt.
Frage sie enttäuscht, ob ihr
mein Kampf nicht gefallen
hätte. Und ob ich noch mal
nachlegen soll, Steine hätte
ich genug. Frollein Schmitz
starrt mit offenem Mund auf
die Steinschleuder in meiner
Hand. Doch statt mir vor
Glück um den Hals zu fallen,
gibt sie mir eine Ohrfeige.
Versteh einer die Frauen.

Offener Blick, offene Hose

## 6. November 1967

Stehe zusammen mit Frollein Schmitz vor dem Direktor. Aber nicht, damit wir uns das Jawort geben, sondern weil ich eine Standpauke kriege. Das ist schlimm genug. Schlimmer aber ist, dass die dicke Rehbein wieder gesund ist. Wegen gebrochenem Herzen, meiner dünnhäutigen Gefühlslage und der dicken Rehbein beschließe ich, der Schule für immer den Rücken zu kehren und auszuwandern.

## 7. November 1967

Schleiche mich frühmorgens aus dem Haus. Mein Ziel: Hamburg. Dort will ich auf einem Ozeandampfer als Smutje anheuern und die Weltmeere bereisen, um Frollein Schmitz für immer zu vergessen. Hamburg aber auch deshalb, weil Hamburg nur einen Meter über dem Meeresspiegel liegt. Das hab ich in der Schule gelernt, und für irgendwas muss die Schule ja gut sein. Das Bergische Land liegt viel höher als Hamburg. Also muss ich mit dem Fahrrad immer nur bergab fahren und komme so automatisch nach Hamburg. Das ist der Plan.

Noch im Dunkeln radele ich los. Immer bergab. Und tatsächlich kommt irgendwann Wasser in Sicht. Es ist aber nicht das Meer, sondern nur der Rhein. Und die Stadt heißt auch nicht Hamburg, sondern Bad Honnef. In Bad Honnef gibt es keine Ozeandampfer. Dafür aber Polizisten, die mich postwendend zurückbringen. Zu Hause weinen alle vor Glück. Ich auch, denn ich bin doch froh, wieder hier zu sein. Ich muss Mama versprechen, nie wieder auszuwandern, und darf dafür so viel Pudding essen, wie ich will. Abends gehe ich zufrieden ins Bett. Frollein Schmitz und die dicke Rehbein sind mir egal. Denn hier haben mich alle lieb. Und das ist ja die Hauptsache.

# 6. Wie man ein Christkind fängt

**22. Dezember 1967**

Übermorgen ist Weihnachten. Weihnachten geht so: Mittags gibt's nur Rinderbrühe. Anschließend schmückt Mama den Baum und ich muss ins Bett zum Vorschlafen. Später kommt Opa mich wecken und wir essen zusammen Gans. Beim Pudding muss Opa immer aufs Klo. Ein Glöckchen bimmelt und wir gehen ins Wohnzimmer. Das Christkind war da und hat Päckchen unter den Baum gelegt. Opa kommt vom Klo und freut sich. Den ganzen Abend packen wir Geschenke aus und singen Lieder. Dann erzählt Opa von Stalingrad, und plötzlich werden alle sehr müde und wollen ins Bett.

Dieses Jahr soll alles anders werden. Denn jedes Jahr plagen mich bei der Gans dieselben Fragen: Was ist, wenn das Christkind jetzt gar nicht reinkommt? Wer soll die Tür öffnen? Und wäre es nicht sowieso besser, das Christkind persönlich zu begrüßen? Dann könnte ich ihm auch direkt sagen, dass ich lieber eine Lok will als wieder eine Wollmütze. Übermorgen werde ich das Christkind nicht verpassen. Denn ich habe einen Geheimplan. Ich will eine Christkindfalle aufstellen.

**23. Dezember 1967**

Werner ist begeistert von meinem Plan und schlägt eine Bärenfalle vor. Die kennt er aus *Lederstrumpf*. Wenn man in der

Falle steckt, muss man das Bein aber absägen, sagt er. Sonst kommt man nicht wieder raus. Denke nach. Kann man dem Christkind ein Holzbein zumuten? Opa hat auch ein Holzbein. Wenn er von Stalingrad erzählt, klopft er immer darauf und sagt, so ein Holzbein hätte auch Vorteile. Dass man keine Gicht mehr spürt und seine Pfeife drauf ausklopfen kann. Eins zu Null für die Bärenfalle. Werner will gucken, ob er im Keller seines Papas eine findet. Mein Papa hat nur Rattenfallen. Zu klein, meint Werner. Dann fällt uns auf, dass wir gar nicht wissen, wie groß das Christkind eigentlich ist. Die Rattenfallen sind wieder im Rennen. Doch was ist, wenn das Christkind gar nicht zu Fuß kommt, sondern fliegt wie ein Vogel? Wie fängt man Vögel? Jäger fangen Vögel mit einem Schrotgewehr. Überlege, wie das Christkind an Heiligabend auf eine Begrüßung mit einem Schrotgewehr reagieren würde, und verwerfe die Idee. Ein Gewehr ist einfach zu laut. Habe die Idee, stattdessen Fliegenfänger aufzuhängen.

## 24. Dezember 1967

Wir essen Gans. Bin nervös. Wird das Christkind sich freuen, mich mal kennen zu lernen? Und werden Papa und Mama sich freuen? Denn wir werden bestimmt berühmt und kommen vielleicht sogar in die Dorfzeitung. Neben die Reklame für Koteletts. Opa ist auch irgendwie nervös, denn heute geht er schon früh aufs Klo. Das Glöckchen klingelt. Mama fragt uns strahlend, ob wir nicht mal gucken sollen, ob der Weihnachtsmann da ist. Weihnachtsmann? Was denn für ein Weihnachtsmann? Für einen Weihnachtsmann ist meine Christkindfalle gar nicht ausgelegt. Bin beunruhigt. Wir gehen ins Wohnzimmer. Kein Weihnachtsmann. Muss an die Fliegenfänger im Hausflur denken. Mama schaut sich unsicher um. Dann hören wir »hohoho« aus dem Flur. Mama strahlt. Das muss der Weihnachtsmann sein. Dann hören wir wieder »hohoho« und »hier kommt der ... mmmmmpppppff«. Mehr sagt der Weihnachtsmann nicht. Stattdessen hören wir ein lautes »Klack«, gefolgt von einem lauten »Rumms«! Mama stürmt raus. Das Erste, was ich sehe, ist ein Holzbein, das aufrecht in einer Bärenfalle steckt. Daneben liegt der Weihnachtsmann. Wusste nicht, dass der Weihnachtsmann auch ein Holzbein hat. Wahrscheinlich war er zusammen mit Opa in Stalingrad. Das Gesicht vom Weihnachtsmann kann man nicht sehen, denn es ist von Fliegenfängern eingewickelt. Aber man kann einen Teil seines Bartes erkennen. Der andere Teil seines Bartes baumelt an einem Fliegenfänger von der Decke. Der Weihnachtsmann richtet sich stöhnend auf. Dabei greift er mit seiner Hand in die Rattenfalle. Ich bin ein bisschen stolz, denn meine Falle funktioniert perfekt. Der Weihnachtsmann schreit. Aber nicht »hohoho«, sondern »AAAH«. Die Familie rennt aufgeregt rum. Alle schreien. Mama rennt in die Küche, um den Verbandskasten zu holen. Dann kommt sie zurück und schreit laut »Feuer!«. Im Wohnzimmer ist Qualm. Damit das Christkind nicht an meinen Fallen vorbei durch den Kamin kommt, hab ich vor der Gans sicherheitshalber eins von Mamas selbst bestickten Seidenkissen ins Ofenrohr gestopft. Papa kommt mit Wassereimern. Ich verdrücke mich in die Küche und esse Pudding. So viel wie geht. Vorbeugend. Denn wahrscheinlich krieg ich Puddingverbot. Obwohl ich das Christkind nicht gefangen habe, bin ich zufrieden. Denn in diesem Jahr war tatsächlich alles anders.

# 7. Haustiere

### 2. Februar 1968

Wünsche mir ein Haustier. Etwas Spannendes. Etwas, das zu meinem Alter passt, denn ich bin bald acht. Am besten wäre natürlich ein Drache. Einer, der ordentlich Feuer spuckt und fliegen kann. Stelle mir vor, mit dem Drachen in die Schule zu fliegen. Kann man einen Drachen draußen an der Schule anbinden? Und was ist, wenn er mal muss? Wälze Bilderbücher über Drachen. Es findet sich nirgendwo ein Hinweis, dass man mit einem Drachen Gassi gehen muss. Ideal für mich! Und füttern muss man ihn auch nicht. Wenn ein Drache Hunger hat, frisst er einfach einen Ritter. Perfekt, denn direkt neben uns wohnt der gemeine Felix Ritter, der mich in den Schulpausen immer ärgert. Mama kann gar nicht nein dazu sagen.

### 3. Februar 1968

Mama sagt nein. Eine Eidechse könnte ich haben. Sähe doch so ähnlich aus. Stelle mir vor, auf einer Eidechse in die Schule zu reiten. Keine schöne Vorstellung. Auch für die Eidechse nicht. Außerdem schrumpeln Eidechsen stark, wenn man sie nach dem Spielen im Sofa vergisst. Auch dieses Argument zählt nicht. Mama bleibt hart.

### 4. Februar 1968

Beim Blättern in einem Bilderbuch entdecke ich mein neues Wunsch-Haustier. Einen Wal! Wale können nicht schrumpeln, weil sie die ganze Zeit im Wasser sind. Und Wale sind spannend!

Sie können Menschen verschlucken und Schiffe zum Untergehen bringen. Außerdem wäre ich der Einzige, der einen Wal hat, denn ich kenne niemanden, der einen Wal im Aquarium hat. Ich kenne aber auch niemanden, der ein Aquarium hat. Außer Onkel Gerd. Aber der hat nur Guppis. Guppis können nicht so schöne Fontänen blasen wie ein Wal. Es heißt ja auch »Der Wal bläst« und nicht »Der Guppi bläst«. Mama meint, das Bergische Land wäre nicht der geeignete Ort für einen Wal. Bringe noch mal den Drachen ins Spiel. Wegen der Berge. Mama bleibt hart.

### 8. Februar 1968

Mama ruft mich ins Wohnzimmer. Die ganze Familie ist da. Alle stehen um mich herum. Überlege fieberhaft, was ich ausgefressen haben könnte. Mir fällt die kaputte Scheibe beim Nachbarn ein. Kurz bevor ich gestehe, überreicht Mama mir strahlend einen Karton. »Du hast dir doch immer ein Haustier gewünscht.« Hurra! Mama schenkt mir ein Drachenei! Öffne den Karton. Ein Drachenei mit Haaren? Ich weiß, dass hart gekochte Hühnereier Haare bekommen können, wenn man sie gepellt hat und lange genug hinterm Ofen versteckt. Aber Dracheneier?

### 9. Februar 1968

Mein Drache heißt Mecki und ist ein Meerschweinchenmännchen. Ein Meerschweinchen ist jetzt nicht so ein spannendes Haustier. Aber es ist besser als eine Eidechse. Beschließe, Mecki ein paar Kunststücke beizubringen. Fange mit etwas Leichtem an. Feuerspucken.

### 10. Februar 1968

Beerdigung. Nehme Abschied von meinem guten Freund Mecki, der mich so lange durch mein Leben begleitet hat. Ein tragischer Unfall hat ihn aus unserer Mitte gerissen. Ein Meerschweinchen ist eben doch kein Drache. Da hilft auch ein halber Liter Benzin

nix. Bin traurig. Mama schenkt mir zum Trost einen Karton.
Hurra! Ein Meerschweinchen. Nenne es Mecki. So brauch ich mir
nicht so viele Namen zu merken, wenn es zu weiteren Unfällen
kommt.

### 11. Februar 1968

Beerdigung. Nehme Abschied von meinem guten Freund Mecki.
Immerhin weiß ich jetzt, dass ein Meerschweinchen unter
Wasser nicht so lange die Luft anhalten kann wie ein Wal. Ein
schwacher Trost. Bin traurig. Mama schenkt mir einen Karton.
Mecki Nummer drei! Sie meint, ich solle etwas behutsamer sein.
Im Radieschenbeet würde der Platz langsam knapp.

### 13. Februar 1968

Idee! Ich mache aus Mecki ein Kampfmeerschweinchen! Das ma-
chen die in England so. Mit Hunden. Wenn man in England mit
Kampfhunden berühmt wird, warum dann nicht im Bergischen
Land mit Kampfmeerschweinchen? Quengele und bekomme von
Mama Geld für ein zweites Meerschweinchenmännchen.

### 14. Februar 1968

Der große Tag ist da! Ich habe extra ein Plakat gemalt. »Heute:
Mecki vs. Zorro«. Das Wort »vs.« hab ich von einem echten
Boxplakat abgeguckt. Was es bedeutet, weiß ich nicht. Wahr-
scheinlich die Abkürzung für »versohlt«.
   »Zorro« hab ich das neue Meerschweinchen getauft, weil
es brutaler klingt. Als Zuschauer ist nur Werner da. Muss wohl
noch an der Werbung arbeiten. Setze Zorro in die Kampfarena zu
Mecki. Werner und ich beobachten gespannt den Kampf.

### 18. Februar 1968

Meerschweinchenkämpfe sehen komisch aus. Einer setzt sich
auf den anderen drauf und zappelt. Der, der unten ist, hält

still. Trotzdem bin ich stolz, denn Mecki und Zorro sind wahre Kampfmaschinen. Sie kämpfen jeden Tag, alle zwei Stunden bis zum Umfallen.

### 1. Mai 1968

Ich bin Vater! Mecki und Zorro haben mir acht gesunde Nachkommen geschenkt. Werner meint, Männchen könnten keine Kinder kriegen. Außer, sie seien schwul. Ich weiß nicht, was schwul ist, und frage Mama. Sie sagt, schwul sei, wenn zwei Männer sich lieben, aber Kinder kriegen könnten sie nicht. Abends schau ich mir Zorro genauer an und benenne ihn feierlich um in Zonja.

### 17. Juli 1968

Vater geworden!

### 30. Oktober 1968

Vater geworden!

### 8. November 1968

Großvater geworden! Mein Meerschweinchenimperium umfasst mittlerweile eine Größe von 135 Stück! Beschließe, Züchter zu werden. Werner hat erzählt, dass es in Australien Züchter gibt, die über eine Million Schafe haben. Mama meint, das Bergische Land sei nicht Australien. Die Familie stellt mich vor die Wahl: Entweder sie oder die Meerschweinchen. Rechne kurz aus, wie viele Käfige ich in den leerstehenden Zimmern unterbringen könnte, entscheide mich dann aber doch für meine Familie.

### 15. November 1968

Räumungsverkauf. Habe Plakat gemalt. »Meerschweinchen! Alles muss raus! Stück 1 Mark«. Räume meinen Freunden Kredite ein, und am Abend bin ich stolzer Besitzer von 135 Schuldscheinen à 1 Mark. Viel später erfahre ich, dass eine

Meerschweinchenschwemme unser Dorf heimgesucht haben soll.
Man musste sogar einen Kammerjäger holen. Das wäre mit einem
Drachen nicht passiert.

# 8. Mut in Stalingrad

Damals mit Opa

## 25. Juli 1969

Heute eine Zigarette geraucht. Als Mutprobe. War tatsächlich sehr mutig, denn ich konnte die Folgen nicht absehen. Sonst hätte ich die Zigarette nämlich auf dem Klo sitzend geraucht und nicht auf dem Schulhof stehend.

Zuhause muss ich direkt unter die Dusche. Keiner lobt mich wegen meiner Tapferkeit. Im Gegenteil. Kriege Schimpfe, weil ich mich so eingesaut hab. Dabei ist Mut im Leben wichtig. Gerade letzte Woche hat Neil Armstrong auf dem Mond großen Mut bewiesen. Denn er ist aus seiner Kapsel ausgestiegen und hat nicht gekniffen, weil er Angst hatte, sich auf dem Mond die Klamotten einzusauen.

Opa ist der Einzige, der nicht wegen meiner Zigarettenmutprobe mault. Er hätte auch als Kind schon geraucht und es hätte ihm nicht geschadet. Dann zündet er sich eine Zigarette an und bekommt einen Hustenanfall. Wenn Opa einen Hustenanfall bekommt, ist das wie eine Vulkanexplosion. Nur, dass Opa keine Asche spuckt.

Der Husten käme aber nicht vom Rauchen, sagt Opa, sondern von Stalingrad und vom Skorbut.

Skorbut ist, wenn man nix zu essen hat. In Stalingrad hatte Opa nix zu essen. Außer Dreck. Und wenn er sich mal was Leckeres gönnen wollte, hat er auch schon mal einen Tannenzapfen gegessen. Ja, so schlimm war Stalingrad. Opa klopft auf sein Holzbein. Ein Andenken an Stalingrad. Bin beeindruckt.

Opa erzählt, dass er das Holzbein bekam, weil er sein echtes Bein verloren hat. Wie kann man ein Bein verlieren? Ein Matchboxauto kann man verlieren, aber ein Bein? Das ist doch angewachsen. Ich hab noch keinen in der Schule getroffen, der morgens mit nur einem Bein ankam, weil er sein anderes Bein im Schulbus vergessen hat.

Opa klärt mich auf. Das käme vom Krieg. Da muss man sehr mutig sein und seine Angst bezwingen. Opa war der Mutigste in ganz Stalingrad, denn er hat viele Orden bekommen. Eiserne Kreuze. Toll! Opa bekommt einen weiteren Hustenanfall. Bezwinge meine Angst und bleibe mutig in Opas Spuckeregen sitzen. Ob ich jetzt auch ein Eisernes Kreuz bekomme?

Nachdem Opa sich leer gehustet hat, erzählt er die Geschichte von seinem Bein. Wie er im Schützengraben gelegen hat und alleine gegen hundert Russen kämpfen musste, um seine Kameraden zu schützen, die hinter ihm Tannenzapfen suchten. Opa fängt an zu weinen, trinkt einen Schnaps und erzählt weiter. Von der schrecklichen Stalinorgel und dass er sich vor Angst fast in die Hose gemacht hätte. Ich fühle mit Opa. Denn heute Morgen noch hab ich mir ja selber in die Hose gemacht. Aber nicht aus Angst, sondern aus Mut. Und dass so eine Orgel Angst macht, kann ich auch verstehen. Wenn der Küster in der Kirche *Hindurch, hindurch mit Freuden* spielt, möchte ich auch immer davonlaufen.

Eine Stalinorgel ist aber kein Musikinstrument, sondern spuckt Raketen. Und das würde ungefähr so klingen. Opa macht das Geräusch der Stalinorgel nach und bekommt vor Anstrengung einen Hustenanfall. Stehe unter Spuckebeschuss und male mir aus, wie schlimm es ist, unter Raketenbeschuss zu stehen. Opa muss ein Held gewesen sein!

Eine Rakete hat sein Bein zerfetzt. Er ist dann aber noch mindestens zwanzig Kilometer durch den Schnee gekrochen, um einen Arzt zu suchen. Er hat aber keinen gefunden, der ihm helfen konnte. (Muss wohl an einem Mittwochnachmittag passiert sein.) Deswegen musste Opa sich das Bein selbst amputieren. Amputieren ist, wenn man sich ein Körperteil abschneidet. Das kenn ich. Samstagnachmittags krieg ich immer die Fingernägel amputiert.

Opa hat für seine Amputation sogar dasselbe Werkzeug benutzt. Eine Nagelschere, denn die Soldaten hatten nichts anderes mehr. Außer Tannenzapfen. Aber die waren nicht scharf genug. Bewundere Opa immer mehr.

Und dann diese Schmerzen! Ob er denn keine Spritze hatte? Nein, sie hatten ja nichts. Elf Stunden lang hat er sich das Bein abgeschnippelt. Opa fängt wieder an zu weinen und trinkt einen Schnaps. Bin tief beeindruckt und sehr stolz, so einen Helden in der Familie zu haben. Von Opas Bein kann sich so mancher eine Scheibe abschneiden! Wenn ich groß bin, will ich mir auch ein Bein amputieren.

Will noch mehr von Opas Heldentaten hören, muss aber warten, denn Opas Arzt kommt zu Besuch. Schaue zu, wie der

Arzt ihm den Puls und den Zucker misst. Dann hebt der Arzt drohend den Zeigefinger und sagt zu Opa, er soll auf seinen Zucker achten, sonst würde er sein anderes Bein auch noch verlieren. Vor allem, weil er doch so viel raucht. Erzähle stolz dem Arzt, dass Opa sein Bein selbst abgeschnitten hat. Der Arzt guckt mich komisch an. Dann guckt er Opa komisch an, der plötzlich einen sehr heftigen Hustenanfall bekommt. Ich würde mich irren, meint der Arzt. Denn er selber hätte es amputiert, und Opas Bein sei ein Opfer der Diabetes. Frage Opa, ob die Diabetes auch in Stalingrad gekämpft hätten. Der Arzt meint, Opa sei nie in Stalingrad gewesen, und Diabetes sei eine Krankheit und keine Kampftruppe. Bin entsetzt. Wie kann der Arzt meinen Opa nur so in den Dreck ziehen? Fange an zu weinen. Bin so wütend, dass ich den Arzt sogar haue. Mama kommt und zieht mich weg. Opa hat einen roten Kopf. Obwohl er gerade gar nicht hustet.

Abends gibt's eine Standpauke. Allerdings nicht für mich, sondern für Opa. Sitze nebenan und lausche. Wie er dem Kind so eine Angst machen könnte, und er soll endlich mit dem Stalingrad-Märchen aufhören.

Später im Bett denk ich nach. Opa war wohl nicht in Stalingrad. Und Mut hat er auch nicht bewiesen. Zumindest nicht in Stalingrad. Aber Opa hat Phantasie. Denn ich fand seine Geschichte sehr spannend. Und das ist ja auch was Schönes. Beschließe, auch so viel Phantasie wie Opa zu bekommen, und schlafe ein. Nachts träume ich von Tannenzapfen, die wie Raketen durch die Luft sausen und dabei *Hindurch, hindurch mit Freuden* singen.

Schon mal ein guter Anfang ...

# 9. Twaalf paar Klompe

## 8. Dezember 1969

Bin aufgeregt. Ich darf in diesem Jahr im Weihnachtsstück
unserer Schule mitspielen. Im letzten Jahr wurde *Rotkäppchen*
gespielt. Rotkäppchen geht so: Rotkäppchen geht mit einem
Korb Leckereien zur Großmutter. Unterwegs trifft sie den Wolf
und erzählt, dass sie zur Großmutter geht. Der Wolf geht vor und
frisst schon mal die Großmutter. Als das Rotkäppchen kommt,
frisst er es auch. Den Leckerkorb lässt er liegen. Ein Jäger
schneidet dem Wolf den Bauch auf. Großmutter und Rotkäppchen
kommen heraus und der Wolf stirbt. Dann verbeugen sich alle
(auch der tote Wolf), und das Stück ist zu Ende.

Ich will natürlich die Hauptrolle. Den Wolf. Ich würde
das Stück aber etwas ändern. Die Großmutter würde ich strei-
chen. Das Rotkäppchen geht mit einem Leckerkorb in den
Wald. Der Wolf frisst die Leckereien auf. Das Rotkäppchen holt
neue, die der Wolf auch frisst. Dann hat das Rotkäppchen
keine Lust mehr, Leckereien zu holen. Der Wolf wird böse und
es kommt zum einem Pistolenduell zwischen ihnen. Das Duell
dauert acht Stunden. Als Zugabe frisst der Wolf das Rotkäppchen. Ende.

Bereite mich auf meine Rolle vor, indem ich mir eine braune
Decke überziehe und als Wolf durch die Wohnung streife. Rot-
käppchen wird von meinem Teddy gespielt. Ist zwar kein echtes
Mädchen, doch zum Üben reicht es. Der Leckerkorb ist aber echt.
Damit ich mich besser in die Rolle einfühlen kann, füll ich ihn
mit Kinderschokolade, Smarties und Bahlsen Crackers. Futtere

drei Körbe leer und bin zufrieden. Schauspielerei macht Spaß.
Die Premiere kann kommen.

### 9. Dezember 1969

Unsere Lehrerin sagt, dass wir nicht *Rotkäppchen* spielen werden,
sondern ein anderes, moderneres Stück: *De twaalf paar Klompe*.
Das Stück kommt aus Holland und geht so: Eine Mama von
zwölf Kindern schaut abends vor die Tür und zählt die Schuhe
der Kinder, um zu gucken, ob auch alle zu Hause sind. Sie zählt
aber nur elf paar Schuhe und fragt sich, wo das zwölfte Kind ist.
Der Papa zählt sicherheitshalber die Schuhe nach und kommt
auch nur auf elf. Dann zählen Opa, Oma, Uropa und Uroma.
Alle kommen nur auf elf. Am Ende stellt sich heraus, dass das
zwölfte Kind schon im Bett liegt und vergessen hat, die Schuhe
auszuziehen. Das war's. Kein Wolf, kein Leckerkorb, keiner wird
gefressen, kein Pistolenduell. Bin enttäuscht vom modernen
Theater.

### 12. Dezember 1969

Erste Probe. Ich soll den Opa spielen. Werner spielt die Mama
und tritt als Erster auf. Er legt sich schwer ins Zeug und rudert
 wild mit den Armen.

»Schon spät am Abend. Ich will doch mal sehen, ob auch
alle zwölf Kinder zu Hause sind.«

Dann schaut er mit wichtiger Miene auf die Schuhe und
beginnt, sie zu zählen. Auf Hol-
ländisch. So steht es im Text.

»Een paar Klompe, twee
paar Klompe, drie paar
Klompe, vier paar Klompe,
vijf paar Klompe, zes paar
Klompe ...«

Werner macht eine

bedeutsame Pause. Als ob jetzt was Überraschendes kommt. Tut es aber nicht. Werner zählt weiter.

»... zeven paar Klompe, acht paar Klompe, negen paar Klompe, tien paar Klompe, elf paar Klompe.«

Wieder eine Pause. Schlafe fast ein. Bis Werner erschrocken aufschreit und sich mit beiden Händen an den Kopf fasst. Er erinnert mich an ein Bild, das bei uns im Flur hängt. Mama meinte mal, das Originalbild sei sehr berühmt und es hieße *Der Schrei*.

»Nur elf paar Klompe? Vater! Weißt du, wo das zwölfte Kind ist?«

Der kleine Leo tritt auf. Er spielt den Vater. Leo schaut Werner mit großen rollenden Augen an und lässt seinen Text mit seiner Piepsstimme los.

»Bist du denn sicher, dass nicht alle Kinder da sind? Wie viele paar Klompe haben wir denn hier? Een paar Klompe, twee paar Klompe, drie paar Klompe ...«

Sterbe vor Langeweile. Beim neunten paar Klompe verzählt sich Leo und fängt noch mal von vorne an. Schauspielerei hatte ich mir irgendwie spannender vorgestellt. Nach zehn Minuten hat Leo es geschafft und ruft den Opa zur Hilfe. Jetzt komme ich. Ich schaue auf die Schuhe und sage:

»Elf paar Klompe. Nur elf paar Klompe? Oma! Weißt du, wo ...«

Die Lehrerin unterbricht. Ich soll doch die Klompe durchzählen.

»Werner und Leo haben sie doch schon gezählt.«

»Vielleicht haben sie sich ja verzählt.«

»Haben sie nicht. Es sind genau elf Paar.«

Werner bestätigt. »Das stimmt. Ich hab genau gezählt.«

Leo nickt ebenfalls. »Ich auch! Sogar sechs Mal!«

Die Lehrerin wird etwas ungeduldig. »Ja. Aber ihr zählt ja nicht für euch, sondern fürs Publikum. Wir spielen ja schließlich Theater.«

»Das Publikum weiß doch auch längst, dass das nur elf Paar sind.«

»Das ist doch nur ein dramaturgisches Mittel!«

Ich weiß nicht genau, was ein dramaturgisches Mittel ist. Glaube aber, dass es ein anderes Wort für Langeweile ist. Leo hat eine wichtige inhaltliche Frage zum Stück.

»Wieso stehen da eigentlich nur elf paar Klompe? Das Stück heißt doch zwölf paar Klompe.«

Die Lehrerin ist einen Moment verwirrt. Werner meint, man sollte besser direkt dreizehn Paar nehmen. Dreizehn sei nämlich eine Unglückszahl und deswegen viel dramatischer als zwölf. Außerdem wäre sein Auftritt dann länger, weil er mehr Text hätte. Finde die Idee nicht so gut. Leo schon. Begeistert piepst er in den Raum:

»Man könnte den Text noch länger machen, wenn man statt Klompe ein längeres Wort nehmen würde. Zum Beispiel Soldatenstiefel.«

Leo ist stolz auf seine Idee. Muss beipflichten, dass »Dreizehn paar Soldatenstiefel« viel spannender klingt als »Zwölf paar Klompe«. Die anderen Schauspieler sehen das auch so. Die Lehrerin nicht.

»Kinder tragen keine Soldatenstiefel, sondern Klompe!«

Wende ein, dass ich nie Klompe tragen würde, obwohl ich ein Kind bin.

»Mein Gott! Das Stück spielt auch in Holland! Und da tragen die Kinder eben Klompe!«

Leo ist richtig in Fahrt und erzählt, dass er im Sommer in Holland an der Nordsee war und die Kinder dort am Strand keine Klompe getragen hätten, sondern Badelatschen, was auch ein langes Wort wäre. Helena, die die Oma spielen soll, meint, sie wäre noch nie am Meer gewesen, würde aber furchtbar gerne mal hin, und fängt an zu weinen. Schlage vor, gemeinsam an die Nordsee zu fahren, um uns auf unsere Rollen besser vorbereiten zu können. Jetzt fängt auch Max (Uropa) an zu weinen, denn er hat Angst vor dem Meer und möchte lieber auf den Spielplatz. Ute (Uroma) möchte gar nicht mehr spielen und lieber ein Eis. Die Lehrerin steht etwas abseits und fasst sich an den Kopf. Muss wieder an das Bild in unserem Flur denken. Schauspielerei ist komplizierter als ich dachte.

## 14. Dezember 1969

Probe. Leo hat am Anfang eine Frage an unsere Lehrerin.

»Wieso liegt das zwölfte Kind eigentlich im Bett? Ist es krank?«

»Nein. Es hat sich einfach so hingelegt. Freiwillig.«

Leo ist zufrieden mit der Antwort. Ich nicht.

»Ich gehe nie freiwillig ins Bett.«

Die anderen nicken. Keiner geht freiwillig ins Bett. Die Lehrerin kriegt eine runzlige Stirn.

»Dann ist das Kind eben nicht freiwillig ins Bett gegangen, sondern wurde von den Eltern ins Bett geschickt. Das ist doch völlig egal!«

»Aber dann wüssten die Eltern doch, wo das Kind ist, und könnten sich die ganze Zählerei sparen.«

Ganz schön pfiffig, der kleine Leo. Muss ihm Recht geben.

»Die Zählerei ist sowieso total langweilig.«

Das findet Werner nicht. Er möchte seinen Text in voller Länge spielen. Allerdings findet er auch, dass es einen Grund geben müsste, warum das Kind im Bett ist. Leo hat eine Idee.

»Vielleicht hat es ja Angst vorm Schwarzen Mann!«

Der Schwarze Mann ist zu viel für Max, denn er fängt sofort an zu weinen. Die Lehrerin kann ihn mit viel gutem Zureden beruhigen und erklärt uns, dass sie nichts mehr vom Schwarzen Mann hören möchte.

»Dann ist das Kind also doch krank!«, piepst Leo. Helena erzählt, dass sie mal ganz schlimm krank war. Masern. Und die seien sogar ansteckend. Max fängt wieder an zu weinen. Er möchte sich nicht mit Masern anstecken. Ute möchte wissen, ob holländische Masern schlimmer sind als deutsche. Werner erzählt, er hätte mal gehört, dass einem von holländischen Masern die Ohren abfallen. Das würde dann Lepra heißen. Jetzt fängt auch Ute an zu weinen. Sie möchte nicht ohne Ohren Theater spielen. Die Lehrerin bricht die Probe ab.

### 16. Dezember 1969
Probe fällt aus. Die Lehrerin hat sich krank gemeldet. Masern.

### 20. Dezember 1969
Der große Tag ist da. Der Theatersaal ist voll. Wir spielen *Rotkäppchen*. Aus dramaturgischen Gründen, wie die Lehrerin sagt. Das Stück ist ein voller Erfolg, obwohl Leo, der das Rotkäppchen spielt, versehentlich ein paar Klompe zählt. Als Zugabe esse ich den Fresskorb. Schauspielerei ist doch nicht so blöd ...

# 10. Im Schoß der Kirche

## 16. Februar 1970

Im März gehe ich zur Erstkommunion. Deswegen haben wir seit ein paar Wochen montags Kommunionsunterricht. Damit wir lernen, warum wir zur Kommunion gehen müssen. Und um Gott kennen zu lernen. Leider hat Gott vormittags wohl wenig Zeit, denn der Unterricht findet am Nachmittag statt.

Unser Kommunionslehrer ist kein Lehrer, sondern Katechet. Ein Katechet ist ein halber Lehrer, der nur Religion kann. Unser Katechet heißt Herr Optenberg und trägt immer schwarz. Wie Onkel Gerd, nachdem seine Frau gestorben ist. Frage Herrn Optenberg, ob seine Frau auch tot sei. Bekomme zur Antwort, dass er schwarz tragen würde in Angedenken an Jesus Christus. Das tut mir leid. Wusste nicht, dass Herr Optenberg mit Jesus Christus verheiratet war.

Erste Heilige Kommunion

## 23. Februar 1970

Im Kommunionsunterricht erzählt Werner

von *Mannix*. *Mannix* ist eine super spannende Detektivserie und läuft freitags im Dritten. Weil wir noch keinen Fernseher haben, erzählt Werner mir montags immer, was Mannix alles erlebt hat. Letzten Freitag ging es um einen Mord an einer Wasserleiche. Spannend! Ich will mehr erfahren, doch Herr Optenberg hat was dagegen, wenn wir im Kommunionsunterricht laut über Mord reden, und gibt uns einen Tadel wegen Schwätzens. Wir halten den Mund und lernen in der nächsten Stunde, dass man mit Gott reden kann, obwohl man ihn gar nicht sieht. Ob wir uns vorstellen könnten, wie man das wohl macht. Zeige auf.

»Mit einem Telefon.«

Nein, das würde nicht stimmen.

Bin anderer Meinung. »Wenn ich mit Werner telefoniere, sehe ich ihn nicht. Würde ich ihn sehen, bräuchte ich ja nicht mit ihm zu telefonieren.«

Dann frage ich noch, ob bei Gott immer frei wäre oder ob da auch schon mal besetzt sei, wie bei Werner. Herr Optenberg sieht mich streng an. Man würde mit Gott nicht durchs Telefon reden, sondern durchs Beten. Und das könnte man immer und überall machen. Gott wäre immer zu erreichen und bei ihm sei nie besetzt. Denke nach. Wenn man immer beten darf, könnte ich doch gefahrlos mehr über Mannix' letztes Abenteuer erfahren, wenn ich nicht mit Werner schwätze, sondern bete. Lasse ein Gebet Richtung Werner los, dessen Inhalt sich um die Frage dreht, wie Mannix dem Mörder der Wasserleiche auf die Spur kam. Herr Optenberg wird böse. Ich soll doch nicht schwätzen! Ich habe aber gar nicht geschwätzt, sondern gebetet. Zu Werner. Wegen *Mannix*. Herr Optenberg sagt, man dürfe in einem Gebet nur mit Gott reden und niemals mit jemand anderem. Das wäre Sünde. Ich will keine Sünde und bete laut zu Gott, er möge doch Werner mal fragen, wie denn *Mannix* ausgegangen sei. Am Ende der Stunde sagt Herr Optenberg zu mir, ich sei ein ungezogener Junge, und bietet mir ein Gespräch zur Läuterung an.

## 2. März 1970

Gesangsstunde mit Herrn Optenberg. Wir singen Kirchenlieder zur Erstkommunion.

Wenn das Brot, das wir teilen, als Rose blüht
und das Wort, das wir sprechen, als Lied erklingt,
dann hat Gott unter uns schon sein Haus gebaut,
dann wohnt er schon in unserer Welt.

Bin total verwirrt. Wie kann aus einem Brot eine Rose wachsen? Schimmel, das hab ich schon gesehen, und in Opas Nachttisch hab ich mal ein Camembertbrot versteckt, aus dem mittlerweile sogar ein Pilz wächst, aber eine Rose? Und wieso hat Gott unter uns sein Haus gebaut? Nebenan wäre doch auch Platz gewesen. Aber unter uns? Und wo genau? Noch unter unserem Keller? Hätte Gott da nicht erst mal Papa fragen müssen, bevor er anfängt, unter uns zu bauen? Um meine Fragen zu beantworten, bietet mir Herr Optenberg ein Gespräch nach dem Unterricht an.

## 9. März 1970

Heute lernen wir, dass Jesus nicht normal zur Welt gekommen ist, sondern mit unbefleckter Empfängnis. Frage, ob es denn auch eine befleckte Empfängnis gäbe. Herr Optenberg wird komisch und sagt, das würde jetzt nicht hierhergehören. Jesus' Vater sei jedenfalls Gott und der würde nichts beflecken. Dann sollen wir uns überlegen, wie wir uns Gott vorstellen. Zeige auf und sage, dass ich ihn mir wie Papa vorstelle. Ja, das würde gehen. Gott sei überall. Habe eine Frage.

»Wenn Gott überall ist, also auch in Papa, hatte Mama dann auch unbefleckte Empfängnis?«

Nach dem Unterricht Gespräch mit Herrn Optenberg.

## 16. März 1970

Herr Optenberg erzählt, dass das letzte Abendmahl für Katholiken der Höhepunkt einer Messe sei. Finde ich gut. Essen ist für mich auch immer ein Höhepunkt. Freue mich. Doch dann erfahre ich, dass nicht Essen der Grund für den Gang zur Kommunion sei, sondern die Erinnerung an Jesus' letztes Abendmahl. Frage, was Jesus denn an seinem letzten Abend gegessen hat. Das würde keine Rolle spielen. Finde schon, dass das eine Rolle spielt, denn wie soll ich mich vernünftig an ein Abendessen erinnern, wenn ich noch nicht mal weiß, was es gab? Wenn ich jetzt beim letzten Abendmahl an Pommes denken würde, bei Jesus hätte es aber keine Pommes gegeben, sondern in Wirklichkeit Mohrenköpfe, dann wäre das doch eine falsche Erinnerung und wenn ich Pech habe, vielleicht sogar Sünde.

Gespräch mit Herrn Optenberg.

## 23. März 1970

Heute muss ich zur Erstbeichte. Denn nur, wer sein Herz erleichtert, darf beim Abendmahl den Magen beschweren. Man darf alle seine Sünden beichten, denn niemand anderer wird davon erfahren. Weil man geheim beichtet. Mit einem Beichtgeheimnis. Sitze im Beichtstuhl und schwitze. Mir fällt nix ein, was ich beichten könnte, denn ich kann mich nicht erinnern, was Böses getan zu haben. Das wird der Priester aber niemals glauben und er wird bestimmt böse und am Ende hab ich wieder Sünde angerichtet. Muss mir was einfallen lassen. Überlege, ob ich einen Banküberfall beichten soll. Aber was ist, wenn die Beichte doch nicht so geheim ist und heute Abend die Polizei kommt, um mich für einen Banküberfall zu verhaften? Frage sicherheitshalber noch mal nach, ob die Beichte wirklich geheim ist. Der Priester meint, nur Gott würde von meinen Sünden erfahren und ich möge bitte anfangen, andere hätten auch noch zu beichten. Bin unsicher. Lasse das mit dem Banküberfall und erzähle stattdessen, dass ich Geld aus dem Opferstock genommen hätte, um Haribos zu kaufen. Außerdem hätte ich einmal gelogen.

Nämlich gerade. Das sag ich aber nicht. Meine Sünden werden mir vergeben. Aber nur, wenn ich fünf Vaterunser bete. Bin im Nachhinein froh, keinen Banküberfall gebeichtet zu haben, denn da wäre ich mit fünf Vaterunser bestimmt nicht ausgekommen.

Am Abend kriegen wir Besuch vom Küster. Wegen meines Diebstahls und wegen Schadenersatz. Später werde ich zu einem Gespräch gebeten. Diesmal von Mama. Beichte ihr, dass ich die Beichte erfunden habe. Mama vergibt mir. Brauche nicht einmal Vaterunser zu beten.

### 25. März 1970

Geburtstag. Bekomme einen Anzug geschenkt. Für die Kommunion. Tue so, als würde ich mich freuen, und ziehe den Anzug an. Fühle mich steif wie ein Brett, und die Hose kratzt wie Tante Gerdas Bart. Ob man nicht auch in Lederhosen zur Kommunion gehen könnte. Nein, könnte man nicht! Eine Lederhose würde auch gar nicht zu einer Krawatte passen, die müsse man nämlich auch anziehen, das sei schick. Opa gibt mir eine Krawatte. Weil ich keinen Krawattenknoten kann, bindet Opa mir die Krawatte. Opa kann aber auch keinen Krawattenknoten. Dafür aber komplizierte Seemannsknoten. Als Opa fertig ist, laufe ich blau an und Mama muss schnell eine Schere holen, um die Krawatte aufzuschneiden.

### 5. April 1970

Heute ist es so weit. Gehe mit vielen anderen Kindern in die Kirche, um das erste Mal in meinem Leben die Kommunion zu empfangen. Bin aufgeregt. Die Mädchen tragen schicke weiße Kleider, die Jungs Anzug und Krawatte. Ich trage nur einen Anzug. Die Krawatten sind alle. In der Kirche beten wir und loben und preisen. Es gibt viel zu beten und zu loben und zu preisen, denn es dauert ewig, bis der Priester zum Tabernakel geht. (Ein Tabernakel ist so eine Art Kühlschrank, in dem der Priester das Abendmahl aufbewahrt.) Wir stellen uns in einer Reihe auf. Als ich dran bin, zeigt der Priester mir ein Stück Esspapier und sagt, das sei der Leib Christi. Wieso der Leib Christi? Wir haben doch gelernt, dass wir durch die Kommunion des letzten Abendmahls Christi gedenken, und jetzt soll ich ihn auf einmal essen? Frage den Priester, ob Jesus von seinen Jüngern auch gegessen wurde. Der Priester schaut mich lächelnd an. Ob ich im Kommunionsunterricht nicht aufgepasst hätte, das mit der Hostie sei nur symbolisch. Wie der Osterhase. Der stünde ja auch nur symbolisch für das Opferlamm. WAS? ES GIBT KEINEN OSTERHASEN? Mein Glaube ist erschüttert und ich fange an zu weinen. Der Priester steckt mir das Esspapier einfach in den Mund und schiebt mich weg. Kaue symbolisch auf Jesus herum. Hätte ich das alles vorher gewusst, ich hätte mir das mit der Kommunion wahrscheinlich noch mal überlegt. Mama meint, da gäbe es nichts zu überlegen, Kirche sei eine schöne Einrichtung, tolerant und verständnisvoll. Ich würde das schon noch lernen, denn wir würden ja jetzt jeden Sonntag in die Kirche gehen und das sei immer ein sehr glückliches Ereignis.

## 19. April 1970

Sonntag. Sind mit der ganzen Familie in der Kirche. Letzten Sonntag konnten wir nicht, weil Mama krank war. Irgendeine Frauenkrankheit, die einmal im Monat kommt. Der Priester steht auf der Kanzel und predigt über Sünde und sündiges Fleisch. Dabei schaut er ganz oft Mama an. Der Priester redet immer lauter. Schließlich schreit er richtig und bekommt vor lauter Toleranz einen roten Kopf. Ihm sei zu Ohren gekommen, dass Mama das Gelübde der Ehe gebrochen habe und zum zweiten Mal verheiratet sei. Das wäre Sünde. Und eine Sünderin wie Mama sei nicht würdig, unter dem Dach seiner Gemeinde zu wohnen. Mama hat genug Predigt und sagt zu uns, dass sie jetzt gehen möchte.

Kann ich verstehen. Wenn ich in der Schule angeschnauzt werde, möchte ich auch immer gehen. Ich darf aber nicht. Mama aber schon.

Draußen beschließe ich, mir die Sache mit Kirche und Religion später einmal genauer anzusehen. Bis dahin jedenfalls werde ich wohl erst mal nicht mehr in die Kirche gehen. Man kann auch ohne Kirche mit Gott reden. Wir haben ja Telefon.

# 11. Nordsee

### 11. Juli 1972

Hurra! Wir fahren an die Nordsee! Zelten. Sonst sind wir in den
Ferien immer ins Sauerland gefahren. Zu Tante Gerda. Freue mich
auf das viele Wasser, denn das gibt es bei Tante Gerda nicht.
Außer in ihren Beinen.

### 12. Juli 1972

Angekommen! Nachdem wir unser Familienzelt aufgebaut
haben, erkunde ich die Gegend und renne direkt an den Strand.
Entdecke dort einen Seeigel. Mit meinem rechten Fuß. Sehr
schmerzhaft. Bekomme einen Verband und darf nicht ins Wasser.

### 13. Juli 1972

Vertreibe mir die Zeit und sammele Strandgut. Einen toten Fisch
und vier Bikinis. Verstaue meinen Fund im Kofferraum von Papas
Auto. Später gibt es Ärger mit Mama. Sie ist sauer. Auf mich
wegen dem Fisch und auf Papa wegen der Bikinis.

Mittags gehen wir in ein Restaurant. Hier gibt's nur Fisch:
Fischbrötchen, Fischstäbchen, gebackenen Fisch, geräu-
cherten Fisch, gekochten Fisch, gedünsteten Fisch. Mag
keinen Fisch und möchte was anderes essen. Mama gibt
nach und bestellt für mich – Krabben.

### 14. Juli 1972

Am Nachmittag mache ich eine interessante Bekanntschaft am Strand. Mit einer Feuerqualle. Bekomme

einen weiteren Verband, diesmal um den linken
Fuß. Bewegung nun stark eingeschränkt.

### 15. Juli 1972

Will mir Krücken bauen und breche von einem Baum einen Ast
ab. Der Ast hat einen Knubbel am Ende, der genau unter meine
Achsel passt. Das ist gut. Weniger gut ist, dass es sich bei dem
Knubbel um ein Wespennest handelt. Bekomme an den Armen
einen Verband und sehe nun aus wie Tutenchamun.

### 16. Juli 1972

Neue Krücken gebastelt. Völlig wespenfrei. Unternehme damit
eine Wattwanderung. Humpele tief ins Watt und genieße die
Vorzüge der Einsamkeit. Als ich zurückwill, bleib ich mit meinen
Krücken im Schlick stecken und erfahre die Nachteile der Einsam-
keit. Der Strand ist so weit weg, dass mich keine Sau schreien
hört. Sehe meiner Zukunft als Moorleiche gefasst ins Auge, bis
Papa mich kurz vor der Flut aus dem Schlick zieht. Bekomme
Sehnsucht nach Tante Gerdas Wasserbeinen.

### 17. Juli 1972

Habe keine Lust mehr auf Strand und Wasser. Bleibe am Zelt
und nehme ein Sonnenbad. Mit meinen ganzen Verbänden kann
ich mich am Strand sowieso nicht blicken lassen, denn die
einzig verbandfreie Stelle ist mein Bauch. Ein heftiger
Sonnenbrand ändert auch dies. Weil der Verband alle
ist, muss ich die nächsten Tage im Zelt bleiben.

### 18. Juli 1972

Hitzewelle. Draußen sind 45 Grad. Wie hoch die
Temperatur im Zelt ist, weiß ich nicht, denn die Skala des
Thermometers reicht nur bis 80.

### 19. Juli 1972
Hitzewelle. Außentemperatur konstant 45 Grad.

### 20. Juli 1972
Hitzewelle. Außentemperatur konstant 45 Grad.

### 21. Juli 1972
Hitzewelle. Außentemperatur konstant 45 Grad.
Zum Glück krieg ich morgen die Verbände ab und darf wieder raus! Wie ich mich aufs Wasser freue!

### 22. Juli 1972
Regen und Temperatursturz auf achtzehn Grad. Im Zelt. Draußen ist es kälter. Mir egal. Ich renne den ganzen Tag durch den Regen und genieße die wiedergewonnene Freiheit.

### 23. Juli 1972
Schwere Erkältung und Fieber. Muss im Zelt bleiben.

### 24. Juli 1972
Hitzewelle. Außentemperatur 42 Grad. Körpertemperatur geringfügig niedriger.

### 25. Juli 1972
Fahren wieder nach Hause. Alle sind knallbraun und gut erholt. Ich nicht. Alle fanden es toll an der Nordsee.
Ich nicht. Keiner will im nächsten Jahr zu Tante Gerda. Ich schon.

# 12. Bonanza

### 7. Oktober 1973

Sonntag. Heute ist es so weit! Heute kommt *Bonanza*! Und zum
ersten Mal reitet der dicke Hoss quer durch unser Wohnzimmer!
Denn Mama hat einen Fernseher gekauft! Einen Graetz Maharadscha! Gebraucht. Früher musste man in die Dorfkneipe, um den
dicken Hoss zu sehen. Dort konnte man zwanzig Pfennig in einen
Kasten werfen, und dann lief der Fernseher für eine Stunde.
Papa muss ein richtiger Bonanzafan gewesen sein, denn er ging
jeden Sonntag in die Kneipe. Doch das ist jetzt vorbei. Die ganze
Familie schaut glücklich auf Maharadscha. Bis auf Papa.

### 18 Uhr 40

Ich darf einschalten und kann es kaum abwarten, die Bonanzagi-
tarre zu hören. Doch das Einzige, was man hört, ist ein Knistern.
Dann brummt es. Dann knistert es lauter. Langsam hört man
Stimmen. Ich bin aufgeregt. Da ist sie! Die Stimme von Hoss!
Er sagt: »Gleich, Pa!« Nie werde ich diese Worte vergessen.
Blöd nur, dass man Hoss dabei nicht sehen kann. Papa meint,
Maharadscha braucht eine gewisse Vorwärmzeit. Wegen Röhren
und so. Das scheint Hoss auch zu meinen, denn wieder sagt er:
»Gleich, Pa!«

### 18 Uhr 48

Ein weißer Punkt erscheint in der Mitte der Bildröhre. Ich presse
meine Nase auf das Glas. Doch in dem winzigen Punkt ist nichts
zu sehen von der weiten Prärie der Ponderosa. Mama meint, man

muss sich drei Meter wegsetzen vom Fernseher. Zu nah wäre schlecht für die Augen.

### 18 Uhr 52

Die Familie sitzt drei Meter vor Maharadscha und starrt gebannt auf einen weißen Punkt. Papa geht in die Kneipe, den Elektriker holen. Nur zur Sicherheit.

### 18 Uhr 54

Der Punkt ist etwas größer geworden. Nie war *Bonanza* so spannend wie heute.

### 18 Uhr 58

Mit einem »Fluff« dehnt sich plötzlich der Punkt aus. Und dann kann ich sie sehen! Meine Helden! Hoss, Adam, Ben, Little Joe und Hop Sing. Die ganze Familie schreit vor Begeisterung, sodass niemand den nächsten Satz des dicken Hoss hört. Aber auch als wieder Ruhe ist, hören wir Hoss nicht. Denn Maharadscha hat beschlossen zu schweigen.

### 19 Uhr 20

Hinter Maharadscha haben es sich Papa und der Elektriker zusammen mit ein paar Flaschen Bier gemütlich gemacht. Der Elektriker meint, Maharadscha hätte ein kaputtes Kondensaat. Aber das bekäme er hin. Prost.

### 14. Oktober 1973

Sonntag. Maharadscha ist wieder ganz! Zur Bonanzazeit hat sich die ganze Familie versammelt. Auch der Elektriker ist da. Zur Verstärkung hat er einen Kumpel mitgebracht. Zur Sicherheit. Papa hat mehr Bier gekauft. Auch zur Sicherheit. Wegen der Vorwärmzeit schalten wir diesmal schon um 18 Uhr 10 ein. Man muss eben mit Technik umgehen können. Das denkt wohl auch der Elektriker, denn um 18 Uhr 40 fällt ihm auf, dass man das Bild sicher noch besser einstellen könnte. Zusammen mit Papa und seinem Kumpel rückt er Maharadscha von der Wand ab und guckt ihm hinten rein. Mama muss den Badezimmerspiegel holen, damit der Elektriker auch sieht, was sich vorne im Bild tut, während er hinten rumschraubt. *Bonanza* mit Badezimmerspiegel vor der Röhre macht irgendwie keinen Spaß.

### 19 Uhr 20

*Bonanza* ist vorbei, aber das Bild ist jetzt perfekt.

### 21. Oktober 1973

Sonntag. Es muss sich rumgesprochen haben, dass man bei uns umsonst Bonanza gucken kann. Das wundert mich, denn wirklich gesehen hat es ja noch keiner. Trotzdem habe ich Mühe, zu Beginn der Vorwärmzeit, 18 Uhr 10, noch einen Sitzplatz in unserem Wohnzimmer zu bekommen. Der Kumpel vom Elektriker hat zwei weitere Kumpels mitgebracht. Und die ihre Familien. Papa verkauft Bier.

### 18 Uhr 40

Mama muss den Badezimmerspiegel holen. Diesmal ist es ein Trafo, den man besser einstellen könnte. Alle helfen mit.

### 19 Uhr 20

*Bonanza* ist vorbei. Ich tröste mich damit, dass wir den am besten eingestellten Trafo der Welt haben. Papa ist drei Kästen Bier losgeworden. Davon hat er zwei verkauft.

### 28. Oktober 1973

Sonntag, 18 Uhr 10. Ich komme nur noch mit einer Sitzplatzreservierung in unser Wohnzimmer.

Das halbe Dorf ist da. Mama verkauft Kartoffelsalat.
Papa Bier.

### 18 Uhr 36

Ich werde nervös und schiele auf den Elektriker. Vorsorglich
habe ich den Badezimmerspiegel versteckt.

### 18 Uhr 38

Mama findet den Badezimmerspiegel nicht. Der Elektriker flucht.
Wie soll man ohne Badezimmerspiegel die Zeilenablenkung
einstellen? Die Stimmung im Wohnzimmer sinkt. Für zwanzig
Pfennig verrate ich Mama das Versteck des Spiegels.

### 18 Uhr 40

Ich werfe die zwanzig Pfennig in den Kasten, der unter dem
Fernseher in der Dorfkneipe hängt. Und endlich kann ich *Bonanza*
sehen.

# 13. New York an der Sieg

### 30. August 1974

Sommerferien. Morgen ziehen wir um. In die Stadt! Genau der
richtige Wohnort für jemanden wie mich. Denn in einer Stadt
warten Abenteuer auf einen. Das ist in New York so, in Rio de
Janeiro und in Tokio. Warum soll das in Siegburg anders sein?
Freue mich auf mein neues Leben in der Zivilisation und nehme
Abschied von der dörflichen Einöde. Nachts träume ich von
Wolkenkratzern und Nachtleben mit bunter Leuchtreklame.

### 31. August 1974

Das Haus, in dem unsere neue Wohnung liegt, ist tatsächlich ein
Wolkenkratzer, denn es hat fünf Stockwerke! Bei dichtem Nebel
kann man – genau wie beim Empire State Building auch – den
Boden vom obersten Stockwerk aus nicht sehen! Wahnsinn!

Unsere neue Wohnung liegt im fünften Stock und bietet
allen Komfort, den man sich von einer modernen Stadtwohnung
wünscht. Es gibt einen Wasserhahn, aus dem warmes Wasser
kommt, elektrischen Strom, der sogar meistens funktioniert, und
ein Klo mit einem Wasserkasten und nicht mit dieser Druckspü-
lung, die einem beim Abziehen immer die Hose eingesaut hat
und deshalb bei uns Kniespülung heißt.

Mein neues Zimmer ist kleiner als das alte. Bett *und* Schreibtisch geht nicht. Entscheide mich fürs Bett. Lerne sowieso am
besten im Liegen. Und im Schlafen. Trotz der Enge bietet mein
Zimmer einen unschätzbaren Vorteil: die Aussicht aus meinem
Fenster. In der gegenüberliegenden Wohnung entdecke ich

nämlich ein Mädchen in meinem Alter. Und im Gegensatz zu den Mädchen auf dem Dorf trägt es keine Gummistiefel, sondern weiße flache Schuhe. Das muss die berühmte Haute Couture sein! Der Umzug in die Stadt fängt an, sich bezahlt zu machen!

## 1. September 1974

Heute will ich die Stadt erkunden. Habe gelesen, dass man zu Fuß vier Tage unterwegs ist, um Rio de Janeiro zu durchqueren. Habe nur einen Tag zur Verfügung und nehme deshalb mein Fahrrad.

Der Großstadtdschungel Siegburgs gestaltet sich übersichtlicher als zunächst angenommen. Nach zwei Stunden hab ich das Zentrum und große Teile der Peripherie (in Rio de Janeiro sagt man »Favela«) durch. Ziehe ein erstes Resümee. Siegburg ist beträchtlich kleiner als Rio. Es gibt auch keinen Broadway, so wie in New York. Der Broadway Siegburgs heißt Universum-Kino und hat montags bis mittwochs geschlossen. Dafür hat Siegburg einen eigenen Bahnhof! Sozusagen ein Tor zur Welt. Denn von hier aus kann man in eine andere Stadt fahren. Man hat sogar die Auswahl zwischen zwei verschiedenen Metropolen: Hennef und Troisdorf!

Ich entdecke noch mehr Dinge, die es auf dem Lande so nicht gibt. Zum Beispiel Restaurants. Wir hatten auf dem Dorf zwar eine Kneipe, an der draußen auch Restaurant stand. Aber in diesen Restaurants hier kriegt man etwas geboten, das es in der Dorfkneipe nicht gab: was zu essen!

## 2. September 1974

Habe Peter kennen gelernt. Er ist waschechter Siegburger und kennt sich bestens aus. Was man denn hier so alles anstellen kann? Oh, viel! Zum Beispiel Steine in die Sieg werfen. Wow! Und sonst? Peter denkt nach. Kein gutes Zeichen. Man kann auch Eis essen, denn Siegburg verfügt über einen echten Italiener, der echtes italienisches Eis verkauft. Im Eiscafé Dolomiti. Super! Siegburg hat also eine Art Little Italy! Das klingt nach Großstadt. Der echte Italiener heißt Jupp Krahwinkel und betreibt seinen original italienischen Eissalon in der Nähe des Bahnhofs. Jupp war zwar noch nie in Italien, hat aber als Ersatz dafür ein Foto von den Dolomiten an eine Wand tapeziert. Jupps Dolomiten haben große Ähnlichkeit mit der Zugspitze. Jupp meint, er wüsste es nicht so genau. Könnte auch die Zugspitze sein. Da war er aber auch noch nie. Das Foto von der Zugspitze würde trotzdem irgendwie passen, denn sein Eissalon läge ja schließlich neben dem Bahnhof. Hä? Zugspitze? Bahnhof? Ah, ja ... logisch!

Nachmittags werfen wir Steine in die Sieg. Aufregend. Immerhin hat Siegburg einen Fluss. So wie London. Nur dass die Brücke hier nicht Tower Bridge heißt, sondern »Für Fahrräder gesperrt«.

Das Schild hätte man sich sparen können, denn als wir zurück an die Straße kommen, stelle ich fest, dass mein Fahrrad weg ist. Peter fragt, ob ich es denn nicht abgeschlossen hätte. Nö, wieso? Hab ich auf dem Dorf auch nie. Muss mich belehren lassen, dass in der Stadt nicht nur Abenteuer warten, sondern auch Kriminelle. Eine völlig neue Erfahrung für eine Dorfpflanze wie mich. Peter nimmt mich auf seinem Gepäckträger mit zurück ins Zentrum. Unterwegs mache ich eine zweite neue Erfahrung. Die Polizeikontrolle. Müssen runter vom Rad. Damit wir nicht in die Versuchung kommen, nach der nächsten Ecke wieder aufzusteigen, dreht uns der nette Polizist die Ventile raus.

## 3. September 1974

Entdecke mein Fahrrad am nächsten Tag auf der Hauptstraße. Natürlich mit einem Schloss. Der Dieb scheint schon länger in der Stadt zu wohnen. Hole von zuhause eine Eisensäge und beginne, mir mein Eigentum zurückzuholen. Beeile mich, damit

mich der Dieb nicht entdeckt, sollte er zufällig
auftauchen. Habe Glück. Der Dieb taucht nicht auf.
Dafür der Polizist von gestern.

»Na, was machen wir denn da?«

»Ich säge das Schloss auf.«

»Fahrraddieb, was?«

»Genau!«

Kurz darauf lerne ich eine weitere Attraktion Siegburgs
kennen. Die Polizeiwache. Meine Personalien werden aufge-
nommen. Anschließend werde ich mit einer Streife nachhause
gefahren. Als ich vor unserer Haustür aus der Streife steige,
sehe ich, wie das Mädchen von gegenüber uns beobachtet. Toller
Einstand! Was die jetzt wohl von mir denkt? Gott sei Dank kann
Mama bestätigen, dass mein Fahrrad auch wirklich mir gehört.
Morgen werd ich mir ein Schloss kaufen.

### 4. September 1974

Mein Fahrradschloss ist ein richtiges Hightech-Modell, denn
man braucht keinen Schlüssel mehr, sondern öffnet es mit
einer Zahlenkombination. So was Modernes kriegt man auf dem
Dorf nicht zu sehen! Präge mir die Kombination gut ein und
fahre mit Peter zu Jupp, den wir mittlerweile Giovanni getauft
haben, damit er wenigstens irgendetwas Italienisches an sich
hat. Im Dolomiti reden wir über Fußball. Eigentlich redet Peter
über Fußball, denn ich interessiere mich nicht sonderlich dafür.
Erhalte einen Grundkurs in Bundesligatabellen und erfahre unter
anderem, dass Bayern München mit einer Tordifferenz von 42
(95 zu 53 Toren) auf Platz eins steht und 49 zu 19 Punkte hat.
Wenn Borussia Mönchengladbach (93 zu 52 Tore, Differenz 41,
Punkte 48 zu 20) im nächsten Spiel mit einer Tordifferenz von 2
gewinnt, könnte die Mannschaft auf Platz eins vorrücken. Habe
genug von Fußball und schlage vor, an die Sieg zu fahren. Steine
werfen. Draußen steh ich vor meinem Fahrrad und betrachte

mein Zahlenschloss. Wie war noch die Kombination? Mir fallen plötzlich alle möglichen Zahlen ein. Kickers Offenbach: 31 zu 37 Punkte, Schlacht von Waterloo: 1815, NSU Prinz: 1200 Kubik, Brustumfang Arnold Schwarzenegger: 154, Brustumfang Jane Fonda: 92 Komma 5. Ende. Für mehr Zahlen ist kein Platz mehr in meinem Kopf. Hole die Eisensäge.

Zwei Stunden später werde ich mit der Streife nach Hause gefahren. Wieder schaut das Mädchen von gegenüber zu.

### 5. September 1974

Neues Schloss. Mit Schlüssel. Schlüssel verloren. Streife. Mädchen guckt zu.

### 6. September 1974

Morgen sind die Ferien vorbei. Werde meine neue Schule kennen lernen. Wenn ich auf dem Weg dorthin nicht wieder auf der Polizeiwache lande. Stimmt schon, das Leben in der Stadt ist irgendwie aufregender als auf dem Dorf. Auch wenn ich mir unter Abenteuer was anderes vorgestellt habe ...

# 14. Höhere Schule

## 7. September 1974

Heute hab ich meinen ersten Tag in der neuen Schule. Eine Realschule, wie meine alte Schule auch. Bin in die siebte Klasse gekommen. Vom Alter her hätte ich in die achte Klasse gekonnt. Von meinen schulischen Leistungen her nicht. Schule war noch nie so mein Ding.

In der ersten Stunde haben wir Englisch. Drücke mich in die letzte Bank und mache mich klein. Der Englischlehrer, Mister Oldfield, findet mich trotzdem und meint, ich solle mich mal vorstellen. Stelle mich hin.

»Hallo, mein Name ist Markus ...«

»In English, please!«

»Yes, Sir! Hello, my name is Marcus Mariah Profitlick and I was born in ... ähm ... in a hospital by my mother.«

Puh. Geschafft. Setze mich. Doch Mister Oldfield hat noch mehr auf dem Herzen.

»Go on!«

»What?«

»GO ON!«

Ich soll angehen? Was will der Mann von mir? Eigentlich sollte ich das alles ja aus dem Effeff können, aber wie bereits erwähnt, Schule war nie so mein Ding. Bin verunsichert und kriege einen roten Kopf. Erstes Gekichere. Geht ja prima los hier.

»Markus, where do you live?«

Stehe wieder auf.

»In ähm ...«

Verdammt, was heißt Siegburg auf Englisch? Victorycastle? Bestimmt nicht. Siegburg aber bestimmt auch nicht, denn Köln heißt auf Englisch auch nicht Köln, sondern Cologne. Fange an zu schwitzen.

»I live ...«

Verdammt! Verlaufsform vergessen!

»I am living in ähm ... Germany! Western Germany!«

Gelächter. Ich darf mich setzen. Mister Oldfield schaut mich verächtlich an und schreibt etwas in seinen Notizblock. Dann schlagen wir die Bücher auf. Ein Mitschüler fängt an zu lesen. Verstehe kein Wort. Die Ansprüche in dieser Schule scheinen etwas höher zu sein als in meiner alten Schule. Obwohl ich in meiner alten Schule auch nicht so viel verstanden habe. Englisch ist eben nicht mein Ding. Schule übrigens auch nicht. Meine Gedanken streifen ab. Irgendwann schau ich auf die Uhr. Noch vier Minuten. Dann wendet sich Mister Oldfield an mich.

»Markus, please read! Page four!«

Schlage Seite vier auf. Immerhin. Das hab ich verstanden. Ich starre auf die fremdartigen Worte in meinem Buch und beginne zu lesen, wobei ich mir größte Mühe gebe, es so klingen zu lassen, als würde ich verstehen, was ich lese:

»Jason is at the office and needs to go to the restroom. But when he gets there, he discovers that it's now only for women! It used ...«

»STOP!«

Scheint ganz gut gewesen zu sein.

»And now, Markus, translate, please!«

Übersetzen? Jetzt noch? So kurz vor Ende? Muss Zeit gewinnen. Zuerst bekomme ich einen Hustenanfall. (Den Trick hab ich von Opa.) Nachdem ich mich beruhigt habe, schiele ich auf die Uhr. Noch drei Minuten. Mister Oldfield steht neben mir und guckt mich streng an. Versuche möglichst unschuldig zu wirken.

»Welchen Satz soll ich noch mal übersetzen?«

»IN ENGLISH, PLEASE!«

»Jason is at the office ...«

»TRANSLATE THIS SENTENCE!«

Noch zwei Minuten. Es hilft nichts. Weiche auf die alte »Ich muss mal«-Notlüge aus und frage, ob ich mal austreten darf. Natürlich in lupenreinem Englisch.

»Can I kick off?«

»WHAT?«

»Ähm ... piss ... piss off!«

PANG! Sofort fang ich mir eine Ohrfeige. Toll. Noch keine Stunde hier, und schon eine Ohrfeige. Bekomme einen Eintrag ins Klassenbuch. Dann klingelt es. In der kurzen Pause werde ich gefeiert. Wie ich es dem alten Oldfield gegeben hätte. Wow! Das hätte sich noch keiner getraut. Verstehe nur Bahnhof. Also main station.

Zweite Stunde. Deutsch bei Herrn Tattenberg. Zwänge mich wieder in die letzte Reihe und mache mich extra klein. Trotzdem kommt Tattenberg direkt auf mich zu und sieht mich mit einem schmallippigen Grinsen an.

»Aha. Ein neuer Schüler. Ob er sich wohl mal vorstellen möchte?«

Ich weiß nicht, von wem Tattenberg redet. Ich dachte bis jetzt, ich sei der einzige neue Schüler. Antworte deshalb:

»Das weiß ich nicht. Da sollte man ihn am besten selber fragen.«

Tattenbergs Grinsen friert ein. Sein Gesicht bekommt einen Ausdruck, der einem das Blut in den Adern gefrieren lassen kann. Seine Stimme wird sehr leise.

»So, so ... große Klappe hat das Bürschchen. Das werden wir ihm noch austreiben, nicht wahr?«

Weiß immer noch nicht, von wem er redet. Weiß nur, dass ich nicht in der Haut dieses Bürschchens stecken möchte. Antworte:

»Genau. An seiner Stelle würde ich die Klappe nicht so weit aufreißen.«

PANG! Zweite Ohrfeige. Pädagogisch scheinen die hier ziemlich auf einer Linie zu sein.

Im weiteren Verlauf der Stunde lernen wir Grammatik. Den Unterschied zwischen Perfekt und Plusquamperfekt. Wir sollen Beispiele nennen. Zeige auf.

»Perfekt: Ich habe eine Ohrfeige bekommen. Plusquamperfekt: Ich hatte eine Ohrfeige bekommen.«

Tattenberg schielt mich an und kommt langsam auf mich zu.

»Fleißig, fleißig, der gute Markus. Dann wird er uns sicher auch Futur zwei benennen können.«

Kann er nicht. Tattenberg erklärt es ihm.

»Du wirst eine Ohrfeige bekommen haben!«

PANG! Dritte Ohrfeige.

Lege keinen Wert mehr auf Tattenbergs bildhaften Unterricht und halte im weiteren Verlauf der Stunde den Mund.

In der großen Pause frage ich meine Mitschüler, ob die Lehrer hier alle so schlimm sind. Wieso, die wären doch gar nicht schlimm. Richtig schlimm wäre nur der Direx. Aber bei dem hätte unsere Klasse Gott sei Dank keinen Unterricht.

Dritte Stunde. Mathematik bei Frau Salaki, deren Körper mich unweigerlich an eine Birne erinnert. Diesmal setz ich mich in die erste Reihe. Der Trick scheint zu klappen, denn Frau Salaki nimmt keinerlei Notiz von mir. Sie verteilt Zettel mit einer Aufgabe, die wir lösen sollen. Dann setzt sie sich an ihren Tisch und liest. Ich schaue auf meinen Zettel. »Konstruiere eine Parabel mit der Funktion $y = 2x^2$.« Aha. Drehe den Zettel um. Nirgendwo findet sich ein Hinweis, wie man diese Aufgabe lösen könnte. Ich dachte immer, man geht in die Schule, um etwas zu lernen und nicht um zu zeigen, was man schon kann. Male irgendeine Kurve auf den Zettel und vertreibe mir die restliche Zeit, indem ich den Kugelschreiber auf und zu drehe. Irgendwann dreh ich ihn ein bisschen zu stark auf. Die Mine springt raus und knallt – einen wunderbaren Parabelflug beschreibend – direkt gegen die Stirn von Frau Salaki. Dort hinterlässt die Mine einen gut sichtbaren Punkt (x). Mache mich auf die gewohnte Ohrfeige gefasst, doch Frau Salaki bittet mich mit einem süffisanten Lächeln an die Tafel. Ich sei ja offensichtlich schon fertig und könnte die Aufgabe doch mal an der Tafel lösen. Dann liest sie weiter. Noch mal Glück gehabt.

Gehe zur Tafel und klappe sie auf. Vor kurzem muss hier wohl Kunstunterricht gewesen sein, denn von der Tafel guckt mich die Zeichnung einer dicken Frau an. Einer nackten dicken Frau. Nicht besonders schön. Wohl moderne Kunst wie bei Picasso. Nur, dass man bei Picasso nie weiß, wen er denn da gemalt hat. Bei diesem Kunstwerk hier weiß man es sofort, denn der Körper der Frau hat die Form einer Birne. Außerdem steht es in dicken Lettern direkt darüber. »Frau Salaki«. Und dann steht da noch »ist eine dicke Kuh«. In der Klasse kichern ein paar. Frau Salaki bittet um Ruhe. Sie weiß noch nicht, dass sie als Modell eines unbekannten Aktmalers herhalten musste, und meine innere Stimme sagt mir, dass es besser wäre, wenn das so bliebe. Suche einen Schwamm, um das Kunstwerk wegzuwischen. Kein Schwamm in Sicht. Frau Salaki fragt, ohne von ihrem Buch aufzusehen, ob ich Fortschritte mache.

»Ja, aber ich brauch noch ein bisschen Zeit für die ähm ... Berechnung der Kurven.«

Lautes Gelächter. Verdammt, warum ist hier kein Schwamm? Wenn ich das Bild schon nicht wegwischen kann, dann muss ich es wenigstens so verändern, dass Frau Salaki sich nicht erkennt.

Beginne mit meiner Retusche am Kopf der gemalten Frau und setze zunächst einen Punkt auf ihre Stirn. Gekichere aus der Klasse. Will gerade einen großen Bogen zeichnen, als sich die Tür öffnet und Mister Oldfield zusammen mit einem anderen Mann hereinkommt. Augenblicklich verstummt die Kicherei. Die Klasse steht artig auf. Frau Salaki steht auf. Mister Oldfield schaut auf die Tafel. Der Mann schaut auf die Tafel. Frau Salaki schaut auf die Tafel. Ich schaue auf die Tafel. Bin komplett versteinert. Die Kreide in meiner Hand drückt immer noch den Punkt auf die Stirn des Aktes. Der Mann schaut abwechselnd zwischen dem Punkt auf der Tafel und dem Punkt auf Frau Salakis Stirn hin und her. Um die Situation etwas aufzulockern, stell ich mich vor.

»Hello, my name is Marcus Mariah Profitlick.«

Dann schau ich den fremden Mann an.

»What is your name?«

Frau Salaki antwortet für den Mann.

»Das ist Oberstudienrat Meurer. Der Direktor der Schule.«

Schaue Meurer an.

»Ähm ... how do you do?«

In der vierten und fünften Stunde hat unsere Klasse Geschichte und Erdkunde. Ich nicht, denn ich sitze in der vierten und fünften Stunde im Zimmer von Oberstudienrat Meurer und höre mir einen lauten Vortrag über Verrohung und sittlichen Verfall an. Und dass ich ein asoziales Element sei und er in Erwägung ziehe, einen solchen Abschaum wie mich der Schule zu verweisen. Ein paar Ohrfeigen wären mir lieber gewesen.

Mittags schleiche ich mit zittrigen Knien nach Hause. Habe jetzt schon Angst vor dem nächsten Schultag. Und dem darauf folgenden. Und den anderen, die danach noch kommen.

Schule war nie mein Ding und wird es wohl auch nie werden.

# 15. Erste Liebe

### 6. November 1974

Leide unter Appetitlosigkeit. Mehr als zwei halbe Hähnchen krieg ich nicht mehr runter. Jedenfalls nicht nach dem Abendbrot. Bin besorgt. Ist das normal für einen vierzehn Jahre alten jungen Mann? Was ist nur mit mir los?

### 7. November 1974

Ich glaube, ich bin verliebt. In das Mädchen von gegenüber – Anja. Stehe sechs Stunden hinter der Gardine und beobachte sie. Bin traurig, denn sie scheint unerreichbar zu sein.

### 8. November 1974

Leihe mir von Papa ein Fernglas. Jetzt sind wir uns viel näher. Vor lauter Aufregung kriege ich zittrige Hände. Leihe mir von Papa ein Stativ für das Fernglas. Besser!

### 9. November 1974

Stehe schon den dritten Tag hinter der Gardine und gucke durchs Fernglas. Trotzdem bemerkt Anja nichts von meiner Liebe. Papa hat Recht. Frauen sind unsensibel!

### 10. November 1974

Peter meint, ich soll es mal mit Pralinen versuchen. Esse eine Schachtel Pralinen, aber Anja bemerkt meine Liebe immer noch nicht.

### 11. November 1974

Beschließe, einen Liebesbrief zu schreiben. Nach zwei Stunden hab ich es geschafft!

»Geliebte! Ich kann ohne Dich nicht leben, denn ich liebe Dich!«

Betrachte stolz mein Werk. Perfekt. Besser kann man es nicht schreiben. Fehlt noch die Unterschrift. Soll ich mich direkt offenbaren oder erst mal abwarten, wie Anja auf die Liebesbotschaft reagiert? Entscheide mich für Letzteres und unterschreibe mit »Dein Schnuckelhase M.« Frauen mögen Geheimnisse! Und sie mögen Kosewörter!

Am Abend werfe ich heimlich den Brief in Anjas Briefkasten. Nachts kann ich vor Aufregung kaum schlafen. Wird sie mich erhören?

### 12. November 1974

Beobachte durchs Fernglas, wie Anjas Vater aufgeregt mit meinem Brief durch die Wohnung rennt und Anjas Mutter anschreit. Was hat der mit meinem Brief zu tun? Ob er nicht will, dass seine Tochter einen Verehrer hat? Muss Anja unbedingt in dieser schweren Stunde beistehen.

»Geliebte! Lass Dir Deine Gefühle nicht verbieten! Wehre Dich und entfliehe Deinem goldenen Käfig! Ich warte auf Dich! Dein Dich liebender Schnuckelhase M.«

### 13. November 1974

Anjas Vater hat meinen Brief schon wieder abgefangen und redet wütend auf Anjas Mutter ein. Sie schüttelt immer den Kopf und weint. Wahrscheinlich ist sie verzweifelt und will – wie ich – nur das Beste für ihre Tochter. Beschließe, Anjas Mutter zu helfen, und setze einen weiteren Brief auf, den ich diesmal direkt an sie adressiere.

»Nicht aufgeben! Wir sollten auf unsere Gefühle hören!

Gemeinsam werden wir das durchstehen und dem alten Herrn zeigen, zu was große Liebe imstande ist! M.« Das wird Anjas Mutter freuen, denn sie weiß jetzt, dass sie im Kampf um das Glück ihrer Tochter nicht alleine dasteht.

### 14. November 1974

Anjas Mutter verlässt weinend mit einem Koffer das Haus und steigt in ein Taxi.

Abends erzählt Mama mit besorgter Miene, dass Anjas Mutter fürs Wochenende zu ihren Eltern gefahren ist, um ein wenig Abstand zu bekommen. In ihrer Ehe stünde es gerade nicht zum Besten. Man munkelt, sie hätte einen Liebhaber. Kann ich verstehen, bei diesem Mann!

### 15. November 1974

Anja sieht traurig aus. Ob sie an mich denkt?

### 16. November 1974

Anjas Mutter ist zurück. Habe das Gefühl, mit meinen Briefen nicht weiterzukommen. Muss direkter vorgehen. Rufe nachts bei Anja an. Ihr Vater hebt ab. Bin erschrocken und keuche vor Aufregung in den Hörer, bevor ich wieder auflegen kann. Gesagt hab ich natürlich nix. Zwei Stunden später versuch ich es erneut. Wieder ist der Vater dran. So geht das die ganze Nacht.

### 17. November 1974

Anjas Mutter steigt wieder ins Taxi. Ich muss Anja aus diesen zerrütteten Verhältnissen holen!

### 20. November 1974

Heute will ich Anja direkt ansprechen, wenn sie vom Einkaufen kommt. Trinke eine Flasche auf Ex, um mir Mut zu machen. Kriege Durchfall – vertrage wohl kein Odol.

## 21. November 1974

Anja zufällig auf der Straße getroffen. Wollte noch schnell die Seite wechseln, um ihr nicht in die Arme zu rennen, doch Anja hatte wohl dieselbe Idee. Stehen uns gegenüber. Anja ist mit vollen Einkaufstaschen und einer Tüte Teilchen bepackt. Ganz Kavalier, bring ich sie nachhause und helfe ihr sogar bei der Schlepperei, indem ich ihr die Teilchen abnehme. Wir gehen schweigend nebeneinander her. Komme auf die Idee, sie zum Tanzen einzuladen. Überlege fieberhaft, wie ich mein Vorhaben am charmantesten formulieren könnte. Vor der Haustür hab ich's.

»Wissu tanzn? Wochende?«

Für einen Moment bleibt die Zeit stehen, doch dann ergießt sich eine Explosion des Glücks durch meinen Körper. Denn Anja sagt zu! Eine erfüllte Liebe kann so einfach sein! Bin überglücklich!

## 22. November 1974

Bin todunglücklich! Denn mir ist eingefallen, dass ich gar nicht tanzen kann! Ich Idiot! Warum hab ich sie nicht zu irgendwas eingeladen, was ich kann? Knödelwettessen oder Frösche aufblasen. Bin verzweifelt.

## 23. November 1974

Gehe die Sache wie ein Mann an und probe den Ernstfall. Übe den ganzen Tag Klammerblues mit unserem Pudel Snobby. Ich führe. Bin sehr zufrieden! Den Zungenkuss üb' ich nächstes Mal aber lieber, bevor Snobby seinen Pansen gefressen hat.

## 24. November 1974

Der große Tag ist da. Habe mich extra schick gemacht. Weiße Flanellhosen, an den Oberschenkeln knalleng, unten mit schönem Fünfzig-Zentimeter-Schlag. Dazu lila Plateauschuhe und ein farblich abgestimmtes orangefarbenes Hemd, dessen Kragen so groß ist, dass man fast einen Segelschein braucht, um es zu tragen. Mit einer dazu passenden grünen Krawatte unterstreiche ich meine Individualität.

Hole Anja ab, und wir gehen zum Tanzen in den Jugendtreff. Auf dem Weg dorthin bekommt unsere zarte Liebe schon die ersten Risse, denn die Unterhaltung mit Anja erweist sich als zäh. Sie interessiert sich nur für langweilige Dinge wie Dalia Lavis' Liebesgeschichte oder die neue Scheitelfrisur von Chris Roberts. Von spannenden Dingen hat sie keine Ahnung. Sie weiß noch nicht mal, wie man einen Spion lautlos tötet.

Gute Musik ist auch nicht ihr Ding, denn im Jugendtreff will sie die ganze Zeit Bay City Rollers hören. Slade kennt sie überhaupt nicht. Kriege große Zweifel. Kann eine Liebe so stark sein, eine Frau zu lieben, die Slade nicht kennt?

Setze alles auf eine Karte und bringe meinen verführerischen Körper ins Spiel. (Schwierig, wegen der Plateauschuhe!) Wahre Liebe funktioniert auch ohne Worte. Nehme Anja in den Arm und stecke ihr meine Zunge in den Mund. Genau so, wie ich es mit Snobby geübt habe. Ich muss zugeben, Anja schmeckt besser. Dafür haut Snobby mir nach dem Kuss keine runter. Bin kurz versucht, ihr auch eine zu semmeln, besinne mich aber auf meine Rolle als Gentleman und boxe sie nur leicht gegen den Arm. Bezahle unter Anjas Gekeife die Getränke (meine!) und gehe nach Hause. Anja ist einfach noch zu unreif.

### 25. November 1974

Schreibe einen letzten Brief. Ich hätte die Schnauze voll und würde mich trennen. Sie wäre einfach noch nicht so weit für eine Beziehung mit mir.

### 26. November 1974

Anjas Mutter ist wieder zurück. Ihr Mann nimmt sie zur Begrüßung in die Arme. Beide weinen. Kann ich verstehen.

Einen besseren Schwiegersohn als mich hätte ihre Tochter nicht bekommen können.

# 16. Schlachtfeld Pubertät

### 2. März 1975

Habe mich verändert. Mama sagt, man merkt, dass ich mitten in der Pubertät stecke. Ich wäre launisch in letzter Zeit. So ein Quatsch. Bin die Ruhe selbst.

### 3. März 1975

Bin auf hundertachtzig! Habe einen Pickel entdeckt. Bekämpfe ihn wie ein Mann und drücke diesen Mist saublöden kackdoofen verXXXten Pickel mit aller Brutalität aus! Tod der Akne!!!

### 4. März 1975

Könnte heulen. Schon wieder ein Pickel. So kann ich mich nicht in der Stadt sehen lassen. Ich kann mich sowieso nicht in der Stadt sehen lassen. Nie mehr. Denn ich sehe total blöd aus. Käsig, lange fettige Haare, Pickel, doofe Klamotten, alles ist so grau und traurig. Bin tief deprimiert. Hat das Leben einen Sinn?

Als Teenie

### 5. März 1975

Könnte die Welt umarmen! Einfach so!

## 6. März 1975

Schon wieder ein Pickel! MIST!

## 7. März 1975

Die Hormonumstellung vom Kind zum Mann bringt noch andere
Veränderungen mit sich. Zum Beispiel eine erhöhte Schweiß-
absonderung. Während man als Kind tagelang ungewaschen
rumrennen kann und immer noch riecht wie ein Pfirsich, ist dies
in meinem Alter nicht mehr möglich. Streng genommen ist es
sogar nicht mehr möglich, länger als eine Stunde ungeduscht
unter Menschen zu gehen. Nach fünfzehn Jahren Dornröschen-
schlaf machen sich die Schweißdrüsen ans Werk und zeigen ihrer
Umwelt, was in ihnen steckt. Und das ist eine ganze Menge.
Um wieder Herr über meinen Geruch zu werden, dusche ich,
wenn möglich, stündlich. Bei längerer Abwesenheit (Schule)
versuche ich die Tätigkeit meiner Schweißdrüsen zu kaschieren,
indem ich Unmengen rohen Knoblauch esse.

## 8. März 1975

Das mit den Pickeln wird langsam zum Problem. Komme mit dem
Ausdrücken nicht mehr nach. Keine schöne Sache. Die Ausdrücke-
rei hinterlässt nämlich hässliche Spuren. Auf meinem Gesicht
und dem Badezimmerspiegel. Vor allem die unterirdischen
Pickel sind sehr hartnäckig. Stundenlang quetscht man auf der
Haut herum, bis sie aufgeben und die weiße (eigentlich gelbe)
Fahne schwenken. Mama meint, ich soll Pickelwasser nehmen.
Pickelwasser! Pah! So ein Mädchenkram kommt mir nicht an
meine empfindliche Haut!

## 10. März 1975

Der enorme Verzehr von Knoblauch erweist sich als extrem ver-
dauungsfördernd. Heute gerade noch rechtzeitig auf die Toilette
geschafft.

## 12. März 1975

Sehr hartnäckiges Pickel-Exemplar entdeckt. Hat sich in der Hautfalte zwischen Nase und Backe versteckt. Das Mistding ist kaum zu packen, weil es immer wegflutscht. Bräuchte etwas mit mehr Grip zum Ausdrücken. Hole den Werkzeugkasten und suche darin nach einer Gripzange. Die kann man langsam zudrücken, und sie bleibt dann in der Stellung, bis man einen Verschluss löst. Damit kann man wunderbar rostige Schrauben entfernen. Warum also keinen Pickel?

Stehe vor dem Badezimmerspiegel und setze die Gripzange an. Drücke langsam zu. Tut weh, denn meine Gesichtshaut ist durch meinen Krieg gegen die Akne schon ziemlich mitgenommen. Mein Gesicht stellt sozusagen einen einzigen großen Kollateralschaden dar.

Drücke ein bisschen fester zu. Schmerz, doch der unterirdische Pickel bleibt weiter in seinem Schützengraben und gibt nicht auf.

Mama kommt ins Bad. Erschrecke mich und drücke voll zu. Die Zange rastet ein und quetscht die Hautfalte ein. Mama schaut entsetzt auf das in meinem Gesicht baumelnde Werkzeug und fragt, was ich denn da tue.

»KÖRPERPFLEGE! SIEHT MAN DOCH!«

»Ich sag doch, du bist launisch.«

»ICH BIN NICHT LAUNISCH!«

Mama geht kopfschüttelnd raus. Könnte heulen. Versuche die Gripzange zu lockern. Der Verschluss klemmt. Jede kleinste Bewegung verursacht große Schmerzen. Versuche behutsam mit einer Rohrzange den Verschluss der Gripzange zu lösen. Schwierig, da ja alles spiegelverkehrt ist. Außerdem rutscht die Rohrzange immer ab. Nehme eine zweite Gripzange, mit der ich mir prompt den Nasenrücken einklemme. Habe jetzt zwei Zangen im Gesicht hängen und komme mir vor wie Frankenstein. Rufe um Hilfe. Mama kommt, sieht mich an, sagt aber nix. Ist auch besser so. Mit Hilfe von Fahrradöl, einem Schraubenschlüssel und körperlicher Gewalt können wir zu zweit die Zangen aus meinem Gesicht operieren. Schaue in den Spiegel. Da, wo mal mein Gesicht war, ist jetzt eine rote aufgequollene Masse. Hat was von Rollbraten. Rohem Rollbraten. So sieht also jemand aus, der mitten in der Pubertät steckt. Mama meint, mit Pickelwasser wäre das nicht passiert. Pickelwasser! Pah! Mädchenkram!

### 13. März 1975

Frage in der Drogerie diskret nach Pickelwasser. Betone mehrmals, dass es nicht für mich sei, sondern für meine Schwester. Ich würde so was ja nicht brauchen. Der Verkäufer schaut nachdenklich in mein Gesicht und gibt mir eine Maxi-Packung. Zuhause schließe ich mich im Bad ein. Braucht ja keiner zu merken, dass ich auf Mädchenkram zurückgreife. Studiere die Packungsaufschrift. Desinfizierend. Nur äußerlich anwenden. Als ob ich das Zeug trinken würde. Für wie blöd halten die einen? Ach ja, ist ja für Mädchen gemacht. Die sind wahrscheinlich so blöd. Öffne die Flasche und schütte mir den kompletten Inhalt übers Gesicht. Schlagartig weiß ich, wie sich ein Hummer fühlt, der in kochendes Wasser gesteckt wird. Der desinfizierende Alkohol wird von den Wunden in meinem Gesicht geradezu aufgesogen. Möchte schreien, kriege aber keine Luft, weil die Nerven in meinem Körper mit der Übertragung der Schmerzbotenstoffe überlastet sind und mein Zwerchfell kurzfristig die Funktion eingestellt hat. Stand auf der Packung auch irgendwas von der Menge? Taste hektisch nach der Packung, finde sie nicht, was auch egal ist, denn lesen kann ich sowieso nix mehr, weil der Alkohol neben meiner Haut auch meine Augäpfel gründlich desinfiziert hat. Wasser! Taste mich Richtung Badewanne und ergreife den Duschkopf. Halte mir das Ding ins Gesicht und drehe den Hahn voll auf. Wenn ich etwas ruhiger geblieben wäre, hätte ich jetzt gehört, wie der Durchlauferhitzer anspringt. Hab ich aber nicht.

Heißes Wasser spritzt mir ins Gesicht und ich erfahre ein beeindruckendes Déjà-vu meines eben durchlittenen Hummererlebnisses. Die Verkrampfung meines Zwerchfells löst sich und ich kann endlich schreien. Mama kommt aufgeregt an die Tür. Rein kommt sie nicht, hab ja abgeschlossen. Sie sagt, ich soll mich nicht aufregen, sie würde den Nachbarn fragen, ob er die Tür öffnen kann. Versuche, selber die Tür zu öffnen, und taste blind nach dem Schlüssel, der natürlich runterfällt. Bücke mich, um ihn auf dem Boden zu suchen, und stoße mir dabei den Handtuchhalter ins rechte Auge. Ich kann nicht mehr und stütze mich mit der linken Hand auf dem Toilettendeckel ab. Im selben Moment weiß ich, wieso Mama immer darauf besteht, nach dem Pinkeln den Deckel runterzuklappen. Lasse mich auf den Boden sinken und will losheulen, als sich meine knoblauchbefeuerte Verdauung meldet. Hektisch taste ich nach der Toilettenschüssel. Finde sie. Diesmal mit meiner rechten Hand. Gerade noch rechtzeitig kann ich mich meiner Hose entledigen, setze mich auf die Schüssel und lasse meiner Verdauung ihren Lauf. Kurz darauf höre ich, wie die Tür aufgebrochen wird. Ich höre Mama und den Nachbarn. Sehen kann ich sie nicht. Ist auch besser so, denn ich möchte gar nicht wissen, wie sie auf meinen Anblick reagieren. Launisch hin oder her: Ich fange hemmungslos an zu heulen. Warum kann man nicht nach der Pubertät geboren werden?

# 17. FKK

### 17. Juli 1976

Peter hat ein neues Hobby. FKK. Peter ist sehr erfahren. Jedenfalls hat er viele FKK-Hefte unterm Bett. Ich finde FKK doof, aber Peter sagt, FKK kostet nichts und man lernt interessante Menschen kennen. Vor allem Frauen. Finde FKK plötzlich sehr interessant. Der einzige Nachteil ist, dass man sich dabei ausziehen muss. Frage ihn, ob man FKK nicht auch angezogen machen kann. Peter verneint. Er muss es wissen. Er ist der Profi. Er hat die Hefte. Beschließe, langsam anzufangen und erst mal zu üben. Mittags eröffnen wir unseren eigenen FKK-Übungs-Strand. Auf dem elterlichen Balkon.

### 18. Juli 1976

Heftiger Sonnenbrand. Vor allem an Stellen, die sonst eher im Schatten liegen. Habe das Gefühl, Igel zu pinkeln. Aus Not tunke ich mein bestes Stück in Mamas Mouson-Creme-Dose. Es wirkt. Bin begeistert. Mama weniger.

### 19. Juli 1976

Die Nachbarn wollen keinen FKK-Übungs-Strand mehr auf unserem Balkon. Wir haben auch genug geübt und gehen ans Ufer der Sieg. Erste Anzeige wegen Erregung öffentlichen Ärgernisses.

### 20. Juli 1976

Finden stromabwärts einen anderen Platz. An einem Bootsanleger. Hier sieht uns keiner. Bis 15 Uhr. Dann legt der Frauenachter des Damenruderclubs an. Peter hat nicht gelogen. Man lernt tatsächlich Frauen kennen. Zweite Anzeige.

### 21. Juli 1976

Versuchen es an einer anderen Stelle der Sieg. Diesmal klappt es. Keiner stört uns. Keine Anzeige. Wir haben es geschafft! Wir FKKen wie verrückt und baden den ganzen Tag. Irgendwann verliert Peter seine Adiletten im Fluss. Peter liebt seine Adiletten, also schwimmen wir hinterher, um sie zu retten. Natürlich nackt. Macht aber nix, denn als FKK-Profis wissen wir, dass man uns im Wasser nicht sieht. Wir schwimmen lange. Sehr lange. Aber dann haben wir sie! Das war leicht. Wir sind glücklich und wollen zurückschwimmen. Das ist nicht leicht. Die Strömung ist zu stark. Müssen auf den Landweg ausweichen und kommen an einem Ausflugslokal vorbei. Peter lacht. Er kann ja auch seine Adiletten vor seine Pracht halten. Ich lache nicht so, denn ich habe keine Adiletten. Am wenigsten lachen die Gäste auf der Terrasse des Ausflugslokals. Dritte Anzeige. FKK ist ein teures Hobby. Das Geld, das man an Klamotten spart, wird man durch Geldstrafen wieder los.

# 18. Red Devil

## 1. August 1976

Brauche einen neuen fahrbaren Untersatz. Am liebsten
ein Mofa. Rede mit Mama. Sie versteht mich nicht. Ich
hätte doch so ein schönes Klapprad. Und ich hätte es
doch so liebevoll umgebaut. Mit Hochlenker, Bananen-
sattel und Sturmklingel. Wie ein echtes Bonanzarad. Ich
will mit sechzehn aber kein Bonanzarad mehr fahren.
Erst recht keins, das nur so tut, als wäre es ein Bonanzarad. In meinem Alter Fahrrad zu fahren ist einfach unzeit-
gemäß und verschleißt die Gelenke. Meine, vor allem
aber die des Klapprads. Denn ich wiege mittlerweile stolze
neunzig Kilo. Mama bleibt hart. Ich soll mit einem
Mofa noch warten. Worauf? Bis ich hundert Kilo wiege?

## 2. August 1976

Peter hat einen Kumpel, der einen kennt, der gebrauchte
Mofas billig verkauft. Ingo. Die Kontaktaufnahme erweist
sich als schwierig, da Ingo zwei Wochen Jugendarrest
hat. Wegen Hehlerei. Bin verunsichert. Peters Kumpel
beteuert aber, dass Ingo das Opfer eines Justizirrtums
sei. So wie die berühmte Vera Brühne. Und dass er im
Gegensatz zu Vera Brühne in ein paar Tagen wieder
draußen ist. Bin beeindruckt. Es gibt bestimmt keinen
in Siegburg, der von einem Leidensgenossen Vera Brühnes
ein Mofa gekauft hat.

### 8. August 1976

Peters Kumpel hat ein Treffen mit Ingo arrangiert. In der Eisdiele. Peter und ich sollen so tun, als würden wir Ingo nicht kennen und ihm dann unauffällig hinterhergehen. Ein Mofa zu kaufen hatte ich mir einfacher vorgestellt. Der erste Teil des Plans funktioniert perfekt, denn Peter und ich brauchen noch nicht mal so zu tun, als würden wir Ingo nicht kennen. Wir kennen ihn tatsächlich nicht. Essen ein Eis nach dem anderen und gehen wieder. Das Budget fürs Mofa ist um sechs Eisbecher Hawaii schmaler geworden.

### 9. August 1976

Wieder mit Peter in der Eisdiele. Weil ich keine Lust mehr habe auf Eisbecher Hawaii, frage ich direkt einen jungen Typen mit Kappe, ob er Ingo sei. Der Typ macht »psst« und nickt kaum wahrnehmbar mit dem Kopf. Dann steht er auf und geht unauffällig raus. Peter und ich gehen ebenso unauffällig hinterher. Komme mir vor wie ein Geheimagent. Spannend, so ein Mofakauf. Peter meint, Ingo wäre jetzt wahrscheinlich so berühmt wie Vera Brühne und müsse sich vor Autogrammjägern verstecken. Das leuchtet ein.

In einem Hinterhof zeigt uns Ingo ein Mofa. 700 Flöhe will er haben. Bar auf die Kralle. 700 Flöhe hab ich nicht, geschweige denn Mark. Wie viele Kröten ich denn hätte. Was hat der Typ nur ständig mit seinen Tieren? Ich gestehe, dass ich nur 150 Mark habe. Abzüglich der sechs Eisbecher Hawaii. Ingos Miene verfinstert sich. Dann zeigt er mir ein anderes Mofa. Eine Motobécane Mobylette. Blau und ohne Sattel. Das Mofa macht keinen besonders guten Eindruck. Wäre es ein Pferd, würde man ihm den Gnadenschuss geben. Doch Ingo meint, die Kiste würde locker siebzig Stuckis machen. Er hätte den Motor gepimpt und er liefe wie Ass Muff. Schaue Peter an, der für mich übersetzt. Aha. Siebzig Stundenkilometer. Mit Ass Muff. Frage Ingo, ob ich eine Probefahrt machen kann. Ingo schaut Peter an. Peter übersetzt. Ich wolle den Bock reiten. Ingo ist erschüttert über so viel Misstrauen. Den Bock zu reiten sei schwierig, wegen Krach und der Nachbarn und überhaupt. Außerdem sei kein Benzin im Tank. Aber die Kiste liefe. Er sei eben noch damit gefahren. Ehrenwort. Bin nicht richtig überzeugt. Ingo bemerkt meine Skepsis und willigt ein. Okay, ich könnte zwei Runden drehen. Auf dem Hof. Aber nur, wenn ich den Motor nicht anlasse. Na also, geht doch! Ich strampele mangels Sattel im Stehen mit der Mobylette über Ingos Hof. Wunderbar! Meine ersten Meter auf einem Mofa! Das Fahrgefühl ist vertraut, denn das Handling der Mobylette erinnert stark an mein Klapprad. Schlage begeistert ein. Alleine der Besitz eines Mofas vermittelt schon das Gefühl von Freiheit und Abenteuer. Wie muss es erst sein, damit zu fahren? Mit Motor! Und Ass Muff!

Kurz darauf schiebe ich zusammen mit Peter meine Errungenschaft zur Tankstelle. Ein Mofatank fasst ungefähr vier Liter. Als ich bei acht Litern bin, werde ich stutzig. Peter zeigt auf eine Benzinpfütze unter der Mobylette. Wir inspizieren den Tank und finden ein Loch. Kaufe eine Packung Wrigley Zitrone. Peter und ich kauen schweigend. Neben einem Mofa Kaugummi zu kauen macht direkt mehr her. Nach zwanzig Minuten dichten wir den Tank mit den ausgelutschten Kaugummis ab. Ich tanke noch mal vier Liter. Dicht! Bis jetzt hat meine Mobylette schon acht Liter gebraucht. Auf null Kilometer. Das schafft noch nicht mal eine Harley.

Dann kommt der große Moment. Ich steige in die Pedale, radele los – natürlich im Stehen – und lass die Kupplung kommen. Der Motor hustet und springt an! Mein Mofa lebt! Ich bin glücklich und vergesse alles um mich herum. Peter, mein Portemonnaie auf der Tanksäule und wohl auch das Benzin zu bezahlen. Egal. Das Gefühl von Freiheit und Abenteuer stellt sich ein, und ich gerate in einen Geschwindigkeitsrausch. Bis ich von einem Klapprad überholt werde. Der Mann auf dem Klapprad schwingt einen Auspuff und brüllt, ob das meiner sei. Ich brülle zurück. Die Konversation erweist sich als schwierig. Bis Wrigley Zitrone das Handtuch wirft, sich auflöst und der Motor mangels Sprit abstirbt. Ich bedanke mich für meinen Auspuff und schiebe die restliche Strecke, bis ich zuhause bin. Abends falle ich glücklich ins Bett und träume von Easy Rider.

### 10. August 1976

Wieder bei Ingo. Den Tank reklamieren. Ingo ist nicht da. Will gerade gehen, als ich fast mit einem Muskelprotz zusammenstoße. Auch Besuch für Ingo. Auch wegen einer Mobylette. Blau, ohne Sattel. Der Muskelprotz will sie endlich wiederhaben. Sonst macht er Kleinholz aus Ingo. Und ich soll nicht so blöd glotzen, sonst krieg ich auch ein paar, und endlich verduften. Natürlich würde ich Muskelprotz gerne erzählen, dass seine Mobylette jetzt bei mir steht. Er hätte bestimmt Verständnis. Aber wenn er will, dass ich verdufte, tue ich eben, was er von mir verlangt. Denn ich bin ein höflicher Mensch. Außerdem hab ich das Mofa ja bezahlt. Auf dem Rückweg kauf ich Isolierband für das Loch im Tank. Zur Sicherheit. Und roten Lack. Auch zur Sicherheit.

### 11. August 1976

Meine blaue Mobylette ist jetzt rot und heißt Red Devil. Seit heute verfügt sie über den Luxus eines dichten Tanks, eines montierten Auspuffs und sogar eines Sattels. Eines Bananensattels. Den von meinem Klapprad. Die Optik stimmt schon mal. Nur die inneren Werte brauchen noch eine kundige Hand.

Zusammen mit Peter arbeite ich mich in die Materie ein. Zunächst bekommt Red Devil ein anderes Ritzel. Bergab macht sie damit locker zehn »Stuckis« mehr. Super! Dafür bleibt sie bergauf stehen. Keine guten Voraussetzungen für einen Höllenritt durch das Bergische Land. Peter meint, da muss mehr Dampf rein, und schlägt einen Vergaserwechsel vor. Tatsächlich! Auf der Probefahrt geht der Tacho fast bis zum Anschlag. Will bremsen, da fällt mir ein, dass ich die Bremsen noch nie benutzt habe. Bei der Urgewalt des Motors reichten bis jetzt immer die Füße. Die Bremsen scheinen wegen der Konkurrenz meiner Füße beleidigt zu sein, denn sie verweigern jede Zusammenarbeit. Versuche, mit den Füßen zu bremsen, und verfluche meine Jesuslatschen. Zum Glück kommt der dicke Herr Kirsch von der Metzgerei um die Ecke. Mir schießt durch den Kopf, dass die Autoindustrie mit dicken Prallsäcken experimentiert, um den Aufprall zu mildern. Herr Kirsch erweist sich als perfekt für diesen Zweck. Ohne es zu wissen wird er zum ersten Airbag Siegburgs.

### 12. August 1976

Peter und ich stellen die Bremsen ein. Mit Erfolg. Sie funktionieren gut. Sogar sehr gut. Bei der leisesten Berührung des Bremshebels blockiert sofort das Vorderrad. Bei der Probefahrt mache ich einen Salto und pralle mit Herrn Kirsch zusammen.

### 13. August 1976

Habe keine Lust mehr auf Saltos und lege die Bremsen still. Man muss im Straßenverkehr auch an die Sicherheit denken. Deswegen habe ich auch drei Halogenscheinwerfer besorgt. Jeweils sechzig Watt. Flutlicht. Damit mich Herr Kirsch in Zukunft besser sieht. Ich montiere die Scheinwerfer und betrachte stolz mein Werk. Sehen cool aus. Fast wie bei einer Harley. Nur leuchten tun sie nicht. Vielleicht ist es ja draußen zu hell, um das Flutlicht zu sehen. Ich wuchte Red Devil in mein Zimmer und lasse den Motor an. Immer noch nix. Schließe die Fenster und ziehe die Vorhänge zu. Endlich! Ein kaum wahrnehmbares Glimmen zeugt von der einwandfreien Funktion der Scheinwerfer. Aber Flutlicht ist irgendwie anders. Gebe mehr Gas, doch das Glimmen wird dunkler. Dann seh ich überhaupt nichts mehr. Taste mich durch Abgasschwaden Richtung Fenster. Kurz bevor ich umkippe, kann ich das Fenster öffnen. Erst dann kipp ich um. In der Nase den Geruch von Freiheit und Abenteuer.

### 14. August 1976

Peter hat eine größere Lichtmaschine für mein Flutlicht besorgt. Ein riesiges Ding. Ich frage mich, ob man die Lichtmaschine ans Mofa schrauben soll, oder besser das Mofa an die Lichtmaschine. Aber sie funktioniert. Man sieht das Licht. Sogar am Tag. Allerdings bewegt sich Red Devil keinen Meter mehr. Denn um den Stromhunger meiner Flutlichtbatterie zu stillen, braucht die Lichtmaschine vier PS. Red Devil hat aber nur drei. Ich muss mich entscheiden. Ohne Licht fahren oder mit Licht stehen.

### 20. August 1976

Abends unterwegs. Natürlich ohne Licht. Beim Abbiegen stoße ich mit einem Mann zusammen. Diesmal ist es nicht Herr Kirsch, sondern mein Freund Muskelprotz. Herr Kirsch wär mir lieber gewesen, denn Muskelprotz reißt mir Red Devil aus der Hand und haut auf ihm ab. Ich renne hinterher und sehe, wie Muskelprotz auf einen Stromkasten zusteuert. Wahrscheinlich werden meine Halogenscheinwerfer magnetisch von ihm angezogen. Muskel-protz bremst, und die Bremsen tun verlässlich das, was sie immer machen. Nix. Fluchend knallt Muskelprotz mit meinem Red Devil gegen den Stromkasten. Da er keinen Herrn Kirsch als Prallsack hat, bleibt er benommen liegen.

Gerade als ich bei ihm bin, kommt eine Streife dazu. Muskelprotz rappelt sich hoch. Die Beamten beäugen erst uns, dann Red Devil. Begriffe fallen wie »nicht verkehrstüchtig«, »Stilllegung« und »Anzeige«. Wem denn das Mofa gehöre. Wahrheitsgemäß zeige ich auf Muskelprotz. Man soll Beamte ja nicht anlügen. Die Beamten laden Red Devil in den Kofferraum. Ich darf gehen, Muskelprotz fahren. In der Streife. Im Bett trauere ich um Red Devil. Das erste Mofa ist wie die erste Liebe. Beides vergisst man nie.

## 28. August 1976

Bin auf einer Auktion. Einer Polizeiauktion. Hier werden Dinge versteigert, damit Kriminelle ihre Geldstrafen bezahlen können. Kriminelle wie Muskelprotz. Ersteigere meinen Red Devil für 39 Mark 70 Schrottwert. Jetzt gehört er wirklich mir. Ich freue mich. Peter freut sich aufs Basteln. Sogar Mama freut sich. Eigentlich freuen sich alle, dass ich mein Mofa wiederhabe. Bis auf Herrn Kirsch.

# 19. Die Sache mit dem Helm

### 2. Oktober 1976

Abends mit Peter und den anderen Kumpels im Tingel-Club.
Super Stimmung. Bier fließt in Strömen. Gegen zwei wanke ich
zur Garderobe, um meinen Helm zu holen. Die Garderobenfrau
fragt, welcher Helm denn meiner sei. Ich schaue auf meinen
abgeranzten braunen Helm. Dann fällt mein Blick auf einen
neuen, schwarz glänzenden Integralhelm. Der Integralhelm kann
sprechen, denn er flüstert mir mit eindringlicher Stimme zu:
»Nimm mich, und du wirst reich belohnt werden.« Kann sein
Angebot nicht ausschlagen und deute auf den schwarzen Helm.
Wie ich nach Hause komme, entzieht sich meiner Kenntnis.

### 3. Oktober 1976

RINGGG! Es klingelt. Liege noch im Bett. Mein Großhirn ist
gerade damit beschäftigt, meine Schädeldecke aufzumeißeln, um
mehr Platz für den Kater zu schaffen. RINGGG! Meine Schwester
ruft, ich soll öffnen, sie würde gerade lesen. Typisch Frau. Wenn
man sie mal braucht, ist sie nicht zur Stelle. RINGGG! Halte
die Klingelei nicht mehr aus und mache mich mit bierbedingt
wackligen Knien auf den weiten Weg zur Tür, um diese zu öffnen.
Durch den Tunnelblick meiner im Moment eingeschränkten Optik
nehme ich einen fremden Mann wahr, der mir einen Ausweis
vor die Nase hält. Die Buchstaben auf dem Ausweis hüpfen ein
bisschen auf und ab, formieren sich aber nach einer Weile zu
Wörtern, die ich lesen kann. Ludwig, Hauptkommissar Polizei
Siegburg. Kurz darauf ist die Information in meinem Hirn

angekommen. Ludwig zeigt mir meinen Helm und fragt, ob das meiner sei. Ups! Den muss ich wohl gestern im Tingel-Club liegen gelassen haben. Nett, dass die Polizei persönlich kommt, um einem den Helm nachhause zu bringen. Und dann direkt ein Kommissar. Ein Hauptkommissar! Bedanke mich, nehme den Helm und will wieder ins Bett. Doch Ludwig scheint noch mehr auf dem Herzen zu haben. Klar, wie konnt' ich das vergessen? Drücke ihm zwei Mark als Finderlohn in die Hand. Das scheint nicht zu reichen, denn Ludwig guckt auf einmal ziemlich sauer. Seufze und lege einen Fünfer obendrauf.

Aber auch das stellt Ludwig nicht zufrieden, denn plötzlich will er, dass ich ihm augenblicklich den Helm gebe. Drücke ihm verwirrt meinen Helm wieder in die Hand. Der weiß auch nicht, was er will. Weiß er doch, denn plötzlich wird Ludwig laut. Dass er sofort den Helm seines Sohnes wiederhaben will. Integralhelm, schwarz! Denke nach. Stimmt. Irgendwas mit Helm war gestern Abend. Ich sehe das verschwommene Bild der Garderobenfrau, den schwarzen Helm, der mich auffordert, ihn mitzunehmen, mich selbst, lallend auf den schwarzen Helm zeigend. Plötzlich reißt der Nebelvorhang, und die Erkenntnis bricht über mich herein. Sollte ich tatsächlich so dämlich gewesen sein und den Helm eingesteckt haben, der ausgerechnet dem Sohn eines Kommissars gehört? Dem Sohn eines Hauptkommissars? Denke fieberhaft nach und greife zu einer perfekt ausgeklügelten Ausrede. Nein, ich hätte keinen anderen Helm. Puh, das war knapp. Ludwigs Stimme bekommt einen gefährlichen Ton. Sein Sohn sei nachts mit diesem abgeranzten Helm nachhause gekommen, weil dies der einzige Helm war, der noch an der Garderobe lag. Folglich muss der Helm seines Sohnes doch bei demjenigen sein, der den braunen Helm hat liegenlassen, oder? Kann mich der Logik nicht ganz entziehen und greife zu einer noch intelligenteren List. Wenn ich's mir recht überlege, ist der braune Helm doch nicht meiner. Aha, wie denn mein Name in den Helm käme? Ende. Keine List mehr parat. Wünsche mich zurück in den Biernebel. Meine Schwester kommt neugierig hinzu. Will sie wegschieben, doch irgendwie scheint ausgerechnet jetzt was mit ihren Schuhen nicht zu stimmen, denn sie bückt sich und knotet akribisch ihre Schuhriemen zu. Typisch Frau. Wenn man sie nicht braucht, ist sie zur Stelle. Ludwig macht einen Vorschlag. Wenn ich den gestohlenen Helm freiwillig rausrücke, wird nix passieren. Bei »gestohlen« werden meine Knie noch weicher. Diesmal nicht vom Bier. Hole den Helm und gebe ihn kleinlaut zurück. Ludwig nimmt ihn und meint, ich sei noch mal mit einem blauen Auge davongekommen. Dann rauscht er ab. Was für eine Schmach. Ich verpflichte meine Schwester, den Vorfall für sich zu behalten. Meine Schwester verspricht zu schweigen wie ein Grab.

## 4. Oktober 1976

Meine Schwester hat geschwiegen wie ein Grab. Allerdings muss sie den Vorfall genauestens in den Grabstein gemeißelt haben, denn am Nachmittag halten Papa und Mama mir eine Riesenstandpauke. Ich würde mir die Zukunft versauen. So jung und schon kriminell. Meine Knie werden schon wieder weich. Und ich soll mich nicht wundern, wenn ich im Gefängnis lande, sollte ich so weitermachen. Entgegne kleinlaut, dass Ludwig versprochen hat, nichts zu unternehmen, und ich würde schon meine Freiheit behalten. Nein, würde ich nicht. Würde ich wohl. Meine Eltern sollten Recht behalten, denn ich bekomme zwei Monate Stubenarrest.

## 28. Oktober 1976

Sitze meine Strafe ab. Die Wogen haben sich etwas geglättet, als der nächste Sturm in Form eines kleinen Briefes über unsere Familie hereinbricht. Vorladung zur Verhandlung wegen Diebstahls und versuchter Bestechung. Fehlt eigentlich nur Mord, und ich hätte die Vita Al Capones. Bin außer mir. Schrei rum, ich hätte doch den Helm freiwillig zurückgegeben. Meine Schwester entgegnet, unter freiwillig würde sie was anderes verstehen. Gehe auf meine Schwester los, doch Papa kann mich gerade noch davon abhalten, tatsächlich in die Fußstapfen Al Capones zu treten.

### 12. Dezember 1976

Verhandlung. Mama ist mitgekommen. Sie ist sehr aufgelöst und heult ein Taschentuch nach dem anderen voll. Peter ist als Zeuge geladen. Der Richter will wissen, ob ich an besagtem Abend viel getrunken hätte. Peter schaut mich an und druckst rum. Er könnte sich eigentlich an nix erinnern. Der Richter macht ihn auf die Folgen eines Meineids aufmerksam und wiederholt seine Frage nach meinem Alkoholgenuss. Schließlich hätte das ja Auswirkungen auf meine Schuldfähigkeit. Peter kann sich plötzlich wieder erinnern. Klar, ich wäre bestimmt nicht schuldfähig, denn ich hätte gesoffen wie tausend Türken. Bestimmt hätte ich drei, ach was, vier Promille gehabt, denn ich wäre nur noch getorkelt. Er ist sich absolut sicher, dass ich nicht mehr wusste, was ich tat, als ich nach Hause fuhr. Der Richter will wissen, womit ich denn gefahren sei. Na, mit dem Mofa. Der Richter notiert. Führen eines Mofas unter Alkoholeinfluss. Danke, Peter!

Dann wird Ludwig vernommen. Ja, ich hätte versucht, ihn zu bestechen. Mit zwei Mark, wenn er sich richtig erinnere. Brülle los, dass ich ja noch einen Fünfer obendrauf legen wollte. Ludwig korrigiert. Stimmt, es seien sieben Mark gewesen. Der Richter notiert. Mama öffnet eine neue Packung Taschentücher. Habe das Gefühl, in einem Loch zu versinken, und heule ebenfalls los.

Der Richter hat genug gehört und zieht sich kurz zur Beratung zurück. Komme mir vor wie der größte Verbrecher aller Zeiten. Würde mich nicht wundern, wenn man wegen mir den elektrischen Stuhl in Siegburg einführt.

Urteilsverkündung. Bin dem elektrischen Stuhl knapp entkommen. Stattdessen erhalte ich eine Geldstrafe. 800 Mark muss ich bezahlen. Schaue Ludwig an, der mich angrinst. Mir platzt der Kragen. Nehme all meinen Mut zusammen und schnauze den Herrn Hauptkommissar an. Was denn mit seinem Versprechen wäre, und ob man bei der Polizei nicht lernt, die Wahrheit zu sagen. Rede mich um Kopf und Kragen und kassiere eine weitere Geldstrafe wegen Beamtenbeleidigung.

Auf dem Weg nachhause meint Mama zu mir, dass sie das ganz schön mutig gefunden hätte, wie ich dem Kommissar die Meinung gesagt habe. Bin ein bisschen stolz. Mama gibt mir einen Kuss. Komme mir ein bisschen vor wie Robin Hood. Klar, ein Dieb, aber im Kampf für die Gerechtigkeit.

# 20. Der böse Brief

### 18. Juni 1977

Heute einen Brief bekommen. Von meiner Schule. Es ist nicht der
übliche blaue Brief, sondern er sieht irgendwie anders aus. Noch
offizieller. Eigentlich hab auch nicht ich ihn bekommen, sondern
meine Eltern. Überlege, ob ich den Brief sofort an meine Eltern
weitergeben soll. Eine innere Stimme sagt mir, dass dies reiflich
überlegt sein will. Überlege sehr lange und komme zu keinem
Ergebnis. Solange ich überlege, verstecke ich den Brief sicherheitshalber in meinem Zimmer. Nicht etwa, weil ich Angst hätte,
Mama könnte ihn finden, nein, da spielen andere Erwägungen
eine Rolle. Zum Beispiel könnte bei uns eingebrochen werden,
und wenn der Brief dann einfach so rumliegt und von einem
Einbrecher gefunden und mitgenommen wird, könnten meine
Eltern den Brief ja nicht mehr bekommen. Und das sähe dann ja
so aus, als wollte ich meinen Eltern den Brief vorenthalten. Das
will ich natürlich nicht.

### 19. Juni 1977

Bin mit meinen Überlegungen nicht viel weitergekommen.
Vielleicht würde mir die Entscheidung leichter fallen, wenn ich
wüsste, was in dem Brief steht. Wie liest man einen Brief, ohne
ihn zu öffnen? Uri Geller könnte das. Er würde den Brief einfach
auf seine Stirn pressen und zack, hätte er den Inhalt im Kopf.
Versuch macht kluch. Lege mich aufs Bett und presse den Brief
fest gegen meine Stirn. Ich konzentriere mich wahnsinnig, doch
der Inhalt des Briefs mag sich nicht auf mein Gehirn übertragen.

Mir fällt ein, dass Uri Geller immer so einen Satz sagt. Klar, den braucht man natürlich. Nur, wie heißt der Satz? Starte eine Telefonaktion und rufe Peter an.

»Ja Markus hier, sag mal, was für einen Satz sagt Uri Geller immer, wenn er im Fernsehen eins seiner Kunststücke macht?«

»Guten Abend meine Damen und Herren?«

»Nein, den Satz später!«

»Auf Wiedersehen?«

»Idiot!«

Rufe Silvia an. Sie weiß es auch nicht. Aber vielleicht ihre Brieffreundin. Die wohnt aber in der Schweiz. Rufe in der Schweiz an. Der Gebührenzähler rattert durch. Muss mich kurz fassen, sonst gibt's Stress wegen der Telefonrechnung. Silvias Brieffreundin fasst sich nicht so kurz. Muss wohl an ihrem Schweizer Gemüt liegen.

»Joooooo ... derrrr ... Urrrri ...«

Schweigen. Nach einer Minute frage ich vorsichtig nach, ob sie noch da ist.

»Jooooo ... da muss ich ain mal nachdenkche ...«

Zwei Minuten Pause. Beobachte den rotierenden Gebühren-zähler. Dann gibt es wieder ein Lebenszeichen aus der Schweiz.

»Hmmmmm ...«

Pause. Frage mich, ob die in der Schweiz noch mit Rauchzei-chen kommunizieren. Ginge jedenfalls um einiges schneller als miteinander zu reden.

Schließlich wieder ein Lebenszeichen.

»Welcher Urrri?«

»GELLER! Der aus dem Fernsehen!«

Die Antwort kommt wie aus der Pistole geschossen. Aus einer Wasserpistole. Einer verstopften Wasserpistole.

»Ich hab keinen Fernseher«, plätschert es mir entgegen. Erfahre aber, dass ihre Oma einen Fernseher hat und ihn auch oft benutzt.

Rufe die Oma an. Gegen ihre Oma ist Silvias Brieffreundin ein Temperamentsbolzen. Doch meine Geduld zahlt sich aus. Keine zwei Stunden später hab ich den Satz. Der Gebührenzähler hat mittlerweile den Geist aufgegeben. War wohl zu viel für ihn.

Lege mich aufs Bett und presse mir wieder den Umschlag auf die Stirn. Dann murmele ich beschwörend den teuer erkämpften Satz.

»Echat Staim Schalosh. Echat Staim Schalosh. Echat ...«

Schließe die Augen. Brigitte Bardot kommt auf mich zu. Nackt. Sie fragt, ob ich mit ihr schlafen möchte. Schön langsam. Auf Schweizer Art. Sie zieht mich aus und setzt sich auf mich drauf. Ich sei der schönste Mann der Welt und sie sei unsterblich in mich verliebt. Außerdem hätte sie viele Freundinnen, die auch alle unsterblich in mich verliebt seien. Ob ich die mal kennen lernen möchte?

»JA! BITTE!«

Werde durch meinen eigenen Schrei wach. Brigitte Bardot ist weg. Schaue auf den Brief. Wenn der Uri-Geller-Trick geklappt hat, dann will die Schule durch diesen Brief meinen Eltern mitteilen, dass Brigitte Bardot sich unsterblich in mich verliebt hat. Nicht wirklich wahrscheinlich. Schade. Lege den Brief wieder weg. Nachts versuche ich, mein erotisches Abenteuer mit Brigitte weiterzuträumen. Klappt aber nicht. Träume stattdessen von einer Schweizer Oma.

### 20. Juni 1977

Ich könnte den Brief natürlich einfach aufmachen. Versehentlich. Über Wasserdampf. Das kann man in vielen Romanen lesen. Was man in den Romanen nicht liest, ist die Tatsache, dass man sich im Umgang mit Wasserdampf sehr leicht schwere Verbrühungen zuziehen kann. Im Übrigen scheinen die Autoren dieser Romane noch nie Post von meiner Schule bekommen zu haben. Denn der Umschlag weigert sich standhaft, seinen Inhalt preiszugeben. Noch nicht mal ein Fitzelchen löst sich ab. Was man wegen der Verbrühungen von meiner Haut nicht behaupten kann.

### 22. Juni 1977

Geniale Idee! Gehe ins Sekretariat meiner Schule.

»Also, meine Eltern ... die haben da so einen Brief bekommen.«

»Ja. Und?«

»Nun ist es so, dass meine Eltern beide sehr kurzsichtig sind und den Brief gar nicht lesen können.«

»Ja. Und?«

»Vielleicht könnten Sie mir ja sagen, was drin steht, dann kann ich es meinen Eltern erzählen.«

»Warum liest du deinen Eltern den Brief nicht einfach vor?«

Mist! Daran hatte ich überhaupt nicht gedacht! Ganz schön ausgebufft, die Tante aus dem Sekretariat.

»Ähm ... Meine Eltern haben den Brief irrtümlich weggeworfen. Hielten ihn für Werbung. Wegen kurzsichtig und so.«

»Dann schicken wir den Brief eben noch mal. Sicherheitshalber per Einschreiben. Dann merken deine Eltern auch direkt, dass es sich nicht um Werbung handelt. Sonst noch was?«

»Ähm ... nein.«

Gehe raus. Im Gang gebe ich mir zum ersten Mal im Leben selber eine Ohrfeige.

### 23. Juni 1977

Liege im Treppenhaus auf der Lauer, um den Briefträger abzupassen. Kein Brief.

### 24. Juni 1977

Kein Brief.

### 25. Juni 1977

Immer noch kein Brief. Ob die den vergessen haben?

### 26. Juni 1977

Auf der Lauer zu liegen ist langweilig. Denke an Brigitte Bardot. Schließe die Augen. Da ist sie wieder! Sie kommt auf mich zu. Nackt, wie beim letzten Mal. Sie sagt:

»MARKUS!«

Reiße die Augen auf.

»MARKUS!«

Mama ruft! Hört sich nicht gut an. Renne nach oben. Unterwegs kommt mir der Briefträger entgegen. Schöne Scheiße! Dann kommt mir Mama entgegen. Sie hat einen Brief in der Hand. DEN Brief. Offen.

### 27. Juni 1977

In dem Brief stand, dass ich von der Schule geflogen bin. Hab's geahnt. Kein Wort von Brigitte Bardot. Riesendonnerwetter zuhause. Stubenarrest. In den großen Ferien! Aber es kam noch ein zweiter Brief. Ein Brief von der Post. Die Telefonrechnung. 142 Mark! Ein Grund mehr, mich nach meinem ersten Job umzusehen ...

# 21. Der Ernst des Lebens

### 8. August 1977

Habe ein interessantes Buch gelesen: *Vom Tellerwäscher zum Millionär*. Von einem Amerikaner. Die wissen halt, wie es geht. Brauche nur einen Job als Tellerwäscher, und in einem Jahr bin ich Millionär und kaufe mir meine erste Südseeinsel. Denke nach, welchen Namen sie bekommen soll.

### 10. August 1977

Geschafft! Arbeite als Tellerwäscher in Brankos Serbogrill. Neben mir spült Sven. Sven will eigentlich Boxer werden, aber Millionär ist auch okay, sagt er. Wir geben alles und schuften den ganzen Tag, um den schwarzen Belag von den Pfannen zu scheuern. Nach Feierabend zieht Branko uns hundert Mark vom Lohn ab. Er meint, das waren Teflon-Pfannen. Ich ziehe Bilanz. 28 Mark verdient. Abzüglich hundert Mark. Macht ein Minus von 72 Mark. Ich bekomme eine Ahnung vom amerikanischen Wirtschaftssystem.

### 11. August 1977

Mama meint, Pfannen lassen sich schonender spülen, wenn man sie vorher einweicht. Versuche es mit Opas Corega Tabs. Damit er den Verlust nicht bemerkt, tausch ich sie gegen Klosteine aus. Habe nur teilweise Erfolg. Das Geschirr und Opas Dritte bleiben dreckig, dafür riecht Opa jetzt immer lecker nach Zitrone aus dem Mund.

### 12. August 1977

Versuche den umgekehrten Weg. Brankos Pfannen werden jetzt
mit Klosteinen behandelt. Funktioniert super. Alles geht runter.
Auch das Teflon. Jetzt habe ich schon 116 Mark Minus.

### 13. August 1977

Habe gestern den Boxfilm *Rocky* gesehen und erzähle Sven, dass
Rocky trainiert, indem er Schweinehälften verprügelt. Sven
ist begeistert und wir beginnen sofort mit dem Training. Das
Problem ist nur, dass es bei Branko keine Schweinehälften gibt.
Nur Cevapcici. Wir hauen Brankos kompletten Vorrat platt. Später
erfahren wir, dass ein Amerikaner mit platt gehauenen Cevapcici,
die zwischen zwei Brötchenhälften pappen, Millionär wurde. Ronald Mc Donald! Branko will nicht Millionär werden und schmeißt
uns raus. Meine Südseeinsel muss noch etwas warten. Aber einen
Namen hab ich schon für sie: Papua Profitlich!

### 16. August 1977

Habe Glück. In der Zeitung lese ich, dass Doktor Finck-Stauff
Hilfsarbeiter sucht. Male mir aus, im OP zu arbeiten, doch Doktor
Finck-Stauff ist kein Arzt, sondern Bauunternehmer. Auch okay.
Dann bau ich eben Wolkenkratzer. Passt auch besser zu meinem
amerikanischen Traum.

### 17. August 1977

Doktor Finck-Stauff baut keine Wolkenkratzer, sondern Autobahnen. Autobahnbauen hab ich mir spannender vorgestellt.
Den ganzen Tag stehe ich irgendwo mit einer großen Messlatte
rum. Dabei beobachtet mich ein Ingenieur durch ein Fernrohr
und schreibt Zahlen in seinen Plan. Mittags frage ich, ob wir
nicht mal tauschen können. Der Ingenieur sagt, das ginge nicht.
Wegen mangelnder Qualifikation, und schließlich sei er der
Ingenieur. Frage ihn, welche Qualifikation ein Ingenieur denn

bräuchte, um eine Messlatte halten zu dürfen. Das kollegiale Verhältnis zwischen uns kühlt spürbar ab.

### 18. August 1977

Um die Arbeit abwechslungsreicher zu gestalten, nehm ich die Latte mal in die rechte, mal in die linke Hand. Der Ingenieur meint, das ginge nicht. Die Latte darf sich während des Messvorgangs keinen Millimeter bewegen. Und ich mich am besten auch nicht. Ich bleibe steif stehen und frage den Ingenieur, ob die Bewegung der Schweißperlen, die über mein Gesicht laufen, nicht das Messergebnis verfälschen. Unser kollegiales Verhältnis erfährt einen weiteren Temperatursturz.

Am Abend lobt mich mein Vorgesetzter Herr Zisenis für meine gute Arbeit. Bewegungslosigkeit scheint eine wesentliche Voraussetzung für eine gute Karriere beim Bau zu sein. Dann fragt er, ob ich nicht Lust habe, in den Pausen was nebenher zu verdienen. Mit Insektenfang. Für seine wertvolle Echsensammlung zuhause. Pro vollen Quarkbecher drei Mark. Rechne kurz nach. In meiner Stunde Pause krieg ich locker zwei Becher voll. Wenn ich dann noch nach Feierabend zwei Stunden auf Insektenpirsch gehe, hab ich achtzehn Mark am Tag dazuverdient. Die Million rückt in greifbare Nähe! Ich schlage ein und wechsle in die Insektenbranche!

### 19. August 1977

Leider die Rechnung ohne die Insekten gemacht. Die liegen nämlich nicht einfach auf dem Boden rum, sondern machen das, was Insekten eben so tun. Sie fliegen. Und zwar irre schnell. Für eine Schwalbe sicher kein Problem. Die wiegt ja auch keine hundert Kilo. Hetze in der Mittagshitze mit einem Schmetterlingsnetz über die Baustelle und verfluche Zisenis' Echsen. Warum müssen die Viecher ausgerechnet Insekten fressen? Warum keine Schnecken?

Abends hab ich gerade mal knapp einen Becher voll gefangen. Bin völlig am Ende. Mama meint, man würde mir ansehen, wie anstrengend die Arbeit auf der Baustelle ist.
Brauche dringend eine andere Strategie.

### 20. August 1977

Habe die Lösung! Stelle morgens an verschiedenen Punkten der Wiese sechs Eimer mit Deckel auf. In die Deckel habe ich ein fingerdickes Loch gemacht und den Eimerboden mit Mamas selbstgemachter Erdbeermarmelade eingeschmiert. Nach der Arbeit komme ich zurück und höre, dass es in den Eimern wie verrückt brummt. Wie bekomme ich die Viecher jetzt in die Quarkbecher? Ganz einfach. Sprühe in jeden Eimer eine komplette Dose Paral durch das kleine Loch. Wie erwartet verstummen die Insekten, und ich kann sage und schreibe dreißig Becher vollmachen, die ich noch am selben Abend dem Echsenfreund überreiche. Die Kasse klingelt in meinen Ohren!

### 21. August 1977

Eine Art Börsencrash hat mich erschüttert. Die Insektenbranche liegt am Boden. Tot. Wie Zisenis' Echsen. Vergiftet hätte einer die. Und wenn er den Sausack in die Finger bekäme. Ich kann das nachvollziehen. Denn auch für mich ist der Verlust der Echsen ein herber Schlag.

### 23. August 1977

Noch ein Tiefschlag. Der Ingenieur hat keine Lust mehr auf meine Kommentare und verlangt, dass jemand anderes steif in der Gegend rumsteht. Ich muss meine Messlatte abgeben und bekomme eine pneumatische Bodenramme.

Mit einer pneumatischen Bodenramme verfestigt man den Boden. Man muss einen Griff ziehen, die zentnerschwere Ramme springt in die Luft und kracht wieder runter. Dabei wird der Boden hart und das Gehirn weich. Denn so eine Ramme macht Krach und schüttelt einen unangenehm durch. Nach einer Minute kann ich nicht mehr, mache eine Pause und denke nach. Warum soll ich den Griff ziehen, wenn eine Schraubzwinge das auch kann? Fixiere den Griff mit einer Zwinge und starte den Motor. Fasziniert beobachte ich, wie die Ramme ohne mein Zutun ihr Werk tut. Beschließe zufrieden, ein Nickerchen zu machen. Köpfchen muss man eben haben.

Eine pneumatische Bodenramme hat kein Köpfchen. Offenbar aber Gefühl. Denn nach einer Weile scheint sich meine vollautomatische Ramme einsam zu fühlen und begibt sich auf die Suche nach einem menschlichen Wesen. Dabei geht sie sehr zielorientiert vor, denn sie scheint genau zu wissen, wo man auf einer Baustelle garantiert einen Menschen treffen kann. Auf dem Klohäuschen. Und dann auch noch meinen Ingenieur!

### 24. August 1977

Darf wieder mit meiner Messlatte rumstehen.

### 31. August 1977

Aus der Traum. Irgendwann ist auch das größte Grundstück millimetergenau ausgemessen. Jetzt rollen die Bagger an, und ich muss schuften. Unter meiner Hand entsteht die Nordumgehung Siegburgs. Mit Blasen an den Händen denke ich wehmütig an meine Messlatte zurück. Einen Trost habe ich. Später wird man über meine Arbeit im Radio berichten. In den täglichen Staumeldungen.

# 22. Ein Job für echte Männer

## 4. September 1977

Habe seit heute einen Job bei einer kleinen Werft am Rhein. Hier werden Rheinschiffe gebaut. Schiffe zu bauen ist ein anderes Ding als Autobahnen. Schiffe werden nämlich geschweißt. Eine Arbeit für richtige Männer. Männer wie meinen Vorarbeiter.

»Schon geschweißt?«

»Nö.«

»Mann, Mann, Mann, Mann, Mann! Alle beklopp hier!«

Nette Begrüßung. Der Vorarbeiter schüttelt den Kopf und zeigt mir ein Schweißgerät. Dann folgt eine Einführung in die Technik des Schweißens.

»Kathode, Erdung, Schweißgriff, Elektrode!«

Zur praktischen Demonstration seines ausführlichen Vortrags zaubert er mit dem Schweißgerät innerhalb von ein paar Sekunden eine Schweißnaht auf eine Stahlplatte.

Der Mann, dem die Frauen vertrauen

»Kapiert?«

»Logo.«

Der Vorarbeiter steckt wortlos eine neue Elektrode in den Schweißgriff und gibt mir das Teil. Jetzt soll ich. Halte die

Elektrode an die Stahlplatte. Es knallt, Rauch steigt auf und ich lasse erschrocken den Schweißgriff auf die Stahlplatte fallen. Als der Rauch sich legt, stelle ich fest, dass die Elektrode sich zu einem Häufchen glühenden Stahlbreis verwandelt hat. Meine erste Schweißarbeit. Viel Zeit, sie zu begutachten, habe ich nicht, denn der Vorarbeiter haut mir mit der flachen Hand auf den Schutzhelm. (Muss man hier tragen, falls einem mal ein Schiff auf den Kopf fällt.)

»Beklopp?«

Der Mann scheint kein Freund vieler Worte zu sein. Er steckt eine neue Elektrode in den Schweißgriff und zieht demonstrativ eine weitere Schweißnaht.

»Kapiert?«

Dann soll ich wieder. Nehme mir vor, den Schweißgriff unter keinen Umständen loszulassen. Es funktioniert. Ein Funke entsteht. Will an einer anderen Stelle ansetzen, aber die Elektrode pappt an der Stahlplatte fest. Das Brummen im Schweißgerät wird immer lauter. Dann macht es »klong« und es ist ruhig. Der Vorarbeiter haut mir wieder auf den Schutzhelm.

»Mann, Mann, Mann! Beklopp?«

Um mich besser mit ihm zu verständigen, bediene ich mich seines Vokabulars. Zeige auf die Elektrode, die an der Stahlplatte pappt.

»Beklopp!«

»Du bis beklopp!«

»Beklopp, beklopp!«

»Alle beklopp!«

Die Unterhaltung läuft eine gewisse Zeit, ohne dass sich das Niveau unseres kleinen Disputs merklich ändert. Schließlich schaltet der Vorarbeiter die Sicherung des Gerätes wieder ein. Setze meine Schweißarbeit schwitzend fort. Diesmal klappt es besser. Mit der Zeit krieg ich den Bogen raus und kassiere keine weiteren Schläge auf meinen Schutzhelm. Am Abend habe ich zwei Stahlplatten untrennbar miteinander verschweißt. Aber noch etwas anderes ist verschweißt. Die Netzhaut in meinen Augen. Dass man zum Schweißen eine Schweißerbrille aufsetzt, hatte der freundliche Vorarbeiter nicht erwähnt. Trotzdem mache ich befriedigt Feierabend. Ich kann schweißen!

### 12. September 1977

Mit der Zeit wird Schweißen zu meiner Lieblingsbeschäftigung. Um zu üben, hab ich mir von einem Kumpel ein kleines E-Schweißgerät geborgt. Zuhause schweiße ich alles fest, was nicht niet- und nagelfest ist. Der Duschkopf, der immer aus der Halterung rutscht – für immer mit der Duschstange verbunden. Quietschendes Bettgestell? Flott ein paar 30er Vierkantrohre eingeschweißt und Ruhe. Selbst ein Draht-Mobile findet mit Hilfe meines Schweißgerätes einen festen Platz an der Wohnzimmerlampe. Ich kann überhaupt nicht verstehen, warum man heute noch etwas festschraubt, wenn man es auch schweißen kann. Entwickele eine regelrechte Virtuosität im Umgang mit dem Schweißgerät und fühle mich wie der Karajan unter den Schweißern.

### 15. September 1977

Der Job macht mittlerweile richtig Spaß. Nur der Vorarbeiter geht mir zunehmend auf den Sack. Egal was ich mache, immer tippt er sich an die Stirn und lässt sein Lieblingswort los. In der Mittagspause rede ich mit meinen Kollegen über ihn. Dem müsste man mal eins auswischen. Habe eine Idee. Was ist, wenn man seine Arbeitsschuhe am Boden festschweißt? (Die Arbeitsschuhe in einer Werft haben Stahlkappen. Falls einem mal ein Schiff auf die Füße fällt.) Die Kollegen winken ab. Das Festschweißen der Arbeitsschuhe sei ein alter Hut und etwas für Anfänger. Will nicht als Anfänger dastehen und lege noch eins drauf.

»Klar, Schuhe festschweißen kann jeder. Ich würde seine Schuhe aber festschweißen, während er sie trägt.«

Die Kollegen schütteln den Kopf. Das schafft keiner. Oder doch? Die ersten Wetten werden abgeschlossen. Am Nachmittag steht es zwanzig zu eins gegen mich. Muss zur Tat schreiten. Schließlich gilt es, meine Ehre als Schweiß-Karajan zu verteidigen. Kurz darauf bietet sich eine super Gelegenheit. Mister Bekloppt steht auf einer Treppe und kontrolliert die Arbeit der anderen. Die Stahlkappen seiner Arbeitsschuhe berühren eine Stufe der Stahltreppe. Optimale Bedingungen! Ich kann mich unbemerkt unten heranschleichen. Zwei gezielte Schweißpunkte, und das Werk ist vollbracht. Bin gespannt, wie er reagiert, und kann das Lachen kaum unterdrücken. Der Vorarbeiter bemerkt mich, will zu mir herunter und kann natürlich nicht. Ungläubig schaut er erst auf seine Schuhe, dann auf mich.

»BEKLOPP?«

Und dann passiert etwas, mit dem ich nie gerechnet hätte. Der Vorarbeiter kann nämlich noch ein anderes Wort. Ein neues. Eins, das ich bis jetzt nicht aus seinem Mund vernommen habe.

»AUA!«

Er wiederholt es immer wieder, so als wolle er seinen soeben vergrößerten Wortschatz stolz in die Welt hinausschreien.

»AUAUAUAUAUAU!«

Er reißt seine Füße aus den Schuhen und starrt mich wütend an. Wieso trägt der Mann schwarze Nylonsocken? Und wieso so alte? Mit so vielen Löchern? Brauche eine Weile, bis ich bemerke, dass es sich bei den Socken nicht um Socken handelt, sondern um Haut. Genauer: um durch hohe Temperatureinwirkung stark in Mitleidenschaft gezogene Haut. Noch genauer: Hautreste. Hatte die Wärmeleitfähigkeit von Stahl wohl etwas unterschätzt.

Meine Aktion macht mich irre beliebt bei meinen Kollegen. Leider hab ich nichts mehr davon, denn am Abend krieg ich die Kündigung. Die Wette aber, die hab ich gewonnen.

# 23. Premiere im Supermarkt

## 22. September 1977

Seit Montag arbeite ich als Aushilfe im Supermarkt. Bei den
vielen Jobs, die ich in der letzten Zeit hatte, komme ich langsam
durcheinander. Dienstag hab ich versehentlich ein Schweißgerät
mitgebracht und stand kurz davor, einen Stapel Konservendosen
(Linsen mit Suppengrün, Aktionspreis 99 Pfennig) aus statischen
Gründen miteinander zu verschweißen. Mein Männerjob in
der Werft, das war schon was anderes, als im Supermarkt zu
arbeiten. Was keineswegs bedeutet, dass die Arbeit in einem
Supermarkt nicht auch den ganzen Mann fordern kann. Und das
hängt mit etwas zusammen, das es in einer Werft nicht gibt:
Kunden.

»Junger Mann! Können Sie mir bitte ein Glas Gewürzgurken
aus dem Regal geben? Ich komme nicht dran.«

Wohlerzogen, wie ich bin, helfe ich der alten Dame natürlich
gern. Sie schaut misstrauisch auf das Glas. Dabei stört ein wenig
ihr Hut. Ein hässliches Bast-Ufo mit eingearbeiteten roten
Knubbeln. Wahrscheinlich Tomaten oder so. Der Mund unter dem
Gemüse-Arrangement teilt mir mit, dass man ein anderes Glas zu
sehen wünsche. Tue, wie mir geheißen. Der Kunde ist schließlich
König. Doch Queen Mum ist immer noch nicht zufrieden.

»Diese Gurken sind ja nur zwei Jahre lang haltbar! Geben
Sie mir eins von hinten. Ich kenne nämlich Ihre Methoden. Die
frischen Sachen werden nach hinten geräumt, damit alte Leute
wie ich den abgelaufenen Krempel von vorne wegnehmen. Mit
uns kann man's ja machen!«

Räume das komplette Regal leer. Keins der Gläser ist länger haltbar als zwei Jahre. Wozu auch? Die letzten Hamsterkäufe fanden im Zweiten Weltkrieg statt. Vielleicht sollte man die Dame mal darüber informieren, dass die Tinte auf Deutschlands Kapitulationserklärung schon seit längerer Zeit trocken ist. Lasse vernünftigerweise von diesem Vorhaben ab und frage stattdessen freundlich, wann sie denn die Gewürzgurken zu essen beabsichtige.

»Das müssen Sie schon mir überlassen! Wäre ja noch schöner, mir vorschreiben zu lassen, wann ich was zu essen habe!«

»Ich meine ja nur, wenn Sie die Gurken erst 1984 essen wollen, könnten Sie die ja kurz vorher einkaufen. Dann sind sie mit Sicherheit auch frischer als welche von 1977.«

»Ich lasse mir von Ihnen doch nicht vorschreiben, wann ich was einzukaufen habe! Noch so eine freche Bemerkung, und ich werde mich über Sie beschweren!«

Bei meiner – nennen wir es instabilen – Arbeitssituation wäre die Beschwerde einer Kundin eher suboptimal für meinen weiteren beruflichen Werdegang als Aushilfe. Schalte von daher um auf devot.

»Wissen Sie was? Ich schau mal im Lager nach. Vielleicht haben wir da noch Gewürzgurken, die länger haltbar sind. Das mach ich extra für Sie. Für Sie allein. Übrigens ein wunderschöner Hut, den Sie da tragen.«

Hinten, im Lager, finden sich natürlich keine Gurken, die länger haltbar sind. Nehme mir ein Glas aus derselben Charge, die auch vorne im Regal steht, und trenne mit dem Cuttermesser sauber die Ecke mit dem Haltbarkeitsdatum vom Etikett. Stürme zurück in den Verkaufsraum.

»Sie haben Glück! Ich habe unser Gewürzgurkenhochlager mit einem Gabelstapler umgeräumt und bin dabei auf ein Glas gestoßen, das bis ins Jahr 2000 haltbar ist. Das erkennt man daran, das auf dem Etikett gar kein Datum steht, denn in der

Fabrik, in der diese Gurken abgepackt werden, haben die 1977 natürlich noch keine Stempel mit der Zahl 2000. Ist logisch, nicht? Wir hatten sogar Gurken, die noch länger haltbar waren, aber leider, leider wurde dieser Vorrat heute morgen von einer Gruppe Erstklässler weggekauft, die mit diesen Gurken ihre Pensionierung feiern wollen. Habe ich Ihnen schon gesagt, wie hervorragend Ihnen dieser Hut steht?«

Mache einen tiefen Diener und starre auf die lackierten Fußnägel von Queen Mum. Farblich passen sie zu den Tomaten an ihrem Hut. Allerdings haben die Tomaten nicht so eine brüchige Oberfläche. Dafür passt die Struktur des Bastes wiederum ganz gut zum Muster ihrer Hornhaut. Griene in mich hinein. Gleich platzt sie. Doch unerwarteterweise scheint meine Vorstellung glaubhaft gewesen zu sein. Queen Mum bedankt sich, nimmt das Glas und geht. Ich begleite sie, Diener machend, zum Ausgang und verabschiede sie mit einem schmalzigen »Beehren sie uns bald wieder!« Den Handkuss schenk ich mir. Als sie draußen ist, bekomme ich Applaus von Evi, die an der Kasse sitzt. Sie hätte sich gebogen vor Lachen und ich hätte Talent zur Schauspielerei. Freue mich über Evis Lob und spiele als Zugabe noch eine Runde Queen Mum, indem ich – einen Korb mit Tomaten auf meinem Kopf balancierend – durch die Gänge haste und ständig »Junger Mann!« von mir gebe.

### 23. September 1977

»Junger Mann?«

Zucke zusammen. Dann Entwarnung. Vor mir steht nicht Queen Mum, sondern ihr männliches Pendant. Eine Dose Linsen in der Hand. Hoffe inständig, keine weitere Diskussion über die Haltbarkeit von Konserven führen zu müssen. Habe Glück, denn King George hat ein völlig anders gelagertes Problem mit den Linsen.

»Diese Linsen hier gab es am Dienstag zum Aktionspreis. 99 Pfennig ...«

»Ich weiß, und ...«

»Bitte unterbrechen Sie mich nicht! Wo war ich?«

»Linsen. Aktionspreis.«

»Genau. Ich weiß das, weil ich nämlich höchstpersönlich eine Dose zu diesem Preis erworben habe. Was sagen Sie jetzt?«

Was sagt man darauf? Herzlichen Glückwunsch? Waren die Linsen lecker? Hatten Sie nach dem Genuss auch nicht zu starke Blähungen? Ich weiß es nicht und sage deshalb erst mal nix.

»Nun lag es in meiner Absicht, eine weitere Dose Linsen zu erwerben, und ich muss mit Bestürzung feststellen, dass der Preis heute derselbe ist wie am Dienstag. 99 Pfennig! Was sagen Sie zu diesem Skandal?«

Ich weiß nicht, was der Mann hat, pflichte ihm aber vorsichtshalber bei.

»Unerhört!«

»Richtig! Denn es ist doch so, dass der Aktionspreis, der angeblich nur am Dienstag hätte gelten sollen, entgegen der Werbeaussage immer noch gültig ist! Da würden Sie sich am meiner Stelle doch auch verarscht fühlen, oder?«

»Natürlich!« Mache einen meiner bewährten Diener. King George trägt Sandalen. Zum Glück aber auch Socken. Weiße.

»Ich bin also irregeleitet worden und habe am Dienstag eine Dose Linsen erworben in der Annahme, sie an diesem Tag, und nur an diesem Tag, besonders günstig zu erstehen.«

Bekomme den leisen Verdacht, dass Seine Exzellenz sich gerne geschwollen reden hört. Um Sympathiepunkte zu bekommen, passe ich mich seiner Ausdrucksweise an.

»Ich stehe tief in Ihrer Schuld. Was kann ich tun, um Geschehenes ungeschehen zu machen?«

»Ich verlange, dass diese Linsen ab sofort zu einem anderen Preis verkauft werden!«

»Sehr wohl. Wären eine Mark 29 recht?«

King George schielt mich an. Lege schnell noch zwei Groschen drauf. Handeln will gelernt sein! Wir werden uns einig, und die Linsen wechseln für eine Mark 49 den Besitzer. Was für eine absurde Vorstellung. Evi applaudiert. Seitdem ich hier arbeite, sei ihr Job überhaupt nicht mehr langweilig. Fühle mich geschmeichelt.

### 24. September 1977

Evi hat ihrer Freundin Bescheid gesagt. Gebe eine extra Vorstellung. »Queen Mum meets King George«. Ernte begeisterten Applaus.

### 29. September 1977

Meine Auftritte als königliches Paar werden immer beliebter und mein Publikum immer größer. Evi hat viele Freundinnen. Als Bonbon für meine heutige Vorstellung hab ich mir eine Queen-Mum-Verkleidung gebastelt. Tomatenhut, Kleid, sogar die Zehennägel hab ich lackiert. Die Resonanz ist enorm. Frenetischer Jubel bricht aus, als ich die Bühne betrete. Evis Freundinnen sind völlig aus dem Häuschen. Wackele durch die Gänge, biege um eine Ecke und habe für einen Moment das Gefühl, in einen Spiegel zu gucken. Mein Spiegelbild aber auch, denn mir gegenüber steht Queen Mum. Die echte. Die aus Siegburg.

Ich sehe, wie die königlichen Lippen beginnen Worte zu formen. »We are not very amused«, würde ja ganz gut passen. Aber die Lippen formen ein anderes Wort.

»Geschäftsführer.«

Dreißig Minuten später bin ich Ex-Aushilfe. Bin nicht wirklich traurig. Obwohl die Schauspielerei Spaß gemacht hat. Muss ich mal im Auge behalten ...

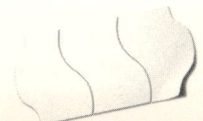

# 24. Kochen in Bonn

### 31. Oktober 1977

Habe beschlossen, eine Lehre zu machen. In einem Beruf,
der mir auf den Leib geschrieben ist. Koch. Ich bringe die besten
Voraussetzungen mit: Ich sehe aus wie einer und kochen kann
ich auch schon. Eier zum Beispiel. Und Tee. Mama hat mir eine
Lehrstelle im »Haus am Rhein« besorgt, einem großen Ausflugslokal in Bonn-Beuel. Fange morgen an.

### 1. November 1977

Stehe um sechs auf. Meine Arbeitszeit beginnt zwar erst um
acht, brauche aber fast zwei Stunden für den Weg, weil meine
Eltern beschlossen haben, wieder ins Bergische Land zu ziehen.
Weit ab von der Zivilisation Siegburgs. Und weit ab von der
nächsten Bushaltestelle.

Fünf vor acht bin ich im Haus am Rhein. Der Küchenchef
heißt Bolten und verpasst mir eine Kochmütze. Damit meine
Haare nicht ins Essen fallen. Er selbst trägt keine Mütze, denn
Bolten hat keine Haare mehr, die ins Essen fallen könnten. Nur
Schweißperlen. Und die sieht man ja im Essen
nicht.

Als Erstes lerne ich, wie man Zwiebeln schält. Unmengen von Zwiebeln.
Nachdem ich einen kompletten Eimer
Zwiebeln geschält habe, stellt Bolten
mir einen neuen Eimer hin. Schäle auch
den zweiten Eimer. Dann einen dritten und

vierten. Mit der Schälerfahrung, die ich jetzt habe, bin ich wahrscheinlich der weltbeste Zwiebelschäler. Bolten sieht das anders. Schäle Eimer Nummer fünf und sechs. Frage mich, ob die hier außer Zwiebeln noch was anderes kochen. Tun sie, denn jetzt muss ich Kartoffeln schälen. Nach vier Eimern frag ich vorsichtig, ob ich nicht mal was anderes schälen darf. Ich darf. Zwiebeln.

Von zwei bis sechs hab ich Pause. Nach Hause fahren lohnt nicht, also schau ich mir Beuel an. Schönes Städtchen.

Nach der Pause geht meine Ausbildung weiter und ich lerne, noch mehr Zwiebeln zu schälen. Abends bekomme ich bestimmt ein Zwiebeldiplom. Bekomme ich nicht. Auch der versprochene Lehrvertrag lässt noch auf sich warten. Bolten meint aber, er wär in der Mache. Gut.

Um zehn Uhr abends hab ich Feierabend, sodass ich um halb zwölf zuhause bin. Mama hat für mich gekocht. Zwiebelsuppe. Meine Freude ist gedämpft. Nach dem Essen geh ich sofort ins Bett, denn ich muss ja früh raus. Um ein Uhr nachts steh ich auf und dusche, um den Zwiebelgeruch loszuwerden. Nach der Dusche bin ich hellwach. Liege im Bett und starre an die Decke. Um einschlafen zu können, zähle ich Zwiebeln.

### 2. November 1977

6 Uhr. Der Wecker klingelt. Hätte ihn fast überhört. Schäle mich müde aus dem Bett. Bin gespannt, welche Aufgaben heute im Haus am Rhein auf mich warten.

Vormittags Zwiebeln, nachmittags Kartoffeln. In der Pause schau ich mir Beuel an. Fühl mich schon ein bisschen heimisch. Der Lehrvertrag ist auch schon unterwegs. Prima.

### 3. November 1977

6 Uhr 30. Verschlafen! Der Scheißwecker ist zu leise für einen Arbeitnehmer mit einem Sechzehn-Stunden-Tag. Hetze ohne

zu duschen zur Bushaltestelle und winke dem Bus hinterher. Renne durch den Wald, um ihn an der nächsten Haltestelle abzupassen. Der Bus ist schneller. Renne wieder zurück, um wenigstens den nächsten Bus zu kriegen. Zwei Stunden später torkele ich todmüde in die Küche. Gut, dass ich nur Zwiebeln schälen muss, denn zu mehr fühl ich mich heute nicht imstande. Doch heute gibt es keine Zwiebeln. Denn heute ist Großalarm: eine Hochzeitsgesellschaft. Renne den ganzen Vormittag rum. Kühlhaus. Getränkelager. Ausschank. Kühlhaus. In der Küche wird nur rumgeschrien. Flammen schlagen aus dem Herd. Heiße Pfannen werden durch die Luft geschleudert. Wenn ich nicht sicher wäre, in einer Küche zu stehen, könnte dies auch ein Schlachtfeld in Vietnam sein.

In der Mittagspause kann ich nicht mehr. Schaue mir müde Beuel an. Schon sehr vertraut.

Abends frage ich nach meinem Lehrvertrag. Klar, der sei in der Mache.

### 4. November 1977

6 Uhr. Aus Angst, den Wecker zu überhören, hab ich mir eine Weck-Konstruktion aus einer Zeitschaltuhr und dem Staubsauger gebaut. Funktioniert perfekt. Werde sofort wach. Alle anderen im Haus auch. Stimmung beim Frühstück gereizt.

Heute lerne ich schneiden. Natürlich Zwiebeln. Bolten macht vor, wie es geht, und hackt in einer Sekunde eine Zwiebel in exakt identische Würfelchen mit den Kantenmaßen drei Komma vier Millimeter. Puh ... Dann bin ich dran. Hacke wie bekloppt auf die Zwiebel ein. Nach einer Minute stelle ich fest, dass ich die Zwiebel noch nicht mal getroffen habe. Dafür hab ich mir ein Stück meines linken kleinen Fingers abgesäbelt. Der Verlust der Fingerkuppe schmerzt, aber wenigstens stimmt ihr Kantenmaß.

Kriege ein Pflaster und einen Fingerling, eine Art Pariser für Finger. Wegen der Hygiene. Gehe die Sache langsamer an und schneide die Zwiebel erst mal in der Mitte durch, ohne mich dabei zu verletzen. Schon mal nicht schlecht. Dann schneid ich die beiden Hälften durch und so weiter. Nach zehn Minuten präsentiere ich stolz das Ergebnis. Sechzehn ungefähr gleichgroße Zwiebelstücke. Bolten meint, die Würfel seien immer noch zu groß und vor allem nicht gleichmäßig geschnitten. Ich habe im Haus am Rhein noch keinen Gast gesehen, der die Zwiebelwürfel in seinem Salat mit dem Geodreieck nachmisst, beschließe aber nix zu sagen. Nach einer halben Stunde (bin gerade damit beschäftigt, die Oberfläche einiger Würfel mit Schmirgelpapier nachzuarbeiten) fragt Bolten, wie weit ich denn sei. Na, fast fertig. Kann wohl nicht sein, denn der Eimer wäre ja noch voll. Aha ... ich soll also den ganzen Eimer schneiden. Rechne aus, dass ich dafür wohl acht Wochen brauche. Bolten nimmt meine liebevoll angefertigte Zwiebelwürfelhandarbeit und gibt sie in den Soßenfond, wo sie augenblicklich verkocht. Es ist schön, wenn die Arbeit so gewürdigt wird.

In der Mittagspause geh ich in ein Haushaltswarengeschäft (kenne mich in Beuel bereits gut aus) und kaufe einen Zick-Zick-Zyliss. Mama hat so einen und kann damit in Sekundenschnelle Zwiebeln hacken.

Zick-Zick-Zyliss macht einen Spitzen-Job! Bolten lobt meine Würfel. Als er jedoch den Zyliss sieht, meint er, das wäre Kinderkram und ein richtiger Koch würde so was niemals benutzen. Ich soll gefälligst das Messer nehmen. Nehme das Messer und säbele mir die linke Zeigefingerkuppe ab. Bolten meint, ich halte die Finger falsch. Halte die Finger anders und säbele mir in den Handrücken. Bolten lobt meine Fingerhaltung. Schon besser! Dachte eigentlich, eine Ausbildung zum Koch zu machen und nicht zum Fakir.

Als Bolten weg ist, nehm ich wieder den Zyliss. Heimlich. Am Abend ist Bolten zufrieden. Ich würde

schnell lernen. Freue mich wegen des Lobs und frage
nach meinem Lehrvertrag. Der käme morgen. Bewegung
kommt in die Sache.

## 5. November 1977

6 Uhr. Pünktlich geht der Staubsauger los. Hitzige Diskussion
am Frühstückstisch. Ob ich mich nicht anders wecken lassen
kann. Ein Sauger wäre schließlich zum Saugen da und nicht zum
Wecken. Die haben Probleme!

In der Küche lerne ich heute, wie man Speck
schneidet. Bringe heimlich meinen Zyliss zum Einsatz. Zyliss kann aber keinen Speck und zermatscht
das Fleisch zu einer unappetitlich aussehenden
Masse. Muss das Messer nehmen und schneide mir
die Mittelfingerkuppe ab. Finde sie nicht wieder, und so landet
sie mit den Speckwürfeln zusammen im Sauerkraut. Frage mich,
wie viele Lehrlinge vor mir schon scheibchenweise ins Essen
gewandert sind.

Auf meiner Runde durch Beuel entdecke ich ein Sanitäts-
geschäft. Eine künstliche Hand liegt im Schaufenster. Gehe ins
Geschäft und frage sicherheitshalber schon mal nach dem Preis.

Abends spreche ich Bolten auf meinen Lehrvertrag an. Bolten
meint, so ein Lehrvertrag schreibt sich nicht mal eben so.
Das sei schließlich ein sehr komplexes Schriftstück. Mein Vertrag
muss wohl den Umfang der Luther-Bibel haben.

## 6. November 1977

6 Uhr. Zuverlässig geweckt worden. Um den Familienfrieden nicht
weiter zu gefährden, habe ich auf den Staubsauger verzichtet
und stattdessen eine Schlagbohrmaschine genommen. Trotzdem
große Diskussion am Küchentisch.

Im Restaurant nichts Besonderes. Ringfingerkuppe weg.
(Wahrscheinlich im Salat) Lehrlingsvertrag fast fertig. In der

Pause setz ich mich auf eine Bank und male aus dem Kopf einen Stadtplan Beuels.

### 7. November 1977

Frei! Schlafe den ganzen Tag. Abends bin ich putzmunter und kann nicht einschlafen.

### 8. November 1977

7 Uhr. Verschlafen. Meine Bohrmaschinen-Weck-Konstruktion wurde sabotiert! Habe meine Familie in Verdacht. Danke! Ein bisschen Rücksicht könnte man ja schon auf meine Situation nehmen. Schlafe im Bus ein. Werde gerade noch rechtzeitig wach, um auszusteigen. Schleiche in die Küche und fange mechanisch an, Speck zu schneiden, bis mich ein fremder Mann fragt, was ich denn da tue. Schaue mich um. Bin im falschen Restaurant. Entschuldige mich und gehe. Draußen kommt mir plötzlich alles fremd vor. Schaue auf meinen selbstgemalten Stadtplan, kann mich trotzdem nicht orientieren. Latsche durch die Gegend, bis ich vor dem Kölner Dom stehe. Muss wohl im Tran heute Morgen in den falschen Bus gestiegen sein.

Im Haus am Rhein gibt's Ärger. Ob ich meine Arbeitszeiten nicht kennen würde. Die stünden schließlich im Lehrvertrag. Entgegne, dass ich ja noch keinen habe. Der sei in Arbeit, ich müsste mich noch etwas gedulden. Frage mich, ob Bolten den Vertrag mit der Hand schreibt oder in Stein meißelt.

### 18. November 1977

Habe mich verändert. Das Essen schmeckt mir nicht mehr und ich habe Angst zu vereinsamen. Meine mangelnde Freizeit macht es unmöglich, mich mit jemandem zu verabreden. Um morgens zehn Minuten länger schlafen zu können, trink ich meinen Kaffee unter der Dusche stehend. Der Lehrvertrag soll bald fertig sein.

## 22. November 1977

Die Familie zwingt mich, eine neue Weckkonstruktion zu testen. Staubsauger und Bohrmaschine sind passé. Greife auf ein lautloses Gerät zurück, das ich an meine Zeitschaltuhr anschließen kann. Einen Lötkolben, den ich in die Socken stopfe, die ich mir vor dem Zubettgehen anziehe. Hoffe, durch die Wärme an meinen Füßen angenehm, aber trotzdem zuverlässig geweckt zu werden. Es funktioniert. Ziehe mir erhebliche Verbrennungen zu, aber die Familie ist zufrieden.

## 23. November 1977

Unter der Dusche eingeschlafen. Fast ertrunken. Muss sicherheitshalber ab morgen kalt duschen.

## 24. November 1977

Kalt geduscht. Trotzdem wieder unter der Dusche eingeschlafen.

## 25. November 1977

Morgendliche Dusche eingestellt. Zu gefährlich. Kann weitere zehn Minuten länger schlafen. Wenn ich in Klamotten schlafe, sogar zwölf!

## 8. Dezember 1977

Entfremde mich immer mehr. Heute Morgen Mama gefragt, wer sie sei. Mama ist besorgt und will mit mir reden. Vereinbaren einen Treffpunkt mittags in Beuel. Wir reden und ich zeige ihr die Stadt. Mama ist beeindruckt von meinen Ortskenntnissen. Überlege, auf Fremdenführer umzusatteln.

## 24. Dezember 1977

Heiligabend. Soll mein Können unter Beweis stellen und das Festmahl zubereiten. Abends sitzen wir zusammen und essen. Alles schmeckt irgendwie nach Zwiebeln. Selbst der Pudding.

Stimmung gedämpft. Packe mein Päckchen aus (Kochmütze) und gehe um neun ins Bett.

### 31. Dezember 1977

Beschwere mich über die Ballerei, die nachts draußen stattfindet. Werde zunehmend aggressiv.

### 15. Januar 1978

Es ist so weit! Heute darf ich was kochen. Nehme eine Pfanne und verbrenne mir am glühendheißen Pfannenstil die Hand. Alle lachen. Bin den Tränen nah. Bolten erklärt, man würde Pfannen mit heißem Stil daran erkennen, dass sie mit Mehl gekennzeichnet sind. Greife zu einer nicht mit Mehl gekennzeichneten Pfanne und verbrenne mir die andere Hand. Alle lachen. Reingelegt! Spaßvögel ...

In der Mittagspause gehe ich durch Beuel und ziehe ein Resümee. Bis auf die Fingerkuppen meiner linken Hand, die in den Mägen irgendwelcher ahnungslosen Touristen verdaut wurden, sind meine Hände komplett verbrannt. Dank meiner Lötkolben-Weck-Konstruktion steht der Zustand meiner Füße dem meiner Hände in nichts nach. Die Haut hängt in Fetzen runter, und mit dem Inhalt meiner Brandblasen könnte ich ein Freibad füllen. Einen Lehrlingsvertrag hab ich immer noch nicht. Mal war die Tinte aus, dann das Papier, ein andermal wusste Bolten meinen Namen nicht und so weiter. Trotzdem hab ich natürlich geschuftet wie bekloppt und bis jetzt bestimmt zwei Güterzüge voll Zwiebeln geschält. Kann es sein, dass man mich im Haus am Rhein ausnutzt?

### 16. Januar 1978

Bis elf Uhr geschlafen. Nach dem Frühstück setz ich mich in den Bus und fahre zur Arbeit. Bolten empfängt mich mit einem Donnerwetter. Nachdem er fertig ist, lege ich wortlos meine

Kochmütze auf die Anrichte, greife mir meinen Zyliss und gehe. Kurz bevor ich draußen bin, dreh ich mich noch mal um und verkünde, dass ich meinen Fuß niemals mehr in dieses Lokal setzen werde.

Das war gelogen, denn am Abend komme ich wieder. Zusammen mit der ganzen Familie und dem halben Dorf. Als Gäste. Insgesamt um die sechzig Personen. Denn ich habe beschlossen, meinen Ausstand gebührend zu feiern. Wir lassen es richtig krachen und bestellen, was die Speisekarte hergibt. Nur essen tun wir nichts. Unberührt lassen wir die ganze Pracht wieder zurück in die Küche gehen. Als Bolten wütend in den Gastraum stürmt und fragt, was mit dem Essen nicht in Ordnung sei, stehe ich auf und hab meinen großen Auftritt.

»Es tut mit leid, aber ich kann das Essen meinen Gästen nicht zumuten! Absolut ungenießbar!«

»Ach? Und warum?«

»Die Zwiebeln sind nicht gleichmäßig geschnitten.«

Wir stehen auf und lassen Bolten stehen. Alleine für dieses Gefühl hat sich mein Ausflug in die Gastronomie fast schon gelohnt.

# 25. Fahrprüfung

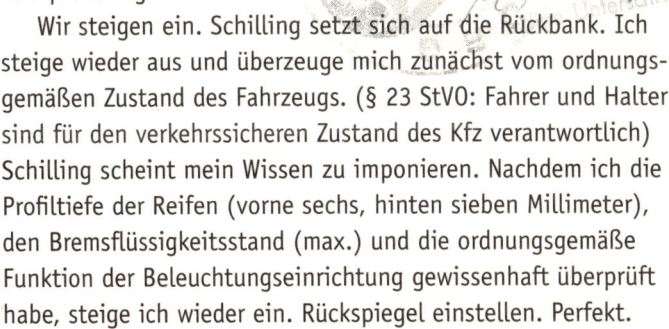

**14. April 1978**

Fahrprüfung. Bin aufgeregt, aber gut vorbereitet. Mein Fahrlehrer meint, heute würde Herr Schilling prüfen. Schilling wäre berüchtigt und nähme es mehr als genau. Habe verstanden. Herr Schilling kommt. Klemmbrett in der Hand, grauer Kittel, Krawatte. Habe noch nie einen so exakt gebundenen Krawattenknoten gesehen. Mein Fahrlehrer hat Recht. Der Mann ist 250-prozentig.

Wir steigen ein. Schilling setzt sich auf die Rückbank. Ich steige wieder aus und überzeuge mich zunächst vom ordnungsgemäßen Zustand des Fahrzeugs. (§ 23 StVO: Fahrer und Halter sind für den verkehrssicheren Zustand des Kfz verantwortlich) Schilling scheint mein Wissen zu imponieren. Nachdem ich die Profiltiefe der Reifen (vorne sechs, hinten sieben Millimeter), den Bremsflüssigkeitsstand (max.) und die ordnungsgemäße Funktion der Beleuchtungseinrichtung gewissenhaft überprüft habe, steige ich wieder ein. Rückspiegel einstellen. Perfekt.

Lächle Schilling zu, der seinen Krawattenknoten noch einmal zurechtzupft. Linken Außenspiegel einstellen. Perfekt. Rechten Außenspiegel einstellen. Schwierig, denn ich komme nicht richtig ran. Steige wieder aus und bewege den rechten Spiegel einen Millimeter mehr nach innen. Steige wieder ein. Der Spiegel könnte noch ein bisschen besser eingestellt werden. Der Fahrlehrer wird nervös. So eine Prüfung dauert normalerweise zwanzig Minuten. Die ersten fünf hab ich schon hinter mich gebracht. Korrigiere den Spiegel erneut. Besser. Steige wieder ein. Schilling bittet mich, endlich loszufahren. Ich schnalle mich an, lege den Leerlauf ein und starte den Motor. Mein Fahrlehrer atmet auf. Setze den linken Blinker, dann Blick in den Rückspiegel, den linken Außenspiegel, Schulterblick und los geht's.

Erst mal Tempo fünfzig. Wir fahren ja innerhalb einer geschlossenen Ortschaft. Die Tachonadel zeigt exakt fünfzig. Gut! Dann geht's auf die Landstraße. Tempo siebzig. Will gerade beschleunigen, als vor uns ein Traktor auftaucht. Bremse ab und folge dem Traktor im vorgeschriebenen Sicherheitsabstand. (Faustregel: halber Tachoabstand) Der Traktor fährt 22, also halte ich exakt elf Meter Abstand. Schilling trommelt ungeduldig auf seinem Klemmbrett herum. Im Rückspiegel sehe ich, wie er nervös an seinem Krawattenknoten zieht. Ich will gerade zum Überholvorgang ansetzen, als wir an Schild Nummer 276 vorbeifahren: Überholverbot für Kraftfahrzeuge aller Art. Halte den vorgeschriebenen Sicherheitsabstand weiter ein. Schilling seufzt und fordert mich auf, bei der nächsten Möglichkeit rechts abzubiegen, um endlich den Traktor loszuwerden.

Nach drei Kilometern kommen wir an eine Abzweigung. Setze vorschriftsmäßig den Blinker und biege, nachdem ich die Geschwindigkeit gedrosselt habe (Schulterblick), rechts ab. Dann bleibe ich stehen. Vor uns weist Schild Nummer 250 darauf hin, dass ein Durchfahrtsverbot für Kraftfahrzeuge aller Art gilt. Darunter nimmt Zusatzschild Nummer 1024/17 landwirtschaftliche Fahrzeuge von diesem Verbot aus. Wir dürfen also nicht abbiegen. Der Traktor hätte gedurft. Nur gewollt hat er nicht. Mein Fahrlehrer seufzt. Schilling zerrt an seiner Krawatte herum und fordert mich mürrisch auf, die Fahrt fortzusetzen. Blinker links, Spiegel links, Schulterblick und wieder zurück auf die Landstraße.

Nach einer knappen Minute fahren wir wieder hinter dem Traktor her. Aber nicht direkt. Denn zwischen uns und dem Traktor fährt nun ein anderer PKW. Fahrschule. Aha, ein Kollege! Halte Sicherheitsabstand und fahre hinterher. Drei weitere Kilometer Schleichfahrt später macht uns Zusatzschild 1049/11 darauf aufmerksam, dass ab hier Traktoren überholt werden dürfen. Schilling fragt gereizt, worauf ich denn warte. Der Traktor könnte doch jetzt überholt werden. Der Traktor schon, aber vor uns fährt kein Traktor, sondern ein PKW. Und der müsste ja erst mal den Traktor überholen, bevor ich laut StVO befähigt bin, dasselbe zu tun. Schilling schweigt und nestelt heftig an seiner Krawatte herum. Ich glaube, ich hab ihn beeindruckt.

Der PKW vor uns macht die nächsten Kilometer keinerlei Anstalten, einen Überholvorgang einzuleiten. Schilling trommelt immer lauter auf sein Klemmbrett und meint, ich könnte doch mal ein Signal mit der Lichthupe geben. Die Strecke sei schließlich frei. Vielleicht würde mein Vordermann im Gegensatz zu mir den entgegenkommenden Verkehr nicht überblicken können. Schillings Idee ist im Ansatz nicht schlecht, kollidiert aber mit Paragraph 16 der Straßenverkehrsordnung, die vorschreibt, dass Schall- und Leuchtzeichen nur derjenige geben darf, der außerhalb geschlossener Ortschaften überholen möchte oder sich und andere gefährdet sieht. Ich darf meinen Vordermann aber nicht überholen. Und Gefahr liegt auch nicht vor. Also scheidet die Betätigung der Lichthupe aus. Fahre weiter und schaue in den Rückspiegel. Schillings Krawattenknoten ist nur noch in Fragmenten vorhanden.

Schließlich hält mein Vordermann an. Jetzt stünde einem ordnungsgemäßen Überholvorgang nichts mehr im Wege. Allerdings dürfen Traktoren laut Paragraph 39 der Straßenverkehrsordnung nur dann überholt werden, wenn sie nicht schneller als 25 Stundenkilometer fahren. Die Tachonadel zeigt aber 26. Es geht nämlich bergab und der Traktor nimmt Fahrt auf. Reagiere ordnungsgemäß und vergrößere meinen Sicherheitsabstand auf dreizehn Meter. Dann geht's bergauf. Der Traktor wird langsamer. Doch auch jetzt darf ich nicht überholen, denn nach Paragraph 5 Absatz 2 darf nur der überholen, der übersehen kann, dass während des ganzen Überholvorgangs jede Behinderung des Gegenverkehrs ausgeschlossen ist. Da ich nicht sehen kann, ob mir hinter der Kuppe einer entgegenkommt, kann ich nicht ausschließen, den Gegenverkehr zu behindern. Mir sind also die Hände gebunden und ich schleiche weiter hinter dem Traktor her, bis Schilling mich energisch auffordert, rechts ranzufahren. Ich mache ihn gerade darauf aufmerksam, dass die Bankette nicht befahrbar sind, als er losbrüllt, das sei ihm scheißegal. Ich solle jetzt rechts ranfahren, und wenn die Scheißkarre dabei im Acker versinkt.

Halte an. Schilling steigt aus und tritt wütend gegen ein Schild. (Zeichen 140: Viehtrieb) Bin stark verunsichert. Hab ich irgendwas falsch gemacht? Mein Fahrlehrer und ich steigen ebenfalls aus. Schillings Krawattenknoten hat sich nun vollends aufgelöst. Ihm scheint aus irgendeinem Grund der Kragen geplatzt zu sein. Will ihn gerade fragen, welchen Fehler ich gemacht habe, als er wortlos meinen Führerschein aufs Autodach knallt. Hurra! Ich habe ihn! Mein Fahrlehrer gratuliert.

Dann machen wir uns auf den Rückweg. Will mich gerade hinters Steuer setzen, als Schilling mich zur Seite drängt und sich auf den Fahrersitz wirft. Er hätte es eilig. Der nächste Prüfungstermin sei bereits vor fünf Minuten gewesen, und er wäre noch nie zu spät gekommen. Der Fahrlehrer und ich steigen ein. Schilling rast los und prompt mit 150 in eine Radarfalle (Baustellenbereich – Tempo dreißig). Ich weiß, dass er damit seinen Führerschein los ist, halte aber lieber den Mund.

Hoffe für ihn, dass er einen ruhigeren Prüfer hat, wenn er zur Nachprüfung muss.

# 26. Zwei Zimmer mit Bad

3. Juli 1978

Sind wieder nach Siegburg
gezogen. Seit dem Umzug
geht mir eine Frage nicht
mehr aus dem Kopf: Wie
sieht die Wohnung von
James Bond aus? In keinem
Film sieht man, wo er lebt.
Geschweige denn, dass er
mal sein Zimmer aufräumt.
Ein richtiger Mann räumt sein
Zimmer nicht auf. Ein richtiger
Mann wohnt auch nicht mehr
bei seinen Eltern. Ich kann mir

Meine erste eigene Wohnung

jedenfalls nicht vorstellen, dass James Bond von seiner Mama
eine Kopfnuss bekommt, wenn er vergessen hat, den
Müll rauszubringen. Fasse einen Entschluss. Ich werde
Mama sagen, dass ich eine eigene Wohnung will. James Bond
hat mit achtzehn auch nicht mehr zuhause gewohnt. Sie wird
sich sträuben. Klar. Es wird einen harten Kampf geben. Logisch.
Aber ich bin ein Mann. Und ich werde mich gegen Mama
durchsetzen!

4. Juli 1978

Bin am Boden zerstört! Mama hat einfach ja gesagt. Wie kann
sie ihren Sohn nur so verstoßen? Nachts weine ich heimlich.

### 5. Juli 1978

Habe mich etwas beruhigt. James Bond weint bestimmt auch nicht, wenn er umzieht. Und Mama ist ja auch nicht aus der Welt. Am besten wäre natürlich eine Wohnung im selben Haus. Schon wegen des Mittagessens. Aber Mama hat schon im Haus herumerzählt, dass ich ausziehen möchte. Für die anderen Mieter ein Grund mehr, hier wohnen zu bleiben. Muss mich also anderweitig umsehen und kaufe mir eine Zeitung.

### 6. Juli 1978

2 Z, KDB, Court., Abst., vg. g. Chiffre 489635. Wohnungen lassen sich wahrscheinlich am besten durch diese Art Geheimcode vermieten. Sympathisch! Bondstyle! Schreibe zurück, dass ich Markus Maria Profitlich heiße, sehr interessiert bin, wie teuer die Wohnung sei und in welcher Straße sie liegt. Natürlich nicht im Klartext. Sondern in der Sprache der Makler: MMP s. i.! W. t.? W. S.?

### 9. Juli 1978

Immer noch keine Nachricht vom Makler. Mama fragt, ob sie meinen Brief mal lesen kann. Sie lacht und schreibt für mich einen neuen Brief. Sie kann mich wohl nicht schnell genug loswerden!

### 11. Juli 1978

Mamas Brief hat funktioniert. Ich habe einen Besichtigungstermin. Einen BT! Die Wohnung liegt in der Innenstadt, im zweiten Stock eines Neubaus. Ungefähr zehn Leute stehen vor der Haustür. Alle haben sich schick gemacht. Ich auch. Habe meine Schlaghose mit dem weitesten Schlag angezogen. Erhoffe mir dadurch Vorteile bei den Verhandlungen. Die anderen Bewerber mustern mich misstrauisch, bis der Makler kommt und uns die Wohnung zeigt. Sie ist okay. Nicht so schön wie bei Mama, aber okay. Das Einzige, was mich stört, ist die Küche. Wozu braucht ein Mann eine Küche? Ich frage den Makler, ob er nicht eine Wohnung ohne Küche hätte, aber mit einem Zimmer mehr. Der Makler versteht nicht. Ich wiederhole meine Frage im Maklercode und sage »3ZDB, nicht 2ZKDB«. Zur Antwort gibt er mir einen Fragebogen. Selbstauskunft. Was hat ein Mann schon über sich zu sagen? Ich setze mich in die K an einen T und schreibe. Dass ich gern laut Musik höre und Feten feiere. Mich für FKK interessiere und mir ein Motorrad wünsche. Das muss reichen. Als Beruf setze ich »Hilfsarbeiter« ein.

### 13. Juli 1978
Die 2ZKDB sind vermietet. Aber nicht an mich. Bin verzweifelt. Nach einer Woche Suche immer noch keine Wohnung! Überlege, in einen Wohnwagen zu ziehen wie Detektiv Rockford. Kann mich jedoch nicht erinnern, Rockford jemals seinen Wohnwagen mit einem Mofa durch die Prärie ziehend gesehen zu haben. Verwerfe den Plan. Werde wohl nie ausziehen ...

### 14. Juli 1978
Mama meint, ich soll doch die alte Wohnung meines Bruders übernehmen. Frage mich ernsthaft, was Mama gegen mich hat.

### 15. Juli 1978
Denke nach. Die Wohnung meines Bruders wäre ideal. Sie liegt drei Straßen weiter. Im sechsten Stock. Zwei Zimmer! Sie ist billig und hat einen fast neuen, nur acht Jahre alten Teppichboden. Das absolut Beste an der Wohnung aber ist: Sie hat keine Küche!

### 20. Juli 1978
Umzug! Habe mir einen großen Hänger geliehen und meine gesamte Habe darauf verstaut. Tisch, Stuhl, einen Flokati, meine LPs, die Anlage, mein Bett, Sweet-Poster, eine Kommode von

Opa mit Marmorplatte, eine Gabel, zwei Teller und einen Bierstiefel aus Glas. Der Bierstiefel ist multifunktional, denn aus ihm kann man auch Tri-Trop trinken. Oder Tee, wenn man krank ist.

Peter hilft mir beim Umzug. Er hat sich extra ein Auto von seiner Tante geliehen. Einen VW Käfer. Ohne Anhängerkupplung. Wir befestigen den Hänger mit dickem Draht an der Stoßstange des Käfers und fahren los. Dann befestigen wir die Stoßstange des Käfers mit dickem Draht am Käfer und fahren wieder los. Drei Minuten später haben wir das Ziel erreicht. Nicht jedoch der Hänger. Der steht auf der Kreuzung Holzgasse Ecke Kaiserstraße und erregt öffentliches Aufsehen.

Wir schieben das Teil zu Fuß die letzten 300 Meter und bleiben völlig fertig vor der Wohnungstür stehen. Brauchen erst mal ein Bier. Frage mich, ob James Bond auch so umzieht. Drei Bier später wollen wir's angehen. Wir schleppen den Karton mit den LPs in den sechsten Stock und brauchen erst mal ein Bier. Dann schleppen wir die Anlage nach oben. Bier. Der Umzug fängt an, Spaß zu machen. Im Treppenhaus krieg ich den ersten Streit mit einem Mieter. Kühle mich ab mit einem Bier. Unten überlegen wir, ob man wirklich eine Kommode mit Marmorplatte im sechsten Stock braucht. Wir überlegen zwei Bier lang und entscheiden uns gegen die Kommode. James Bond hat auch keine Kommode. Dann entscheiden wir uns gegen das Bettgestell. Eine Matratze auf dem Boden ist auch viel cooler. Und wenn man schon auf dem Boden schläft, kann man auch auf dem Boden essen. Weg mit Tisch und Stuhl.

Am Ende steh ich glücklich in meiner neuen Wohnung und überlege, wie ich meine gesamte Habe am geschicktesten auf die zwei Zimmer verteile. Bett und Anlage links. Flokati, Sweet-Poster und Bierstiefel rechts. Perfekt!

## 21. Juli 1978

Einweihungsparty. Erwarte dreißig Gäste. Damit meine Gäste mich finden, kleb ich an der Haustür schnell meinen Namen auf das oberste Klingelschild.

## 22. Juli 1978

Saubande! Keiner ist gekommen. Später bekomme ich Streit mit den Mietern aus dem Stock unter mir. Sie hätten die ganze Nacht kein Auge zugetan vor lauter Klingelei, und ich soll meinen Namen gefälligst von ihrem Klingelschild abmachen. An der Haustür stelle ich fest, dass meine Wohnung gar keine Klingel hat. Kratze meinen Namen von der Klingel meiner Untermieter, um nicht noch mehr Unfrieden zu stiften.

Abends Einweihungsparty. Alle sind da. Damit ich meinen Gästen die Tür öffnen kann, hab ich mit ihnen eine Art Klingelzeichen vereinbart. Mit einer Fußball-Presslufthupe, die ich vor der Haustür deponiert habe. Um die Nachbarn nicht durch Klingeln zu stören.

## 23. Juli 1978

Streit mit allen Mietern wegen der Huperei. Man kann es aber auch keinem recht machen!

## 20. August 1978

Die Einrichtung einer Wohnung ändert sich im Laufe der Zeit und passt sich den persönlichen Gepflogenheiten an. Das ist bei mir nicht anders. Flokati, Sweet-Poster und Bierstiefel sind mittlerweile ins linke Zimmer gewandert. Im rechten Zimmer wird der Platz nämlich eng, und das hat mit Christiane zu tun. Sie will nicht mehr in eine »zugemüllte« Bude kommen, und ich soll endlich den Müll wegbringen. Seitdem bringe ich konsequent den Müll vom linken ins rechte Zimmer. Bis auf Erdnussflipsreste. Die lassen sich wunderbar im Teppichboden verreiben, ohne dass man was sieht. Außerdem riecht es dann im Zimmer immer schön lecker.

### 21. August 1978

Habe mir ein Möbelstück zugelegt. Eine rote Spülschüssel. Nicht, dass ich spülen müsste. Ich leihe mir sauberes Geschirr immer von Mama. Allerdings meint sie, dass ihre Vorräte langsam zur Neige gingen. Selber schuld! Sie hätte mich ja nicht rausschmeißen müssen! Meine Spülschüssel erfüllt ganz andere, viel originellere Zwecke. Man kann sie zum Beispiel über eine Glühbirne stülpen und hat gemütliches rotes Licht zum Kuscheln. Aber nur fünf Minuten lang. Sonst schmilzt ein Loch in die Schüssel. Fünf Minuten reichen aber dicke zum Kuscheln. Sogar zum zweimal Kuscheln.

Wirklich brauchen tu ich die Schüssel aber zum Duschen. Mein Reich hat nämlich nicht nur keine Küche, sondern auch kein Bad. Christiane hat mich irgendwann drauf aufmerksam gemacht. Verdammt! Wär mir glatt durchgegangen! Christiane ist ein Fuchs! Ich aber auch, sagt Christiane. Zumindest dem Geruch nach.

### 22. August 1978

Der Platz auf dem Klo reicht gerade mal fürs Klo und ein winziges Waschbecken in der Größe einer Seifenschale. Nicht aber für ein Bad. Noch nicht einmal für die Spülschüssel. In der Abstellkammer nebenan wäre Platz für ein Bad. Beschließe, dort mein Traumbad zu bauen. Ich klebe ein Schild mit der Aufschrift »Bad« an die Tür zur Abstellkammer und betrete zum ersten Mal meinen neuen Wellnessbereich. Betrachte stolz mein Werk, bis mir auffällt, dass meinem Bad etwas Grundlegendes fehlt. Ein Wasseranschluss. Einen Ablauf brauch ich nicht. Dafür hab ich ja die Spülschüssel gekauft. Viel dringender ist das Problem der Wasserzufuhr. Wie krieg ich das Wasser vom Klo in mein neues

Bad? Gehe in Gedanken verschiedene Lösungsansätze durch.
Die Römer nahmen dazu Aquädukte. Zu schwer. Ich könnte eine
Wasserleitung aus ineinandergepopelten Sinalcostrohhalmen
basteln. Zu aufwendig. Beschließe, das Projekt Traumbad erst
mal auf Eis zu legen, und klebe ein weiteres Schild an die Tür.
»Zurzeit außer Betrieb«. Immer noch besser als gar kein Bad.
Und duschen kann ich ja auch im Flur. Meine Spülschüssel ist ja
transportabel. Das Wasser hol ich einfach mit dem Bierstiefel.
Wirklich mutifunktional, das Teil!

## 26. November 1978

Komme spätabends nach Hause. Peter und ich hatten unseren
wöchentlichen Skatabend. Da der dritte Mann seit zwei Wochen
krank ist, beschränken Peter und ich uns in der Zeit aufs
Biertrinken. Schließe die Haustür auf und zähle beim Hochgehen
mechanisch die Stufen. Rechne aus, dass es bis zu mir ungefähr
140 Stufen sein müssen. Bin gut im Kopfrechnen. Auch mit viel
Bier darin.

Bei Stufe 140 betrete ich meine Wohnung. Es ist warm! Das
wundert mich, denn mit Beginn der kalten Jahreszeit musste ich
ein weiteres Defizit meiner Wohnung feststellen. Keine Heizung.
Aber jetzt ist es schön warm. Christiane hat wahrscheinlich ihren
Heizofen mitgebracht, diese Frostbeule.

Voller Vorfreude aufs Kuscheln stürme ich ins linke Zimmer.
Da liegt sie. Meine Christiane. Und neben ihr ein Mann! Vom
Bier gestärkt, mache ich eine Szene, die sich gewaschen hat.
Ich schnappe den Kerl und schmeiß ihn im hohen Bogen aus der
Wohnung. Dabei erkenn ich ihn. Mein Nachbar von unten! Diese
Sau! Sich über mich beschweren und dann mit meiner Freundin
die eigene Frau betrügen! Werfe ihn die Treppe runter und stiefle
entschlossen zurück zu Christiane. Die hat in der Zwischenzeit
das Licht eingeschaltet und sieht überhaupt nicht mehr aus wie
Christiane. Eher wie die Frau von dieser Sau, die ich gerade ...

ich schaue mich um. Statt eines Sweet-Posters hängt ein Ölbild an der Wand. Der Flokati ist weg und es riecht nicht nach Erd-nussflips. Ich entschuldige mich höflich und gehe nach draußen. Muss mich wohl doch verrechnet haben.

### 29. November 1978

Bekomme ein Einschreiben. Die Kündigung. Mama sagt, ich könnte ja wieder zurückkommen. Vorübergehend. Fein. Vielleicht wird ja doch noch eine Wohnung in unserem Haus frei. Ich werde mein Bestes tun.

# 27.
# Jugoslawien

im Urlaub

## 17. Juli 1979

Peter hat ein Auto gekauft!
Einen Datsun Sunny. Coupé!
Mit vier Monaten TÜV und
zwei Reserveanlassern.
Der Anlasser ist eine
Kinderkrankheit vom
Sunny. Menschen kriegen
Masern, ein Datsun Sun-
ny kriegt einen kaputten
Anlasser.

Ich lege mich unter das
Auto und entdecke, dass Peters
Datsun auch so was wie Masern hat. Peter meint,
das sei nur Flugrost. Beim Abklopfen des Unterbodens breche
ich ein Stück des Holms ab. Peter meint, so ein Holm sei nicht
sicherheitsrelevant. Und er würde sofort mit dem Auto um die
Welt fahren. Beschließen spontan, eine Weltreise zu machen.
Der erste eigene Urlaub! Und dann direkt eine Weltreise!
Am Abend kann ich vor Aufregung kaum einschlafen. Später
träume ich von Löwen, Elefanten und gefährlichen Abenteuern.

## 19. Juli 1979

Die Planung steht! Es gibt nur eine kleine Änderung. Wir
fahren nicht um die Welt, sondern nach Jugoslawien. Peters

Freundin Beate hat keine Lust auf Löwen, Elefanten und gefähr-
liche Abenteuer. Sie meint, sie will lieber am Strand liegen.
Und wie das denn meine Freundin sähe. An Monika hatte ich
noch gar nicht gedacht! Für Frauen war in meiner Urlaubspla-
nung einfach kein Platz.

Am Abend überrasche ich Monika mit der Idee, gemeinsam
in Urlaub zu fahren, und dass man ja vielleicht auch Peter und
Beate mitnehmen könnte. Monika küsst mich für meine tolle
Idee. Fühle mich geschmeichelt.

### 21. Juli 1979, 9 Uhr

Es geht los! Auf der Straße stehen: Beate, Monika, Peter, zwei
Zelte, vier Liegen, vier Stühle, ein Campingtisch, zwei kleine
Reisetaschen (von Peter und mir), zwei große Reisetaschen, ein
Gaskocher, zwei Paletten Ravioli, vier Kästen Bier, eine Palette
Orangensaft, ein Werkzeugkasten, zwei Anlasser, vier weitere
Anlasser (man weiß ja nie), ein irgendwie geschrumpfter Datsun
Sunny und ich. Wir beginnen zu packen.

### 13 Uhr

Es hilft nichts. Entweder zwei Kästen Bier bleiben hier, oder
einer von uns. Plädiere für Beate. Kriege sofort Streit mit
Monika. Dass Frauen immer so solidarisch sind! Peter hat die
rettende Idee. Ein Dachgepäckträger! Frage mich, ob Beate es
auf einem Dachgepäckträger bis nach Jugoslawien schafft.

### 15 Uhr

Wir sitzen im Auto. Alles ist verstaut! Die Jungs vorne,
die Mädels hinten, das Bier auf dem Dach. Traue mich nicht,
tief einzuatmen aus Angst, der Datsun könnte platzen.
Peter dreht den Zündschlüssel. KLONG! Der Anlasser. Macht
nix. Ersatz findet sich ja im Kofferraum. Ganz unten.

## 17 Uhr

Unsere Ausrüstung steht wieder auf der Straße. Peter hat den neuen Anlasser eingebaut. Wir packen. Ich versuche, Monika und Beate zu überreden, die anderen Anlasser und den Werkzeugkasten auf den Schoß zu nehmen. Wegen der Ein- und Auspackerei. Falls wider Erwarten mal der Anlasser ... Wieder Streit. Als wir endlich losfahren wollen, meint Monika, dass es schon zu spät sei, und ob wir nicht besser morgen früh fahren. Bevor ich eingreifen kann, teilt Beate uns mit, dass sie ebenfalls dieser Meinung ist. Zwei gegen zwei. Keine Chance. Um Monika zu schmeicheln, geb ich ihr Recht. Man kann die Sachen ja im Auto lassen und abschließen. Kann man nicht. Wohl auch eine Kinderkrankheit vom Datsun.

Beate und Monika gehen Eis essen. Peter und ich räumen den Datsun aus.

## 22. Juli 1979, 10 Uhr

Wir sind unterwegs! Jugoslawien, wir kommen! Laut und aufgeregt unterhalten wir uns. Aufgeregt, weil es der erste eigene Urlaub ist. Laut, weil man sich sonst nicht versteht, denn hinten rechts macht der Datsun ein lautes Geräusch. Zwanzig Kilometer hinter Siegburg hält Peter an. Er meint, dass der Reifen am Kotflügel schleift, weil der Datsun hinten rechts zu schwer beladen sei. Schiele auf Beates ausladende Hüften und fange mir einen bösen Blick von Monika ein. Schlage schnell vor, das Gepäck anders zu verteilen und die schweren Sachen nach links zu packen. Monikas Blick ist wieder milde. Glück gehabt.

## 10 Uhr 5

Sitze jetzt hinten. Links neben Beate. Wegen der Gewichtsverteilung. Mit drei Anlassern und einem Werkzeugkasten auf dem Schoß. Warum konnte ich den Mund nicht halten? Es wird eng.

## 18 Uhr

Nach acht Stunden und zwei ausgetauschten Anlassern fahren wir durch Österreich. Alle schreien ständig, wie schön die Berge sind. Ich nicht, denn ich kann die Berge nicht sehen. Wer einmal mit einem Meter neunzig Körpergröße in einem Datsun Sunny Coupé hinten gesessen hat, weiß, warum. Mit vorgebeugtem Oberkörper starre ich die ganze Zeit auf den Werkzeugkasten und die Anlasser. Wenn mich später einer fragt, wie ich die österreichischen Berge finde, werde ich sagen: ölig.

Immerhin ist es schön warm. Das findet auch der Datsun. Damit der Kühler nicht kocht, schaltet Peter die Heizung ein. So ein gemeinsamer Urlaub verschweißt ganz schön. Überlege, ob man nicht besser ans Nordkap gefahren wäre.

Um meine Laune zu heben, schlage ich vor, Musik zu hören. Peter schaltet seinen Becker Mexiko Autoreverse ein. Beate will John Denver hören. Ich nicht. Ich will Sweet hören. Kugele mir fast die Schulter aus, um die Sweet-Kassette aus meiner Hosentasche zu angeln. Beate ist schneller. Sie hat ihre Kassetten in ihrer Handtasche. Scheiß Weiberkram! John Denver legt los. Urlaubsgefühle kommen auf. Bei mir nicht so. Dafür aber bei John Denver, denn nach dem Schlussakkord von *Country Roads* spult die Kassette automatisch zurück und John fängt wieder von vorne an. Peter meint, das läge am Autoreverse. Und ob er mal kurz nachgucken soll. Die Mädels wollen nicht wieder anhalten. Ich schon. Doch ich habe drei Stimmen gegen mich. Die von Monika, die von Beate und die von John.

## 22 Uhr

Beate hat Peter abgelöst. Ich darf nicht fahren. Wegen der Gewichtsverteilung. Außerdem könnte ich gar nicht nach vorne gucken. Denn meine Halswirbelsäule hat das Handtuch geworfen und sich kurzerhand zu einem rechten Winkel versteinert. Es ist schon dunkel. Alle sind müde, nur John Denver ist noch munter.

Noch. Denn John kennt die jugoslawischen Autobahnen nicht. Beate auch nicht. Und so braust sie mit neunzig Sachen in ein Schlagloch, ungefähr so groß wie der Datsun. John verstummt. Ich schreie auf. Der Schlag meines Kopfes gegen das Autodach gibt meiner Halswirbelsäule den Rest.

Der Mensch ist für den aufrechten Gang geboren. Ich offenbar nicht. Nach vorne gekrümmt stehe ich neben dem Datsun und schaue Peter zu, wie er den Wagen von unten abklopft.

Der Datsun hat den Schlag gut weggesteckt. Nur dem Holm mit den Masern fehlt ein weiteres Stück. Peter meint, das macht nix, denn die tragende Funktion der Karosserie übernähme ja der Dachgepäckträger. Das leuchtet ein. Wir quetschen uns wieder in den Sunny. Heimlich gebe ich dem Auto einen Spitznamen: Eiserne Jungfrau. Ich nicke ein und träume von Dosenöffnern, die *Country Roads* singen.

### 1 Uhr nachts

COUNTRY ROAAAADS! Ich werde wach. Sitze allein im Auto. Versuche, die Reste meiner Halswirbelsäule so zu falten, dass ich aus dem Seitenfenster sehen kann. Peter, Beate und Monika sitzen zusammen mit anderen Urlaubern um ein Lagerfeuer. Einer spielt Gitarre. Alle singen glücklich *Country Roads*. Im Hintergrund sehe ich ein paar Zelte. Dahinter das Meer. Wir sind da!

### 23. Juli 1979

Ich kann wieder gerade stehen! Zumindest theoretisch. Die Nacht im Zelt hat meiner Halswirbelsäule gutgetan, meinen Füßen weniger. Denn wenn ich ausgestreckt im Zelt liege, befinden sich meine Füße draußen. Und auf meinen Füßen muss heute Nacht ein rauschendes Fest stattgefunden haben. Mit einem Festbankett für eine Million jugoslawischer Moskitos. Überlege kurz, die kommende Nacht im Sunny zu verbringen. Sofort stellen sich Rückenschmerzen ein. Ein Warnsignal des Körpers! Humpele ins

Meer, um meine geschwollenen Füße zu kühlen. Dann gibt es Frühstück. Ravioli.

### 25. Juli 1979

Bin das Mückenproblem angegangen, indem ich nachts meine Füße in Mülltüten stecke. Mit Erfolg. Nach dem Aufstehen jucken meine Füße nicht mehr. Dafür stinken sie jetzt. Die anderen zwingen mich, meine Frühstücksravioli einige Meter entfernt zu mir zu nehmen. Parmesan hätte man genug. Hahaha! Fühle mich ausgestoßen.

### 27. Juli 1979

Haut muss atmen. Das gilt auch für Füße. Verwerfe die Idee mit den Tüten und greife auf Chemie zurück. Im Campingplatzsupermarkt gibt es kein Autan. Der Verkäufer empfiehlt einen jugoslawischen Toilettenreiniger. Auf dem Etikett ist ein Totenkopf. Das wird die Mücken abhalten.

### 28. Juli 1979

Fahren morgens ins Krankenhaus. Immerhin darf ich vorne sitzen. Hinten ginge auch gar nicht, denn ich muss meine Füße ausstrecken, damit sich das Blut nicht in ihnen staut und dann einfach unten rausläuft. Jugoslawische Toiletten müssen die saubersten der Welt sein, denn der jugoslawische Toilettenreiniger ätzt wirklich alles weg. Der Arzt im Krankenhaus guckt sich meine Füße an und gibt mir Tabletten mit. Gegen die Schmerzen. Auf der Packung ist kein Totenkopf zu sehen. Das beruhigt. Abends nehme ich eine der Tabletten und spüle sie mit einem Bier runter.

### 29. Juli 1979

Fahren morgens ins Krankenhaus. Das jugoslawische Gesundheitssystem ist einfach, aber effektiv. Ich hatte nachts tatsächlich keine Schmerzen. Zeigte aber auch sonst keine Lebensfunktionen mehr. Ich bin nach dem Bier einfach umgekippt. Der Arzt im Krankenhaus meint, das läge am Alkohol und weil die jugoslawischen Schmerztabletten wohl etwas stärker sind. Frage mich, was die hier wohl unter einer Vollnarkose verstehen.

### 30. Juli 1979

Schaue zu, wie die anderen fröhlich im Meer plantschen und Bier trinken. Das Zugucken fällt mir schwer. Zum einen, weil ich gerne mitmachen würde. Zum anderen, weil meine Augen wegen der Mückenstiche zugeschwollen sind. Um meine Füße zu schonen, schlafe ich jetzt nämlich mit dem Kopf nach draußen. Schlafen ist eigentlich nicht der richtige Ausdruck. Ich liege. Zum Schlafen komme ich nicht.

### 31. Juli 1979

Schaue zu, wie die anderen Strandball spielen und Bier trinken.

### 1. August 1979

Schaue zu, wie die anderen essen gehen. Wollte nicht mit. Das Laufen fällt zu schwer, und ohne Alkohol macht essen gehen auch keinen Spaß. Esse Ravioli. Noch drei Dosen, dann geht's wieder nach Hause.

### 2. August 1979

Morgens erzählen Monika, Beate und Peter, wie toll es am Abend war. Lecker Essen, toller Wein, dann noch in die Disco, die Nacht durchgetanzt. Monika meint, sie hätte so viel getanzt, dass ihre Füße wehtäten. Ich werfe ihr einen bösen Blick zu. Prompt wirft sie mir vor, ein Miesmacher zu sein. Das hat noch gefehlt! Ich kann kaum gehen, der Nacken tut weh, ich darf keinen Alkohol trinken, und jetzt bin ich auch noch für die schlechte Stimmung verantwortlich! Kann einen das Schicksal härter treffen? Es kann.

Denn wir streiten uns so heftig, dass Monika abends darauf besteht, allein im Zelt zu schlafen. Ich stehe vor der Wahl: Mücken oder Sunny? Entscheide mich im Interesse meiner wunden Füße und meines Augenlichts für die Nacht im Datsun.

### 3. August 1979

Was heißt Chiropraktiker auf Jugoslawisch?

### 5. August 1979

Endlich! Es geht nach Hause. Ich muss hinten sitzen, weil es meinen Füßen heute besser geht. Wahrscheinlich eine Art Spontanheilung aufgrund ihrer Vorfreude, bald wieder zuhause zu sein. Auch Füße haben Gefühle! Niemand weiß das besser als ich. Hinten zu sitzen macht mir nichts mehr aus. Meine Wirbelsäule ist seit den letzten Nächten im Datsun nicht mehr existent. Routiniert und biegsam wie ein Schlangenmensch zwänge ich mich in das Korsett meiner vertrauten eisernen Jungfrau. Wir fahren los. John Denver singt, und eine Million Mücken winken uns traurig hinterher ... Siegburg, ich komme!

# 28. Dienen fürs Vaterland

### 4. September 1979

Bin arbeitslos. Kriege einfach keinen Job mehr. Noch nicht mal als Hilfsarbeiter. Dabei wäre ich gerade für diese Tätigkeit mit meiner Qualifikation perfekt geeignet, denn ich habe ja noch nicht mal einen Hauptschulabschluss. Schuld an meiner Misere ist aber nicht die deutsche Bildungspolitik, sondern die deutsche Verteidigungspolitik. Solange ich nicht bei der Bundeswehr war, ist für viele Arbeitgeber das Risiko zu groß, mich einzustellen.

Viele meiner Kumpels wurden schon eingezogen. Natürlich haben alle verweigert. Man will was für den Frieden tun und gegen den Strom schwimmen. Außerdem hat man als Zivi ja einen schönen Lenz. Weil ich auch gerne gegen den Strom schwimme, beschließe ich, gegen den Strom zu schwimmen, der gegen den Strom schwimmt, und fasse einen Entschluss: Ich werde mich freiwillig melden. Wegen der vielen Zivis leidet die Bundeswehr an Personalmangel und sucht junge kräftige Burschen wie mich. Ich hätte was zu tun und nach dem Wehrdienst auch keine Probleme mehr, Arbeit zu finden.

Rufe bei der Standortverwaltung der Bundeswehr an, um zu fragen, was ich tun muss, um mich freiwillig zu melden. Eine schnarrende Stimme meldet sich.

»Standortverwaltung!«

»Profitlich, mein Name. Ich wollte mal fragen, was ich tun muss, um ...

»Personenkennziffer?«

»Die hab ich ja noch nicht.«

»Ohne Personenkennziffer kann ich Ihr Anliegen nicht bearbeiten.«

Aufgelegt. Rufe erneut an.

»Standortverwaltung!«

»Profitlich mein Name, kann ich bei Ihnen eine Personenkennziffer bekommen?«

»Nein, die steht auf dem Musterungsbescheid.«

»Den hab ich aber noch nicht bekommen.«

»Warum nicht?«

»Das wollt ich Sie ja gerade fragen.«

»Tut mir leid, ohne Personenkennziffer hab ich keinen Zugriff auf Ihre Akten.«

Aufgelegt. Dritter Anruf.

»Standortverwaltung!«

»Profitlich mein Name. Meine Personenkennziffer ist 487 Querstrich AX Wurzel 2.«

»Augenblick!«

Hänge minutenlang in der Leitung. Glaube, den Grund für den Personalmangel bei der Bundeswehr zu erahnen. Was mach ich, wenn die mich nicht wollen? Gehe gedanklich Alternativen durch und suche im Telefonbuch gerade nach der Nummer der Fremdenlegion, als der freundliche Sachbearbeiter sich wieder meldet.

»Sie haben offensichtlich eine falsche Personenkennziffer. Soll ich eine neue für Sie anlegen?«

»Ja bitte. Krieg ich dann auch den Musterungsbescheid?«

»Bei uns hat noch jeder den Musterungsbescheid erhalten, junger Mann!«

### 23. Oktober 1979

Musterung. Hier wird man auf Herz und Nieren geprüft, ob man körperlich in der Verfassung ist, das Vaterland zu verteidigen.

Stehe nackt vor einem Arzt, der mich ansieht und dann meint, dass ich kerngesund sei. Mache wahrheitsgetreu auf meine Plattfüße und mein Übergewicht aufmerksam. Ich hätte keine Plattfüße und auch kein Übergewicht. Wow! Ein Spitzenarzt! Keine zwei Minuten unter seinen Händen, und schon hat er mein Übergewicht und die Plattfüße weggezaubert. Gegen den ist Christiaan Barnard ein Kurpfuscher. Dann muss ich zum Sehtest. In drei Metern Entfernung hängt eine Tafel mit Buchstaben drauf an der Wand. Die Buchstaben in der obersten Reihe sind so groß, dass man sie als Lichtreklame für den Kaufhof benutzen könnte. Lese den ersten Buchstaben vor. Das reicht. Bestanden. Soldaten müssen wohl nicht so wahnsinnig gut sehen können. Ab zum Hörtest. Setze einen Kopfhörer auf. Ein Arzt fragt mich, ob ich den Ton höre. Der Ton ist so laut, dass ich mir den Kopfhörer runterreiße aus Angst zu ertauben. Bestanden. Soldaten müssen wohl auch nicht so gut hören können. Wahrscheinlich wegen des Gefechtslärms. Dann soll ich eine Urinprobe abgeben. Kriege einen Becher und gehe aufs Klo. Kann nicht. Massiere mir die Blase. Nichts. Drehe einen Wasserhahn auf, um meine Blase an den Zweck ihres Daseins zu erinnern. Nichts. In meiner Blase muss es gerade aussehen wie in der Sahelzone. Trinke aus dem Wasserhahn, bis mein Magen Gluckergeräusche macht, doch meine Blase weigert sich standhaft, jegliche Flüssigkeit aus meinem Verdauungstrakt zu importieren. Bin verzweifelt. Wie soll ich das Vaterland verteidigen, wenn ich im Ernstfall noch nicht mal Pipi in einen Becher machen kann?

Ein Kollege kommt rein und strullt innerhalb einer Millisekunde seinen ganzen Becher voll. Bin neidisch. Gegen seinen Wasserstrahl sind die Niagarafälle ein Tropfen Tau. Frage ihn, ob er mir was abgeben könnte. Der Kollege guckt komisch und lässt seine Fontäne kurz in meinen Becher prasseln. Draußen gebe ich stolz meinen vollen Becher ab. Der Arzt wirft einen kurzen Blick auf den Inhalt und kippt den Becher dann in den

Ausguss. Das kostbare Nass! Fühle mich wie ein Verdurstender, vor dessen Augen gerade eine Flasche Wasser in den Wüstensand geschüttet wird. Dann bekomm ich das Ergebnis. T2 tauglich. Der Tauglichkeitsgrad reicht von T1 (voll verwendungsfähig) bis T5 (nicht wehrdienstfähig). T4 (vorübergehend nicht wehrdienstfähig) betrifft wahrscheinlich diejenigen, die ohne Beine bei der Musterung erscheinen.

### 4. Dezember 1979

Einberufung. Die Logistik der Bundeswehr ist darauf eingestellt, ihren Soldaten einen möglichst heimatnahen Dienst zu ermöglichen. Das ist gut für mich, denn in Siegburg gibt es die Brückberg-Kaserne, keine fünf Minuten zu Fuß von mir entfernt. Die Logistik scheint in meinem Fall aber nicht richtig funktioniert zu haben, denn ich muss in die Oberschwaben-Kaserne. Die liegt in Mengen, in der Nähe des Bodensees. Füge mich. Wahrscheinlich bin ich ein Einzelschicksal.

### 5. Dezember 1979

Ankunft in der Oberschwaben-Kaserne. Lerne meine Kameraden kennen. Keiner kommt aus der näheren Umgebung. Doch kein Einzelschicksal.

### 5. Januar 1980

Bis jetzt viel gelernt in der Grundausbildung. Das Wichtigste für die Verteidigung des Vaterlandes ist offensichtlich ein aufgeräumter Spind. Ich bin sicher: Wenn der Feind kommt und sieht, wie aufgeräumt unsere Spinde sind, wird er vor Neid sofort das Handtuch werfen und sich kampflos ergeben.

Die zweite wichtige Voraussetzung für einen erfolgreich geführten Kampfeinsatz scheint das Strammstehen zu sein. Find ich gut, denn darin hab ich Übung. Aus meiner Zeit als Vermessungstechniker. Stillstehen kann keiner so gut wie ich.

## 6. Januar 1980

Bei den Schießübungen zielen wir auf Pappkameraden. Die
stehen auch super stramm, und deswegen kann man sie auch
gut treffen. Wahrscheinlich schickt die Bundeswehr vor lauter
Personalmangel im Ernstfall auch Pappkameraden an die Front,
und die Strammsteherei dient nur dazu, dem Feind die Unter-
scheidung zwischen Pappkamerad und echtem Soldaten nicht so
leicht zu machen. Ganz schön pfiffig, die Bundeswehr.

## 15. Januar 1980

Damit ich auch mal was Sinnvolleres tue als Spind aufräumen,
hat sich die Bundeswehr entschlossen, mich zum Rettungssa-
nitäter zu machen. Komme in die Sanitätsschule der Luftwaffe
nach Klingholz. Das liegt bei Würzburg. Auch hier treffe ich
keinen, der aus dem Umland kommt. Aufgrund der sehr unter-
schiedlichen Dialekte meiner Kameraden ist die Verständigung
teilweise schwierig. Einer spricht sogar nur portugiesisch.
Wahrscheinlich auch ein Opfer der Bundeswehrlogistik. Die
Sanitätsschule in Klingholz hat zwar eine eigene Postleitzahl,
nicht aber ein Militärkrankenhaus. Das befindet sich in Koblenz.
Gut für mich, denn Koblenz ist nur knapp siebzig Kilometer
entfernt von Siegburg. Freue mich auf meinen Praktikumseinsatz
im heimatnahen Koblenz.

## 2. März 1980

Versetzung in meine Stammeinheit nach Heide in die Wulf-
Isebrand-Kaserne. Heide liegt in Schleswig-Holstein. Man kann
sagen, was man will, aber beim Bund lernt man Deutschland
kennen. In Heide gibt es kein Militärkrankenhaus. Also mach
ich mein Praktikum in einem Zivilkrankenhaus. Verlebe eine
schöne Zeit und lerne im Krankenhaus Angela kennen. Sie macht
auch ein Praktikum, kommt aber im Gegensatz zu mir aus der
Gegend. Damit die junge Liebe nach Ablauf des Praktikums nicht

auseinandergerissen wird, beantrage ich, anschließend nach Siegburg versetzt zu werden. Auf die Logistik der Bundeswehr ist Verlass, denn es klappt! Ich bleibe in Heide.

### 4. Juni 1980

Neben dem Spind scheint noch eine zweite wichtige Säule die Kampfkraft der Bundeswehr zu stützen: das Bett. Denn am Morgen gibt mir mein Leutnant den Schlüssel zum Bettenlager und erteilt mir den Befehl zur Inspektion und Kontrolle desselben. Zähle pflichtbewusst die Betten (28) und kontrolliere jedes einzelne auf seine Tauglichkeit. In Theorie und Praxis. Bescheinige allen Betten mindestens T2 und befinde sie damit als tauglich für den Kampfeinsatz.

### 5. Juni 1980

Bettenlager inspiziert. 28 Stück. Bauch und Rückenlage getestet. T2.

### 6. Juni 1980

Bettenlager inspiziert. 28 Stück. Seitenlage. T2. Betten weiterhin kampftauglich.

### 7. Juni 1980

Bettenlager inspiziert. 28 Stück. Bett Nummer 26 kann ich nur T3 bescheinigen. Durchgelegen. Beantrage Ersatz, den ich noch am selben Tag bekomme. Die Bundeswehr ist echt fix!

### 8. August 1980

Werde für meinen unermüdlichen Einsatz fürs Vaterland zum Oberstabsgefreiten befördert. Bekomme zwar keinen Orden, erhalte dafür aber einen eigenen Schlüssel fürs Bettenlager.

## 9. September 1980

Während meiner Inspektion (kombinierte Seiten- und Bauchlage
unter Manöverbedingungen) lege ich eine Pause ein und
lese einen Brief von Peter. Er macht Zivildienst und schuftet
vierzehn Stunden am Tag in einem Altenheim. Arme Sau. Will
zurückschreiben, dass ich auch einen mörderisch anstrengenden
Tag hätte, und wenn er mal wissen will, was schuften wirklich
bedeutet, könnte er mich ja mal besuchen kommen. Schlafe aber
nach der ersten Zeile ein. So viel Anstrengung ist mein Körper
einfach nicht mehr gewohnt.

## 5. März 1981

Mein Wehrdienst ist vorbei. Bin wieder in Siegburg. Als Zivilist.
Man kann sagen, was man will, aber die Bundeswehr achtet
schon auf ihre Soldaten. Nie hab ich mich so ausgeruht gefühlt
wie jetzt. Und gelernt hab ich auch was. Zuhause setze ich mein
neu erworbenes Wissen direkt ein und unterziehe mein Bett
einer Inspektion. T2!

# 29. Willi

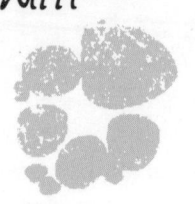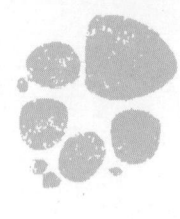

## 20. Juli 1981

Mona will zwei Wochen nach Teneriffa. Habe ihr versprochen, in
der Zeit auf Willi aufzupassen. Willi ist ein Hunderüde. Welche
Rasse, weiß er wahrscheinlich selber nicht. Ich vermute aber,
dass sein Genmix nicht nur Hunde-DNS enthält. So, wie er aussieht, ist auch Wildschwein mit drin. Und ein bisschen pazifische
Seegurke. Mona meint, einmal Gassi am Tag reicht völlig für
ihren Liebling. Dann krieg ich noch einen Einkaufszettel mit
Willis Lieblingshundefutter.

Gehe mit Willi einkaufen. Binde ihn draußen am Supermarkt
an und suche die Hundefutterabteilung auf. Was es da alles
gibt! Futter mit Vitamin E, C, B, mit Kalzium, Aufbaustoffen,
Ballaststoffen für die gesunde Verdauung, Ei für glänzendes Fell.
Wow! Willi und seine Artgenossen scheinen sich gesünder zu
ernähren als ich. Packe gerade zehn Dosen seiner Lieblingsmarke
(Superpremium sensitive Huhn mit Reis und Ei) in den Wagen, als
von draußen aufgeregtes Geschrei in den Supermarkt dringt. Die
Verkäufer rennen raus. Ich hinterher. Willi ist weg. Ich folge
der Schreierei und entdecke Willi auf der gegenüberliegenden
Straßenseite im Clinch mit einem anderen Hund. Daneben entdecke ich die Quelle der Schreierei. Eine ältere Dame, die verzweifelt versucht, ihren Cockerspaniel aus Willis Umklammerung zu
zerren. Mein Gott, ein Blutbad! Schaue etwas genauer hin. Doch
kein Blutbad. Eher das Gegenteil. Senke beschämt den Blick, denn
gegen das, was Willi hier in aller Öffentlichkeit mit der Cocker-
spaniel-Dame anstellt, ist Josefine Mutzenbacher Kasperletheater.

Erst nach zwanzig Minuten lässt Willi sich unter Einsatz eines Eimers kalten Wassers überzeugen, seine Gespielin loszulassen, und legt sich mit heraushängender Zunge auf den Bürgersteig. Oute mich der Dame gegenüber als Teilzeitherrchen dieses Sexprotzes und gebe ihr einen Zettel mit Monas Telefonnummer. Falls Willi Papa wird. Wegen der Alimente und so.

### 21. Juli 1981

Willi rennt unruhig in der Wohnung hin und her. Frage mich, ob er an seine Peepshow von gestern denkt, bis mir einfällt, dass ich vergessen habe, ihn zu füttern. Stelle ihm einen Napf hin. Doch Willi verweigert die Nahrungsaufnahme. Wahrscheinlich Liebeskummer.

Wir gehen Gassi. Nach zwei Stunden haben wir gerade mal einen Häuserblock geschafft, denn Willi hebt alle zwei Meter das Bein, nicht ohne die avisierte Stelle vorher minutenlang ausgiebig zu beschnüffeln. Überlege, ob Willi ein Prostataleiden hat, als mir einfällt, dass Hunde ihr »kleines Geschäft« nutzen, um ihr Revier zu markieren. Zum »großen Geschäft« kommt es erst, als wir wieder vor unserer Haustür stehen.

### 22. Juli 1981

Willi verweigert weiterhin die Nahrungsaufnahme. Superpremium sensitive Huhn mit Reis und Ei riecht mittlerweile nicht mehr so appetitlich, wie es klingt. Überlege, Willis Napf zu leeren und mit frischem Nachschub zu befüllen, entscheide mich aber dagegen. Als Kind musste ich auch immer aufessen. Gehen Gassi. Willi platziert sein Häufchen erneut direkt vor der Haustür.

### 23. Juli 1981

Der Napf fängt an, unerträglich zu stinken. Das Fenster öffnen darf ich nicht, denn Willi ist laut Mona ausgesprochen zugempfindlich an den Augen. Wohl ein Merkmal seiner Rasse. Welcher Rasse? Seegurke oder Wildschwein?

### 24. Juli 1981

Obwohl ich mit Willi jeden Tag denselben Weg gehe, hört er nicht auf, sein Gebiet weiter zu markieren. Willi muss ein ausgesprochenes Kurzzeitgedächtnis haben. Dagegen spricht allerdings, dass er sich vor unserer Haustür immer zuverlässig an sein großes Geschäft erinnert.

### 25. Juli 1981

Ändere die Route und gehe mit Willi an der Sieg entlang. Lasse ihn von der Leine, in der Hoffnung, dass Willi sein großes Geschäft mal in der freien Natur verrichtet und nicht auf den letzten Drücker vor unserer Haustür. Irgendwie kann ich ihn verstehen. Ich selber könnte bestimmt auch nicht, wenn ich eine Leine um den Hals hätte und mir jemand dabei zusieht. Begeistert stürmt Willi los und ist verschwunden. Suche fast eine halbe Stunde, bis ich ein mir bekanntes Geräusch höre. Willi hat sich seines Testosterons erinnert und beglückt gerade ein Dackelweibchen. Daneben steht ein kleines Mädchen, das mit großen Augen und offenem Mund Willis Treiben zuschaut. Entziehe mich der Antwort auf ihre Frage, was denn Willi da gerade mit ihrem Dackel anstellt, indem ich mich auf die Suche nach einem Eimer Wasser begebe. Nachdem Willi seine Dusche bekommen hat, entschuldige ich mich und gebe dem Mädchen zur Sicherheit Monas Telefonnummer. Leine Willi wieder an und gehe nach Hause. Willi markiert wie bekloppt sein Revier. Häufchen vor der Tür.

### 26. Juli 1981

Koche abends Gulasch, als Mona anruft. Ob mit Willi alles in Ordnung ist und er auch gut frisst. Ja klar, alles super ...
Lege auf und denke an Willis Napf, dessen Inhalt mittlerweile

anfängt, die ersten sozialen Strukturen zu bilden. Gehe in die Küche und stelle fest, dass Willi tatsächlich gut gefressen hat. Mein Gulasch. Da ich großen Hunger habe und mein Kühlschrank leer ist, probier ich eine Gabel Superpremium. Gar nicht so schlecht. Willi sieht mich an und knurrt. Toll! Habe ich geknurrt, als er mein Gulasch gefressen hat?

Nachts stehe ich heimlich auf und probiere noch eine Gabel. Morgen wird mein Fell bestimmt schön glänzen.

### 27. Juli 1981

Die Nachbarn beschweren sich wegen des Geruchs vor der Haustür. Entferne Willis Hinterlassenschaften zwar immer, aber in seinem Verdauungstrakt muss eine einzigartige chemische Reaktion dafür sorgen, dass selbst winzigste Spurenelemente seiner Häufchen stinken wie ein Öltanker voller Schweinejauche.

### 28. Juli 1981

Mundhygiene ist nicht Willis Sache. Das muss ich feststellen, als ich morgens im Bett neben Willi aufwache und er mich freudig anhechelt. Das Vieh muss sich wohl nachts zum Kuscheln in mein Bett geschlichen haben. Schmeiße ihn aus dem Bett und entferne eine Tonne Haare, die einem Hund nachts offensichtlich meterweise aus der Haut sprießen. Prüfe genau, ob ich ein Haar übersehen habe. Entdecke nichts. Dafür entdecke ich einen Floh. Danke, Willi! Drücke den Floh fest mit dem Daumen auf die Matratze. Der Chitinpanzer eines Flohs ist auf solche Attacken ausgerichtet, denn als ich nachsehen will, ob der Floh sein Leben ausgehaucht hat, springt er los und besucht seine Kumpels, die auf dem Teppich auf ihn warten. Mache mich mit meinen Holz-Clogs auf die Jagd, bis es von unten heftig an die Decke klopft. Vertage meinen Vernichtungsfeldzug bis nach dem Frühstück und schaue in Willis Gesicht. Irgendeine graue Masse

tropft aus seinem Mund. Betrachte sie mir genauer. Vielleicht
ist Willi ja krank und muss ins Tierheim! Ein kurzer Impuls der
Freude durchfährt mich, doch dann nehme ich den Geruch von
Leberwurst wahr. Renne in die Küche. Der Kühlschrank ist offen.
Willi ist ganz schön ausgebufft.

### 29. Juli 1981

Jucken an den Waden. An meinen. Nicht an denen von Willi.
Die Flöhe haben Willi nur als Flugzeugträger benutzt, um meine
Wohnung zu besetzen. Gehe mit Willi in die Zoohandlung und
frage nach Flohpulver. Für mich? Ähm, nein ... für einen Hund ...
Kratze mich an der Wade und zeige nach draußen, wo ich Willi
angebunden habe. Willi ist weg. Höre draußen Schreie. Diesmal
beglückt Willi eine Zwergpudeldame. Gebe Monas Telefonnummer
weiter. Überlege mir, Visitenkarten mit ihrer Nummer drucken zu
lassen.

### 30. Juli 1981

Schleppe mich müde zur Arbeit. Die ganze Nacht kein Auge
zugetan wegen der Juckerei. Als ich abends nachhause komme,
begrüßen mich Willi und die komplette sechste Armee der
Flöhe. Setze mich an den Tisch. Abendessen. Willi labt sich
an meiner Leberwurst, die Flöhe an meinem Blut, ich mich an
Superpremium.

### 31. Juli 1981

Setze Chemie ein. Gegen die Flöhe. Aber wohl auch ein bisschen
gegen Willi, denn prompt kotzt er mir auf den Teppich. Um
frische Luft zu schnappen, gehen wir raus. Frage im Supermarkt,
ob ich die restlichen neun Dosen Hundefutter gegen Leberwurst
umtauschen kann. Nein, die Lebensmittelverordnung würde
das nicht gestatten. Wenn es was anderes wäre, Babynahrung
oder so, da würde man schon mal ein Auge zudrücken. Toll!

Hundefutter wird in Deutschland besser geschützt als Babynahrung. Kaufe meine Leberwurst und nehme entrüstet die Dosen
wieder mit.

Draußen kriege ich Streit mit einer jungen Frau in Latzhose,
die sich empört über Willis Kette äußert. (Damit er sich nicht
wieder losreißen kann, um seinen sexuellen Eskapaden nachzugehen, hab ich seine Leine gegen eine stabile Kette getauscht.)
Das sei Tierquälerei. Und ich soll mir die arme Kreatur doch mal
ansehen. Die arme Kreatur guckt in dem Moment sehr gequält
und lässt in perfektem Timing einen Heulton los. Weitere Passan-
ten bleiben stehen und beschimpfen mich. Um meine Tierliebe
öffentlich zu dokumentieren, gebe ich Willi meinen kompletten
neu erworbenen Leberwurstvorrat. Für mich hab ich ja noch die
neun Dosen Superpremium.

## 1. August 1981

Willi hat endlich kapiert, dass der Eingangsbereich vor unserer
Haustür nicht der geeignete Ort für sein großes Geschäft ist,
und sich eine andere Stelle ausgesucht. Den Europaplatz. Viel
befahren. Mit einer Fußgängerampel, deren Grünphase vielleicht
dreißig Sekunden dauert. Genug Zeit für einen durchschnittlich
schnellen Fußgänger, die Straße zu überqueren. Nicht genug
Zeit für Willis Verdauungsvorgang. Mitten auf der Kreuzung
setzt er sich hin und startet seinen Giftgasangriff auf die
Bevölkerung Siegburgs. Versuche, ihn wegzuziehen, doch Willi
entwickelt ungeheure Kräfte (Leberwurst macht stark). Die ersten
Autofahrer hupen. Willi ignoriert die Huperei und presst, was das
Zeug hält. Mein Gott, will der hier ein Kind kriegen? Aus Not und
damit ich nicht von einem wütenden Autofahrer überrollt werde
versetze ich Willi verzweifelt einen Tritt in den Hintern. Eine
Übersprungshandlung, die ich augenblicklich zutiefst bereue,
als mein Blick auf meine vormals hellen Wildlederschuhe fällt.
Nicht genug, registriere ich jetzt die Latzhosenfrau von gestern,

die erzürnt zusammen mit einem Polizisten auf mich zustürmt. Willis Gespür für Timing könnte nicht besser sein. Gekonnt lässt er einen herzzerreißenden Heulton los. Könnte auch heulen, denn ich bekomme eine Anzeige wegen Verkehrsbehinderung und Tierquälerei.

### 3. August 1981

Willi ist wieder bei Mona. Bin erleichtert. Trotzdem fühl ich mich irgendwie leer. Kann es sein, dass ich Willi vermisse? Denke nach. Eigentlich waren wir uns gar nicht so unähnlich. Von den Interessen jetzt. Sex ... Leberwurst ... Und Haare fallen mir auch aus. Fühle mich einsam. Selbst Willis Flöhe haben mich verlassen. Meine Wohnung kommt mir plötzlich kalt vor. Um eine behaglichere Atmosphäre zu schaffen, öffne ich eine Dose Superpremium. Ich schließe das Fenster, damit sich der Duft des Hundefutters nicht so schnell verflüchtigt, und verteile ein paar Haare in meinem Bett. Besser.

Morgen werde ich Willi einen Besuch abstatten.

# 30. Kamasutra

Sex macht glücklich

**16. Februar 1982**

Manuela meint, sie hätte
mit ihrer Freundin Helga ein
interessantes Gespräch über die
Rolle der modernen Frau in der
Sexualität geführt. Mir wird mulmig.
Eilig schlage ich vor, sie heute Abend
zum Essen auszuführen. Sie darf sogar
aussuchen, ob griechische Grillplatte oder
jugoslawische. Der Trick funktioniert nicht. Manuela bleibt
beim Thema. Komisch ... bei mir hätte der Trick mit der Essens-
einladung funktioniert. Manuela meint, mit unserer Sexualität
sei es genauso wie mit der Grillplatte. Wenig variantenreich.
Und sie ist genau wie Helga der Meinung, dass ich mehr
Abwechslung in unser Liebesleben bringen soll. Willige ein
und schlage übermütig vor, sie könnte ja zur Abwechslung mal
abends eine Freundin mitbringen, solange es nicht Helga ist.
Prompt kriegen wir Streit.

**17. Februar 1982**

Problemgespräch mit Manuela. Sie sagt, wenn ich unter Abwechslung andere Frauen verstünde, würde mit unserer Sexualität
was nicht stimmen. Muss ihr Recht geben. Seit gestern stimmt
tatsächlich etwas nicht mit unserer Sexualität. Und zwar, dass
sie nicht mehr stattfindet. Fange an, Helga zu verfluchen. Muss
mir dringend was einfallen lassen.

## 18. Februar 1982

Mir fällt nix ein. Aber Peter hat eine Idee. Ich könnte Manuela ja mal in einen erotischen Film einladen. Natürlich in einen mit Niveau. Wo die Handlung wichtig ist. Frauen würden so was mögen. Beschließe, mich zu informieren.

## 19. Februar 1982

Stehe vor dem Bahnhofskino und informiere mich. Es läuft *Bumsfidele Skihasen* von Regisseur Max Hammer. Frage die Kassiererin, ob sie mir was über die Handlung erzählen kann. Die Kassiererin glotzt nur blöd. Wahrscheinlich hat sie noch nie einen Film mit Niveau gesehen. Schaue mir die Bilder an, um etwas über die Handlung zu erfahren. Die Bilder sehen nicht besonders abwechslungsreich aus. Überlege, welchen tieferen Sinn Max Hammer dem Zuschauer vermitteln möchte, wenn er seine Skihasen oben ohne Ski fahren lässt. Vielleicht hat es ja irgendwas mit der Kälte in unserer Gesellschaft zu tun. Frage mich, was Manuela wohl von dem Skihasen-Sozialdrama hält.

Kurz darauf weiß ich es. Denn als ich mir die Nase an den Filmbildern platt drücke, kommt Manuela vorbei und entdeckt mich. Streit.

## 20. Februar 1982

Problemgespräch. Über meine komischen sexuelle Phantasien und dass Manuela nicht mit Skiern ins Bett gehen will. Ich entgegne, dass es nicht meine Phantasien sind, sondern die von Max Hammer. Und dass der Tipp eigentlich von Peter kam. Weil ja mit unserer Sexualität was nicht stimmt. Beiße mir auf die Zunge. Zu spät. Riesenstreit. Warum ich unsere intimsten Geheimnisse meinem Kumpel erzähle. Und ob er sich daran aufgeilt. Und dann was mit Unterdrückung. Entgegne, dass sie doch auch mit Helga redet. Das sei was anderes. Helga sei schließlich eine Frau. So habe ich Helga noch nie betrachtet. Ich kenne einige Sechzehnjährige, die froh wären, einen Bartwuchs wie Helga zu haben. Lenke trotzdem ein und verspreche, nicht mehr mit Peter oder irgendeinem anderen männlichen Wesen zu reden. Frage sie, ob ich stattdessen mal mit Helga reden darf, wenn sie sich vorher rasiert. Wieder Riesenstreit.

Was hab ich jetzt wieder falsch gemacht?!

## 21. Februar 1982

Treffe mich heimlich mit Peter. Er hat mit seiner älteren Schwester gesprochen und ist jetzt informiert. Ich erfahre einiges über Vorspiel und G-Punkt. Damit soll man trumpfen können. Vorspiel ist so eine Art Aufwärmtraining vor dem Anpfiff. Und den G-Punkt muss man suchen. Dabei scheint es egal zu sein, ob man ihn findet. Hauptsache, man sucht sorgfältig genug. Mache mir Notizen.

Abends will ich Vorspiel und G-Punkt-Suchen üben. Nur mit wem? Bastele mir aus einem Plümo und einer Karnevalsperücke eine Art Übungs-Puppe, indem ich die Gliedmaßen und andere Extremitäten des weiblichen Körpers mit Kordel abbinde. Bin zufrieden. Dann geh ich mit der Puppe ins Bett. Nach zehn Minuten G-Punkt-Suche schlafe ich ein. Träume, wie Manuela laut meinen Namen schreit. Vor Lust. Wache auf. Liege nackt neben meiner selbst gebastelten Manuela. Die echte steht vor mir und schreit tatsächlich laut meinen Namen. Aber nicht vor Lust. Zum Streit kommt es nicht mehr.

## 22. Februar 1982

Problemgespräch. Manuela hat Helga zur Unterstützung mitgebracht. Helga meint, ich sei ja völlig krank. Mit einer Plümopuppe! Versuche aufzuklären und rede über G-Punkt. Und dass ich nur versuche, mit der Plümopuppe wie eine Frau zu fühlen. Entsetzte Blicke. Dieses Thema ist das reinste Minenfeld. Manuelas Anwältin Helga teilt mir am Schluss der Verhandlung mit, dass ich ab sofort auf Bewährung bin.

### 23. Februar 1982

Drücke mich in der Bibliothek rum und suche das *Kamasutra*.
*Kamasutra* ist ein Buch aus Indien und eine Wunderwaffe, wenn
man Peters Schwester Glauben schenken darf. Eine Art V2
der sexuellen Frauenrevolution. Entscheide mich, neben dem
Kamasutra noch sieben weitere Bücher auszuleihen. Alle über
Motortechnik. Damit ich beim Ausleihen nicht so monothema-
tisch interessiert wirke.

An der Theke steht heute Katrin, eine gute Freundin von
Mama. Damit Katrin nichts Falsches über mich denkt, sag
ich ihr, dass die Motorbücher für mich sind und das *Kamasutra*
für Papa.

### 24. Februar 1982

Papa und Mama haben Streit. Weiß nicht, warum. Blättere im
*Kamasutra*. Frage mich, ob man auch als Mensch mit einem
normalen Knochenbau so was hinbekommt. Arbeite mich ein und
lerne Begriffe wie »Die querstehende Laute«, »Das schwebende
Erdbeben« und »Vollmond«. Die in Indien scheinen viel Phantasie zu haben.

### 25. Februar 1982

Manuela und ich versuchen uns an der Stellung »Vollmond«.
Nach zwei Stunden dürfen wir uns das erste Mal berühren. An
den Ellbogen. Die in Indien scheinen auch viel Zeit zu haben.
Aber Geduld zahlt sich aus. Und dann klappt es! Nach weiteren
zwei Stunden sieht mein Gesicht tatsächlich aus wie ein Vollmond. Vor Anstrengung. Manuela scheint zufrieden zu sein.

### 26. Februar 1982

»Der gespaltene Bambus«. Wenn wir es unter acht Stunden
schaffen, kann man vielleicht noch »Der eingeschlagene Nagel«
hinterherschieben.

### 27. Februar 1982

Habe zwei Kilo abgenommen. Jetzt weiß ich, wieso die in Indien alle so dünn sind. Manuelas Laune hat sich gebessert.

### 1. März 1982

Bin zum Leistungssportler geworden. Der Ironman Hawaii ist ein Witz gegen eine indische Nacht mit Manuela. Heute wollen wir »Der eingetriebene Pflock« versuchen.

### 2. März 1982

Morgens in der Notambulanz. Der eingetriebene Pflock war zu viel für mich. Der Arzt betrachtet skeptisch die physischen Auswirkungen meiner Überdosis indischer Literatur und diagnostiziert einen Penisbruch. Muss an die Skihasen denken. Bei Max Hammer hätte man sich höchstens einen Knöchel verstaucht und wäre von sexy Krankenschwestern versorgt worden. Im *Kamasutra* kommen keine sexy Krankenschwestern vor. Im Krankenhaus Siegburg übrigens auch nicht. Muss eine Woche hierbleiben. Ich bitte Manuela, niemandem von meiner Schmach zu erzählen.

### 3. März 1982

Manuela hat niemandem was erzählt. Außer Helga natürlich. Und das Nachrichtenverbreitungssystem Helga funktioniert perfekt. Die Frau wäre bei Reuters bestens aufgehoben. Schon am Vormittag kommt Peter mit seinen Kumpels ins Krankenhaus. Alle grinsen und fragen mich, ob sie ihren Namen auf meinen Gips schreiben dürfen. Und ob sie ihn auf Deutsch oder Indisch schreiben sollen. Dann lachen sie laut und gehen.

Am Nachmittag erscheint die halbe Stadt. Niemand will sich die medizinische Sensation entgehen lassen. Einige Besucher trösten mich, aber alle machen denselben blöden Witz mit dem Namen auf dem Gips. Frage mich, ob heute Abend im Ersten ein Brennpunkt über mich und meinen Penisbruch läuft.

Am Abend kommt Manuela. Sie ist traurig. Nicht wegen meiner Verletzung, sondern wegen der medizinisch verordneten sechswöchigen Abstinenz. Wo ich doch gerade auf den Geschmack gekommen bin. Heuchele Betroffenheit. Mit Erfolg. Manuela kriegt Mitleid mit mir.

### 4. März 1982

Manuela hat wohl sehr viel Mitleid mit mir, denn am Nachmittag besucht sie mich wieder. Mit einer Überraschung. Zur Belohnung für meine Kamasutrabemühungen möchte sie nach den sechs Wochen Abstinenz mit mir in Urlaub fahren. Nach Indien. Hurra.

# 31. Happy Birthday

### 24. März 1983

Bin deprimiert. Eben mit Uschi gestritten. Es ging um Recht-
haberei und dass ich immer Recht haben wolle und ein Dickkopf
sei. Ich sagte, dass würde nicht stimmen, sie hätte Unrecht.
Uschi sah mich scharf an:

»Da! Schon wieder! Schon wieder hast du Recht!«

Dachte einen Moment nach.

»Okay! DU hast Recht!«

»Das sagst du doch nur, damit du Recht behältst in deiner
Aussage, du wärst kein Rechthaber!«

»Ähm ... okay. Dann hab ICH eben Recht!«

»Sag ich doch! Du bist und bleibst ein Rechthaber!«

So ging es hin und her. Schließlich haben wir uns regelrecht
angeschrien. Irgendwann ist Uschi dann erbost abgerauscht.
Habe das kommen sehen. Und ich hatte Recht mit meiner
Voraussage.

### 25. März 1983

Wache um neun auf. Bin schlecht drauf. Heute ist mein Geburtstag. Bestimmt wird Uschi ihn vergessen. Das Telefon läutet.
Will abheben, doch irgendwas lässt mich zögern. Was ist,
wenn es Uschi ist, die natürlich nicht anruft, weil heute mein
Geburtstag ist, sondern weil sie ihren Lippenstift liegengelas-
sen hat? Das wäre mal wieder typisch für sie! Soll sie sich
doch einen neuen kaufen und mir nicht damit auf den Sack
gehen! Schon gar nicht an meinem Geburtstag! Starre böse das

Telefon an, bis es aufhört zu klingeln. Die Runde geht an mich!

Stehe gerade unter der Dusche, als das Telefon wieder läutet. Wahrscheinlich wieder Uschi. Scheint ihren Lippenstift wohl sehr zu vermissen. Will es klingeln lassen, als mir einfällt, dass es ja auch jemand anderes sein könnte. Jemand, der mir gratulieren möchte. Renne zum Telefon und rutsche mit den nassen Füßen im Flur aus. Im Sturz dreh ich mich so, dass ich nicht auf meinen Ellbogen lande. Das ist nämlich sehr schmerzhaft. Lande stattdessen auf dem Steißbein. Das ist noch schmerzhafter. Schleppe mich zum Telefon und hebe ab. Aufgelegt. Toll! Ich bin es meinem Gratulanten noch nicht mal mehr wert, das Telefon ein bisschen länger läuten zu lassen.

Lasse mich aufs Sofa sinken und springe schreiend wieder auf. Mein Steißbein hat was gegen eine Sitzposition. Spitze! Es reicht nicht, dass mir an meinem Geburtstag keiner gratuliert, nein, jetzt darf ich auch noch den ganzen Tag doof rumstehen.

Ziehe mich an und gehe zum Bäcker. Es nieselt. Passt zu meiner Stimmung. In der Bäckerei schaut mich die Verkäuferin an. Hatte ich ihr nicht erzählt, dass ich heute Geburtstag habe? Bestimmt hab ich das. War das nicht letzte Woche? Oder vor einem Jahr? Egal, sie muss sich einfach daran erinnern. Lächle sie in Erwartung meiner ersten Geburtstagsgratulation an. Die Verkäuferin lächelt zurück und sagt:

»Vier Brötchen, wie immer?«

Warte noch ein paar Sekunden, doch mehr kommt nicht von ihr. Bin etwas enttäuscht. Muss doch länger her sein, dass ich ihr von meinem Geburtstag erzählt habe. Gebe ihr einen kleine Gedächtnisstütze.

»Ich nehm noch fünf Apfelriemchen dazu. Denn heute ist ein besonderer Tag!«

»Kriegen Sie Besuch?«

»Ähm ... nein.«

»Ich mein wegen der fünf Riemchen. Na ja, Sie hatten ja immer schon einen guten Appetit. Macht dann acht Mark zehn.«

Bezahle und gehe raus. Meine Stimmung ist auf dem Nullpunkt. Keiner denkt an mich. Wenn mich jetzt ein paar Aliens entführen, würde mich keine Sau vermissen. Schaue nach oben in den grauen Himmel. Kein UFO in Sicht. Warum sollten sich auch Außerirdische für mich interessieren, wenn ich noch nicht mal mehr für meine Freunde interessant bin? Gehe traurig nach Hause.

Unterwegs sehe ich Peter auf der gegenüberliegenden Straßenseite. Überlege kurz, rüberzugehen. Aber würde ich mich damit nicht regelrecht anbiedern? »Peter, bitte, hab Erbarmen und gratulier mir zum Geburtstag!« Wie sähe das denn aus? Hab ich das nötig? Drücke mich in einen Hauseingang und tue so, als ob ich ihn nicht sehe. Peter sieht mich auch nicht. Er könnte doch einfach mal rübergucken. Vielleicht tut er aber auch nur so, als ob er mich nicht sieht. Wie arm! Bestimmt ist es ihm peinlich, nicht heute Morgen schon angerufen zu haben. Soll ihm auch peinlich sein! Selber schuld! Was vergisst der auch den Geburtstag seines besten Kumpels!

Im Hausflur komm ich am Briefkasten vorbei. Vielleicht hab ich ja Geburtstagspost! Mein Herz hüpft ein wenig vor Freude. Will den Kasten öffnen, als mir ein Gedanke kommt. Was ist, wenn ich keine Geburtstagspost habe? Die Enttäuschung wäre riesig, und ich könnte sie in meiner momentanen Verfassung nicht verkraften. Lasse den Briefkasten zu. Immerhin kann ich mir so wenigstens einbilden, dass im Kasten Post wäre. Solange ich nicht nachsehe, weiß ich es ja nicht. Aber wahrscheinlich ist keine drin. Mit Sicherheit nicht.

Esse in der Küche ein Apfelriemchen. Stehend. Sitzen ist nicht. Fühle mich hundeelend. Ich könnte mich jetzt ins Bett legen und die Decke über den Kopf ziehen. Aber auch gegen die liegende Position erhebt mein Steißbein heftig Einspruch. Stelle mich in den Flur und ziehe mir die Decke über den Kopf. Einen schlimmeren Geburtstag hab ich noch nie erlebt.

Unter der Decke denk ich nach. Klar, wenn ich eine Party gemacht hätte, dann hätten mir alle gratuliert. Gibt ja auch umsonst zu trinken. Super Freunde, die ich habe. Aber bitte! Ich kann auch ohne Freunde einen glücklichen Geburtstag feiern. Und vor allem ohne Uschi. Ich brauche niemanden! Werfe die Decke ab, marschiere entschlossen in die Küche und esse noch ein Riemchen. Versuche mit aller Kraft, dabei glücklich zu sein.

Telefon. Hebe ab und schreie glücklich in den Hörer, dass mich alle mal kreuzweise können. Dann reiße ich im Überschwang meines Glücksgefühls die Leitung aus der Wand.

Den Nachmittag verbringe ich abwechselnd in der Küche und im Wohnzimmer stehend. Gegen fünf sind die Riemchen alle. Könnte eigentlich mal auf mich anstoßen. Habe aber keinen Sekt im Haus. Zum Supermarkt will ich nicht. Zu groß wäre das Risiko, unterwegs irgendjemanden zu treffen. Irgendjemand, der dann sagt: »Hey Markus, hast du nicht heute Geburtstag? Wollte eigentlich schon anrufen, hab's dann aber irgendwie verschwitzt. Aber ist ja noch nicht zu spät zum Gratulieren.« Nicht zu spät? Wir haben bald Abend, und bis jetzt hat sich noch keine Sau gemeldet! Aber ist mir egal! Schenke mir etwas Sprudel in ein Glas und gratuliere mir selber. Könnte Platzen vor Glück! Öffne das Fenster und schreie hinaus: »Happy Birthday, Markus!« Keiner antwortet. Schreie lauter. Und noch mal. Bis es klingelt. Bestimmt die alte Sauer von unten, die sich über meine Schreierei beschweren will. Der werd ich den Hals umdrehen, so glücklich bin ich!

In der Tür steht Uschi. Gehe wortlos ins Badezimmer, hole den Lippenstift und drücke ihn ihr in die Hand.

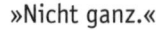
»Das war's doch, was du wolltest, oder?«
»Nicht ganz.«

Sollte ich mich geirrt haben? Will sie mir tatsächlich noch gratulieren? Uschi druckst rum. Klar, wär mir auch peinlich an ihrer Stelle. Helfe ihr.

»Na komm, spuck's schon aus.«

»Okay. Könntest du mir mein Rad aufpumpen? Schaff ich nicht alleine.«

»NA KLAR! GERNE! HAB NÄMLICH NIX ZU TUN HEUTE!«

»Was bist du denn heute so gereizt? Ist irgendwas?«

»JA! ICH BIN GLÜCKLICH!«

Stürme mit einer Luftpumpe nach unten auf die Straße und pumpe das Vorderrad von Uschis Fahrrad auf, bis es platzt. Ohne Uschi eines Blickes zu würdigen, gehe ich erhobenen Hauptes wieder ins Haus. Im Treppenhaus sacke ich zusammen und schleiche nach oben. Öffne die Tür zu meiner Wohnung und schaue in zwanzig Gesichter.

»ÜBERRASCHUNG!«

Uschi taucht hinter mir auf und gibt mir einen Kuss. Ich hätte mir doch immer schon eine Überraschungsparty gewünscht. Bin gerührt. Natürlich hätten alle an mich gedacht. Aber irgendwie schien mein Telefon heute gestört zu sein. Murmele irgendwas von »kann sein« und »scheiß Post«.

### 26. März 1983

Wache gegen Mittag auf. Zu den Schmerzen an meinem Steißbein haben sich Schmerzen in meinem Kopf gesellt. Die Party muss wohl ziemlich gut gewesen sein. Neben mir liegt Uschi. Sie fragt mich, ob ich wirklich überrascht gewesen bin. Überlege einen Moment.

»Eigentlich hab ich damit gerechnet. Und ich hab ja auch Recht behalten.«

Uschi schaut mich einen Moment an. Dann knallt sie mir eine und haut ab. Diesmal nimmt sie ihren Lippenstift mit. Hab ich irgendwie kommen sehen ...

# 32. Figurprobleme

### 15. Juli 1983

Betrachte mich nackt im Spiegel und mache mir Sorgen. Es muss
was passieren. Hänge den Spiegel quer auf, aber auch jetzt kann
ich meinen Penis nicht sehen. Hänge den Spiegel ab und fühle
mich geringfügig besser.

### 16. Juli 1983

Am Nachmittag liege ich am Badesee. Zwei Kinder zeigen auf
meinen Bauch und fragen, ob sie mal auf die Hüpfburg dürfen.
Kurze Zeit später legt sich eine Kleinfamilie neben mich und
bedankt sich für den Schatten. Gehe traurig nach Hause und esse
unterwegs aus Frust einen Schokoeisbecher. Der Frust ist sehr
groß. Schiebe einen Himbeereisbecher hinterher.

### 17. Juli 1983

Kaufe mir ein Buch über Diät. Ich lerne jede Menge über Kohlen-
hydrate, Fette, Eiweiß und die Fallstricke, die eine Diät mit sich
bringen kann. Zum Beispiel den Jojoeffekt, der dafür sorgt, dass
man nach einer Diät mehr zunimmt, als man während der Diät
abgenommen hat. Hätt ich nicht gewusst. Um den Jojoeffekt zu
vermeiden, vertraue ich dem Buch und entscheide mich gegen
eine Diät.

### 18. Juli 1983

Peter meint, man muss nicht hungern, wenn man abnehmen will.
Man müsse nur seine Essgewohnheiten ändern und einfach auf

bestimmte Nahrungsmittel verzichten. Feierlich verkünde ich, die nächsten Monate auf Schnittlauch zu verzichten. Peter meint, das würde nicht ganz reichen. Man müsse auch auf versteckte Fette achten. Das leuchtet ein. Abends esse ich Eisbein. Hier sieht man das Fett sehr deutlich.

### 20. Juli 1983
Fitnessvideo gekauft. Mit Jane Fonda. Wow! Verdammt sexy! Jane macht darin mit anderen dünnen Frauen in eng anliegenden Turnanzügen Gymnastik und erzählt die ganze Zeit begeistert, wie deren Fett wegschmilzt. Will aber nicht, dass deren Fett noch mehr schmilzt, denn so wie sie sind, sehen sie eigentlich verdammt gut aus. Außerdem soll ja auch *mein* Fett schmelzen.

Wichtige Sitzung

### 21. Juli 1983
Stehe vor dem Spiegel und betrachte mich in meinem neuen Sportdress. Obwohl ich mich bei der Auswahl der Kleidung an der Optik von Janes Trainingsanzug orientiert habe, kann ich keine Ähnlichkeit mit ihr erkennen. Bis auf meine Oberweite. Das kommt schon ziemlich gut hin. Und abgenommen hab ich bestimmt auch schon. Denn ich hab locker dreißig Minuten gebraucht, um mich in die engen Klamotten zu zwängen. Beschließe, dass dies genug sportliche Aktivität für heute ist, und bestelle zufrieden eine Pizza. Mit doppelt Käse. Dafür ohne Schnittlauch.

### 22. Juli 1983

Meine Fresse! Jane und die anderen Frauen sind aber fix. Die hüpfen wie die Weltmeister und zählen dabei von eins bis zehn. Versuche, beim Hüpfen ebenfalls mitzuzählen, komme aber immer nur bis zwei. Dann fängt schon die nächste Übung an. So geht das nicht.

### 23. Juli 1983

Habe mir von Peter einen anderen Videorekorder geliehen. Mit Zeitlupenfunktion. Besser. So macht Gymnastik Spaß.

### 24. Juli 1983

Eine Waage gekauft. Muss ja kontrollieren, wie viel ich jeden Tag durch die Hüpferei abnehme. 124 Kilo! Die Waage muss kaputt sein. Renne zurück in den Laden und tausche sie um. Die Waage war tatsächlich kaputt, denn die neue zeigt 128 Kilo. Bin am Boden zerstört. Ziehe meine Motorradstiefel aus. 125 Kilo. Schon besser. Mir fällt ein, dass ich ja noch die schwere Jeans anhabe. 124 Komma 5. Und das T-Shirt. 124 Komma 5. Klopfe auf die Waage. Der Zeiger bewegt sich einen Hauch zurück. Werde euphorisch. Kurz bevor ich meine Unterhose ausziehen kann, fragt mich der Verkäufer im Laden, ob ich die Waage nicht besser zuhause ausprobieren will.

### 25. Juli 1983

124 Kilo. Nackt. Zuhause gewogen.

### 26. Juli 1983

124 Kilo.

### 27. Juli 1983

124 Kilo.

### 28. Juli 1983

124 Kilo. Überlege auszuwandern. In die Himalayaregion. Habe gelesen, dass man auf dem Gipfel des Mount Everest ungefähr 0,3 Prozent leichter ist. Käme dann auf etwas über 123 Kilo. Ich verwerfe die Idee. Die Gewichtsersparnis lohnt den Aufwand nicht. Tröste mich mit dem Gedanken, dass man vielleicht bald als Normalo auf den Mond fliegen kann. Das würde sich lohnen, denn da würde ich gerade mal zwanzig Kilo wiegen! Überlege, wie viel Pizza mit doppelt Käse ich essen könnte, um auf dem Mond mein Idealgewicht von achtzig Kilo zu erreichen. Kriege Hunger ...

### 29. Juli 1983

124 Kilo. Bin sauer! Trete wütend gegen die Waage. Es macht »ping« und der Zeiger bleibt auf 80 Kilo stehen. Ich überlege. Vielleicht war die Waage ja doch kaputt und ich habe sie durch meinen Tritt erst repariert. Steige vorsichtig auf die Waage. 80 Kilo. Bin mir ziemlich sicher, dass die Waage jetzt erst ordnungsgemäß funktioniert. Dem Verkäufer werd ich was erzählen! Steige langsam wieder runter. 80 Kilo. Mist! Obwohl ... vielleicht hab ich ja ohne es zu wissen eine Hightech-Waage gekauft, die das Gewicht messen kann, ohne dass man sich draufstellt. Mit Laserstrahl oder so. Das kann durchaus sein. In Japan kann man mit einem Laserstrahl die Temperatur eines Gegenstandes messen, der mehrere Meter weit weg steht. Warum soll so etwas nicht auch mit einer Waage möglich sein? Betrachte mit völlig anderen Augen mein Wunderwerk der Technik. Und wenn ich mir das doch alles einrede? Hebe die Waage an und schau auf die Unterseite. Gott sei Dank! Made in Japan!

# 33. Paranoia und die Folgen

### 7. Mai 1984

Am Nachmittag klingelt es. Ein fremder Mann steht vor der Tür. Er zeigt mir einen Ausweis und stellt sich vor. Er sei der Herr Romeikat von der Gebühreneinzugszentrale. Ich hätte ja zurzeit kein Gerät angemeldet, und er wolle mal nachsehen, ob sich da an meiner Situation irgendwas geändert hätte.

»Nein, ich hatte noch nie einen Fernseher.«

Romeikat blättert in einigen Unterlagen, die er aus seiner Aktentasche zaubert.

»Nach meinen Informationen hatten Sie zu Ihrer Zeit als Soldat aber ein Fernsehgerät angemeldet.«

»Ach, echt?«

»Als Soldat sind Sie natürlich gebührenbefreit.«

»Natürlich.«

Romeikat schaut wieder in die Unterlagen. Anscheinend hab ich eine eigene Akte. Wow!

»Am vierten März 1981 quittierten Sie jedoch den Dienst bei der Bundeswehr und meldeten das Gerät wieder ab.«

»Ach, echt?«

Kann mich nicht die Bohne erinnern, aber wenn er das sagt, wird's schon stimmen.

»Ich möchte Sie darauf aufmerksam machen, dass Sie seit diesem Zeitpunkt selber für Ihre Rundfunkgebühren aufkommen müssten. Wenn Sie noch einen Fernseher hätten.«

»Hab ich aber nicht. Mein Fernseher ... der ist kaputtgegangen. Das war ... warten Sie mal ... das muss 1981 gewesen sein.

So um den März rum.«

»Soso.«

»Nur mal interessehalber, also mal angenommen, ich hätte jetzt einen Fernseher, ich hab natürlich keinen, aber tun wir mal so, und ich würde, weil ich überlastet bin oder so, vergessen, Ihnen das mitzuteilen ...«

»Müssten Sie nachzahlen.«

»Soso.«

»Wir müssten Ihnen natürlich nachweisen können, dass Sie schwarzsehen.«

»Und ist so was denn technisch möglich? Nur interesse-halber.«

»Wir haben da unsere Methoden.«

»Nämlich?«

»Die kann ich Ihnen natürlich nicht verraten.«

»Natürlich nicht. Interessiert mich im Grunde auch nicht, denn ich hab ja keinen Fernseher.«

»So ein junger Mann wie Sie hört sicher auch lieber Musik, oder?«

»Logo! Die Charts rauf und runter!«

»Im Radio?«

Verdammt! Dieser Fuchs!

»Platte. Ausschließlich!«

»Da gibt man bestimmt viel Geld für Platten aus, wenn man die Charts rauf und runter hört.«

»Klar, aber ich spar ja auch Rundfunkgebühren. Weil ich keinen Fernseher hab. Und kein Radio!«

Herr Romeikat verabschiedet sich mit dem Hinweis, ich könne mir ja noch mal überlegen, ob ich mir nicht doch mal einen Fernseher anschaffen will. Gehe ins Wohnzimmer und stelle mich ans Fenster. Unten sehe ich Romeikat ins Haus gegenüber gehen. Er sieht kurz hoch und entdeckt mich. Winke ihm zu, setze mich auf die Couch und betrachte meinen Grundig Super Color Stereo

Farbfernseher mit sagenhaften 61 Zentimetern Bildschirm-
diagonale. Eine Wuchtbrumme gigantischen Ausmaßes, fast neu.
So eine Art Schwarzenegger unter den Fernsehern. Denke nach.
Ob man das irgendwie messen kann, wenn einer fernsieht? Da
fahren ja immer diese gelben Messwagen von der Post durch die
Gegend. Strahlt ein Fernseher? Und wenn, sendet ein Fernseher,
der nicht angemeldet ist, andere Strahlen aus als einer, der
angemeldet ist? Welche weiteren Möglichkeiten hat Romeikat,
mich als Schwarzseher zu entlarven? Schaue nachdenklich aus
dem Fenster. Genau gegenüber schaut noch jemand nachdenklich
aus einem Fenster. Romeikat. Er sieht exakt in meine Richtung.
Schlagartig wird mir klar, welche Möglichkeiten Romeikat noch
hat. Er braucht gar nicht zu messen. Er braucht nur durchs
Fenster in mein Wohnzimmer zu schauen. Wie jetzt! Springe
auf und ziehe panisch die Gardinen zu. Shit! Ob Romeikat den
Super Color gesehen hat? Und wenn – hat er das Recht, meine
Wohnung zu betreten? Werde unruhig. Der Super Color muss
weg. Erst mal.

Ein Grundig Super Color wiegt 21 Kilo. Auf den ersten Blick
nicht viel. Auf den zweiten schon, denn so eine Kiste ist nicht
dafür gebaut, durch die Gegend getragen zu werden, und weist
folgerichtig nicht die Spur eines Griffes auf, an dem man den
Fernseher einigermaßen bequem tragen könnte. Trotzdem wuchte
ich das Gerät vom vierten Stock in den Keller. Vor Anstrengung
schwitze ich so stark, dass mein Super Color mir fast aus
der Hand rutscht. Im ersten Stock höre ich, wie der Türdrücker
betätigt wird. Jemand betritt den Hausflur und kommt die
Treppe herauf. Romeikat? Mache sofort kehrt und wuchte meinen
Fernseher wieder nach oben. Die Schritte folgen mir. Vor meiner
Tür suche ich in meiner Hosentasche nach meinem Schlüssel.
Schwierig, wenn man mit der anderen Hand versucht,
21 Kilo Schwarzenegger im Gleichgewicht
zu halten. Ich schaff es nicht. Die Schritte

nähern sich dem vierten Stock. Flüchte samt Fernseher in den fünften Stock und lausche. Verdammt! Die Schritte folgen mir immer noch! Schleppe mich und Arnold in den sechsten Stock. Mit allerletzter Kraft stoße ich die Tür zum Trockenspeicher auf und setze meinen Grundig ab. Durch den Türspalt beobachte ich, wie Frau Salmigkeit aus dem sechsten Stock ihre Tür aufschließt. Falscher Alarm. Warte ein paar Minuten und schleppe den Fernseher wieder nach unten. Habe Glück. Im Flur kommt mir keiner entgegen. Dafür auf der Kellertreppe. Mache sofort wieder kehrt. Trockenspeicher, die zweite. Da soll noch einer sagen, Fernsehen macht träge. Habe keine Lust mehr, den Grundig durchs Haus zu buckeln, und lasse ihn auf dem Speicher stehen. Hier ist er sowieso besser aufgehoben als im Keller.

Später ruft Peter an. Ob ich heute Abend *Besuch aus dem Jenseits* gucke. Nein, täte ich nicht. Erzähle von meiner Bekanntschaft mit Herrn Romeikat und dem damit verbundenen Exil meines geliebten Grundigs. Peter beruhigt mich. Die könnten gar nix machen. Reinlassen müsse man die nicht. Die Typen wären im Grunde genommen total harmlos. Ganz anders als die von der Post. Die würden nämlich komplett ausrasten, wenn man zum Beispiel schwarz einen Anrufbeantworter anklemmt. Da würden die überhaupt keinen Spaß verstehen, weil man ja auch unautorisiert an so einer Telefonbuchse herumbastelt. Und die sei ja schließlich Eigentum der Post. Und wenn durch private Bastelei so ein Schaden im Telefonnetz entstünde, da kämen dann ganz schnell Schadensersatzforderungen in Millionenhöhe. Er hätte da Sachen gehört …

Die letzten Worte nehme ich nicht mehr wahr. Denn plötzlich bin ich völlig gefesselt vom Anblick meiner letzten Neuanschaffung, einem Alibinota. Ein Anrufbeantworter, groß wie ein Tonbandkoffer und mit Relaissteuerung. Mein Blick folgt dem Kabel, das sich aus Alibinota herausschlängelt, über den Teppich, hin zu einer Konstruktion aus Lüsterklemmen und Tesafilm, die

als Verteileranlage meiner gewachsenen Kommunikationseinrich-
tung fungiert und aus einem Loch hängt, in dem einst die Dose
der Post saß.

»... und die können das problemlos von der Post aus messen,
was du zuhause alles angeschlossen hast. Und dann steht
ruckzuck einer vor deiner Tür und klingelt.«

»Echt?«

»Klingelt!«

»Ja ja ...«

»Es klingelt bei dir! Hörst du das nicht?«

Peter hat Recht. Es klingelt. Meine Nebenniere legt sich
ins Zeug und pumpt Unmengen Adrenalin in meinen Körper.
Knalle den Hörer auf, reiße meine Verteileranlage aus der Wand
und stopfe den Alibinota in den Schrank. Öffne die Tür einen
Spalt und linse raus. Frau Salmigkeit aus dem Sechsten.

»Gehört der Fernseher auf dem Speicher Ihnen?«

»Ja.«

»Der kann da nicht stehen bleiben.«

»Herrgottnochmal, dann schlepp ich ihn eben wieder runter.«

»Brauchen Sie nicht, hab ihn schon mitgebracht.«

Sie drückt mir einen kleinen tragbaren Schwarz-Weiß-Fernseher in die Hand. Peter Maffay unter den Fernsehern.

»Ein anderer Fernseher steht da nicht?«

»Ne. Sonst steht da nix.«

Bedanke mich und schließe die Tür. Können Fernseher
schrumpfen? Aus Gram, weil man sie ins Exil geschickt hat?
Renne auf den Speicher. Tatsächlich. Der Grundig ist weg. Auf
dem Weg nach unten höre ich laute Blasmusik aus der Wohnung
der Familie Pritschkat. Sonst hören die nie so laut Musik.
Eigentlich gucken die eher fern. Volksmusiksendungen und so.
Mir kommt ein Verdacht. Klingele bei Pritschkats. Herr Pritschkat
öffnet. Er ist im Blasmusikfieber. So wie heute hätte er noch nie
Blasmusik wahrgenommen, und er würde sich entschuldigen,

wenn es zu laut sei, aber dieser Klang wäre einfach unbeschreiblich. Ob er denn einen neuen Fernseher hätte? Oh ja, ein Superteil, Farbe und voll stereo! Vielleicht einen der Marke Grundig? Pritschkat guckt mich skeptisch an. Dann druckst er rum. Er könne das alles erklären. Er sei aus einem Grund, den er nicht näher erläutern möchte, auf den Speicher gegangen, um dort seinen Schwarz-Weiß-Fernseher für kurze Zeit unterzustellen. Dabei hätte er meinen Grundig entdeckt. Und weil er zwei Stunden später immer noch da stand, habe er ihn für Sperrmüll gehalten und einfach an sich genommen. Glaube ihm. Der alte Pritschkat ist kein Dieb. Wuchten zu zweit den Grundig in meine Wohnung. Dabei kommt uns die Familie Voosen entgegen. Sie tragen eilig einen Nordmende Spectra Color die Treppe hoch. Quetschen uns aneinander vorbei und sehen uns kurz an. Auch ohne Worte verstehen wir uns. Herr Romeikat hat ziemlich Bewegung in unser Haus gebracht. Das tut er immer noch, denn hinter den Voosens kommt Romeikat die Treppe hoch. Er zeigt auf meinen Grundig und fragt, wem denn der Fernseher gehöre. Pritschkat erläutert, dass dies nicht sein Gerät sei. Romeikat schaut mich fragend an. Dann sei das ja wohl meiner.

»Nein, nein ... Wir haben den Fernseher beim Aufräumen auf dem Trockenspeicher gefunden. Da gehört ja nun wirklich kein Fernseher hin. Und deswegen wollten wir ... also ... wir dachten ... wir ...«

Schaue hilfesuchend Pritschkat an. Pritschkat hat eine Idee.

»... stellen ihn auf den Sperrmüll.«

Starre Pritschkat an. Danke! Romeikat gibt sich zufrieden.

»Dann will ich die Herren nicht aufhalten. Wissen Sie was? Ich gehe vor und öffne Ihnen die Haustür.«

Schleppen meinen reiselustigen Grundig hinter Romeikat her bis auf den Bürgersteig. Pritschkat verabschiedet sich eilig und geht wieder rein. Ich bleibe stehen. Romeikat auch. Frage ihn,

ob er denn jetzt
Feierabend hätte. Oh
ja, aber sein Bus würde erst in
vierzig Minuten kommen und er
würde deshalb noch ein bisschen die
schöne abendliche Mailuft genießen,
hier, auf dem Bürgersteig. Wir schauen
uns an. Keiner von uns zeigt sich bereit, das
Feld freiwillig zu räumen. Denke fieberhaft nach.
Irgendwie muss ich Romeikat von meinem Fernseher
weglotsen. Plötzlich hab ich eine brillante Idee.

»Wissen Sie was? Ich ruf Ihnen schnell ein Taxi. Geht
ruckzuck.«

Hetze zurück in meine Wohnung und greife zum Telefon. Tot.
ARGH! Versuche in größter Eile, die richtigen Drähte meiner eben
selber zerstörten Telefonanlage zu einem funktionierenden Etwas
zusammenzufriemeln. Nach acht Anläufen hab ich es. Bestelle
ein Taxi. Schaue dabei aus dem Fenster und schreie laut auf.
Neben Romeikat steht bereits ein Taxi. Mit offenem Kofferraum.
Romeikat und der Fahrer wuchten gerade meinen Fernseher in
den Wagen. Diese Sau! Renne runter. Im Flur herrscht Stau.
Wieder die Voosens, die ihren Nordmende zurücktragen. Quetsche
mich an ihnen vorbei und hechte auf die Straße. Sehe noch, wie
das Taxi um die Ecke biegt. Bleibe einen Moment wie gelähmt
stehen. Dann hetzte ich wieder nach oben und greife zum
Telefonhörer.

»Polizeiwache Siegburg.«

»Mein Fernseher ist gerade gestohlen worden!«

»Wollen Sie einen Einbruch melden?«

»Nein, der Fernseher ist ja nicht aus meiner Wohnung gestohlen worden!«

»Wo befand sich denn Ihr Fernseher zum Zeitpunkt des
Diebstahls?«

»Auf dem Bürgersteig.«

»Ist das nicht ein ungewöhnlicher Ort für einen Fernseher?«

»Ich kann doch wohl meinen Fernseher abstellen, wo ich will!«

»Nein, das können Sie nicht. Der Bürgersteig ist Eigentum der Stadt, und die erlaubt das Abstellen von Sperrgütern einzig und allein zum Zwecke der Sperrmüllabfuhr. Andernfalls machen Sie sich sogar strafbar.«

Was für ein Idiot!

»Hören Sie! Ich habe mich keinesfalls strafbar gemacht, da es sich bei dem Fernseher, und das können Zeugen bestätigen, um Sperrmüll gehandelt hat!«

»Das ist dann was anderes.«

Endlich hat die Pfeife kapiert.

»In dem Moment, in dem Sie Sperrmüll auf den öffentlichen Bürgersteig stellen, treten Sie Ihren Besitz an die Stadt ab. Das bedeutet, dass der rechtmäßige Besitzer Ihres Fernsehers jetzt die Stadt ist. Und die hat im Allgemeinen kein Interesse, Sperrmülldelikten nachzugehen. Da können Sie nichts machen.«

Gespräch zu Ende. Aus. Vorbei. Der Tag ist gelaufen. Will mit keinem mehr was zu tun haben. Auch nicht telefonisch. Schließe meinen Alibinota wieder an und frage mich, wie ein Mensch so viel Pech haben kann. Mehr geht nicht. Geht doch. Fünf Minuten später klingelt das Telefon und Alibinota springt zuverlässig an. Ich lausche der Nachricht, die auf dem Band hinterlassen wird. Ein Mitarbeiter der Post. Man hätte am Nachmittag einen Kurzschluss gemessen und wolle mal überprüfen, ob die Leitung wieder in Ordnung sei. Offensichtlich sei die Störung wieder beseitigt, allerdings sei auf meinen Anschluss kein Anrufbe-antworter gemeldet und man würde der Sache unverzüglich nachgehen. Sollen sie. Ich geh jetzt ins Bett. Morgen werde ich auswandern ...

# 34. Fliegen

## 2. August 1984

Fliege heute nach Mallorca. Meine Kumpels sind schon seit einer Woche da. Der erste Flug! Bin etwas aufgeregt. Ist wohl so eine Art Reisefieber. Am Flughafen muss ich durch eine Sicherheitsschleuse. Ein Mann tastet mich nach Waffen ab. Dabei falle ich zum ersten Mal auf. Nicht, weil ich Waffen bei mir habe, sondern weil ich stark schwitze. Das ist mir unangenehm. Dem Mann, der mich abtastet, aber auch, glaube ich. Keine Ahnung, warum mir die Suppe so runterläuft.

Zwanzig Minuten später steigen wir ein. Bin entsetzt. So viele Leute sollen in so eine enge Röhre? Beim Hinsetzen falle ich wieder auf. Diesmal nicht wegen Schweiß, sondern weil ich kaum zwischen Sitz und Vordersitz passe. Irgendwann klappt es und ich flutsche in meinen Sitz. Habe einen Fensterplatz und klopfe prüfend auf das Fenster. Klingt okay, aber ist da nicht ein Kratzer? Wenn das Fenster irgendwie beschädigt ist und in 80 000 Meter Höhe reißt, dann entsteht ein Unterdruck und man platzt auf der Stelle. Rufe die Stewardess und mache sie auf den Kratzer aufmerksam. Sie beruhigt mich. Der Kratzer wäre nur auf dem Plexiglasschutz innen. Das eigentliche Fenster wäre dahinter. Aha. Also zwei Fenster. Wahrscheinlich falls eins kaputt geht. Zur Sicherheit. Die von der Airline werden bestimmt entsprechende Erfahrungen gemacht haben, sonst hätten die hier keine zwei Fenster. Klingele nach der Stewardess und erkundige mich, wann denn das letzte Mal ein Fenster gerissen ist. Sie sagt, sie könne sich nicht daran erinnern, dass überhaupt schon mal ein Fenster gerissen sei. Dann starten wir.

Bin ich angeschnallt? Taste nach dem Gurt. Ja, ich bin angeschnallt. Auch richtig? Prüfe das Gurtschloss. Prompt geht es auf. Schwitze. Versuche mit zittrigen Händen, den einen Teil des Verschlusses in den anderen zu popeln. Der Verschluss will nicht. Überlege, die Stewardess zu fragen, ob man nicht noch mal halten kann, bis ich richtig angeschnallt bin. Dann drückt mich eine abartige Beschleunigung in den Sessel. Die Triebwerke heulen auf. Kriege irgendwie den Gurt zu und klammere mich rechts an der Lehne und links am Knie meines Nebenmannes fest. Schließe die Augen. Wie hoch wir wohl schon sind? Plötzlich lässt der Triebwerklärm nach. Was ist? Sind die Turbinen ausgefallen? Stürzen wir ab? Dann müssten die anderen Passagiere doch eigentlich panisch kreischen. Öffne vorsichtig die Augen. Wir stehen immer noch auf dem Rollfeld. Aber hundert Meter weiter weg vom Terminal. Meine Fresse, was werde ich durchmachen, wenn die Kiste erst mal wirklich startet? Merke, dass ich dringend aufs Klo muss. Pinkeln. Stehe auf, aber die Stewardess meint, ich soll sitzen bleiben, wir würden jetzt starten.

»WAS, JETZT?«

»Natürlich.«

»Das geht nicht! Ich muss ganz dringend! Ich platze!«

Die Stewardess seufzt. Wenn es wirklich so dringend wäre, würde sie dem Käpt'n Bescheid geben, er möge noch zwei Minuten warten. Könnte die Frau küssen. Sie mich, glaub ich, nicht. Verspreche, mich zu beeilen, hetze auf das Klo und bleibe fast in der Tür stecken. Wie transportieren die eigentlich Menschen, die wirklich dick sind? Zwänge mich seitlich gedreht ins Klo und schließe ab. Stelle mich vors Klo (hinsetzen geht nicht) und versuche, die Brille nicht nass zu machen. Die Brille bleibt staubtrocken, denn ich kann vor Nervosität überhaupt nicht pinkeln. Verdammt! Dabei hab ich so einen Druck! Die Stewardess

klopft an die Tür. Verliere tatsächlich etwas Flüssigkeit, leider
nur über meine Schweißporen. Ich drücke wie bekloppt, doch
kein Tropfen will kommen. Die Stewardess hämmert lauter
an die Tür. Da löst sich was. Aber kein Nass, sondern meine
Armbanduhr findet den Weg in die Schüssel. Zum Glück steht
kein Wasser drin. Meine Uhr liegt auf einer Art Klappe. Greife
mit der rechten Hand in die Schüssel. Stütze mich dabei
mit der anderen Hand ab und betätige wohl versehentlich
die Spülung. Habe das Gefühl, mein rechter Arm wird von
einem gigantischen Strudel ins offene Meer gesogen. Man kann
sagen, was man will, aber die Spülung in so einem Flugzeug
sucht ihresgleichen. Der Malstrom ist nix dagegen. Bevor
ich komplett im Orkus verschwinde, hört der Zauber auf. Glück
gehabt. Atme einen Moment durch, als ich wieder energisches

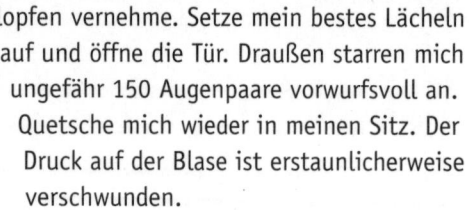

Klopfen vernehme. Setze mein bestes Lächeln
auf und öffne die Tür. Draußen starren mich
ungefähr 150 Augenpaare vorwurfsvoll an.
Quetsche mich wieder in meinen Sitz. Der
Druck auf der Blase ist erstaunlicherweise
verschwunden.

Eine Minute später ist der Druck wieder
da, denn diesmal starten wir wirklich. Presse mich in den Sitz und bohre meine Finger
wieder ins Knie des Nachbarn. Schließe die
Augen und zähle bis hundert. Bei 69 muss
ich daran denken, was passiert, wenn jetzt ein
Vogel ins Triebwerk fliegt. Ein Albatross zum Beispiel. Blicke
aus dem Fenster, um nach Albatrossen Ausschau zu halten. Ein
Fehler. Ich sehe nämlich keinen Albatross, aber die Erde. Und
zwar aus einer Perspektive, die mir bis jetzt völlig fremd war.
Und meinem Magen auch.

Es gibt nichts Erniedrigenderes, als vor dem Sitznachbarn in
eine Tüte zu kotzen. Bis auf eins: vor dem Sitznachbarn in etwas

zu kotzen, was man fälschlicherweise für eine Tüte hielt und was sich dann als Broschüre mit Sicherheitshinweisen entpuppt.

Nach zehn Minuten erlischt das Anschnallzeichen und ich darf endlich in den Waschraum. Bin erleichtert. Mein Sitznachbar auch. Und viele andere wahrscheinlich auch, denn man kann ja nicht einfach zum Lüften mal ein Fenster öffnen. Reinige mich so gut es geht und nehme wieder Platz. Versuche, an etwas Schönes zu denken. Aus den Augenwinkeln registriere ich, dass wir über den Wolken sind. Die Erde ist nicht mehr zu sehen. Gut. Dann bemerke ich einen winzigen Punkt am Horizont. Ein anderes Flugzeug? Kommt es näher? Hat es uns gesehen? Was, wenn wir mit ihm zusammenstoßen? Klingele nach der Stewardess und mache sie auf das Flugzeug aufmerksam. Ja, das wäre so, der Luftraum über Europa stünde nicht nur uns zur Verfügung. Selbst, wenn ich mitflöge. Aber ich solle mir keine Sorgen machen, man hätte ja schließlich auch Radar und es gäbe ja auch noch Fluglotsen. Bin erleichtert. Greife zu einer Illustrierten. Tschernenko ist neuer Chef der Sowjets, Michael Jackson wird von Ronald Reagan empfangen, Fluglotsenstreik, Frankreich wird Fußball-Europameister ... FLUGLOTSENSTREIK? Rufe die Stewardess und halte ihr die Schlagzeile unter die Nase. Die Zeitschrift sei vier Wochen alt, der Streik längst beendet. Und ob ich lieber Hähnchenklein in Curryrahm oder Pariser Schnitzel mit Tomatensoße möchte. Meine Antwort fällt anders aus als erwartet. Diesmal trifft es die Illustrierte.

Im Waschraum kommt mir der Verdacht, dass ich mich allmählich unbeliebt mache. Vielleicht beruhigt es ja meine Nerven (und die meines Sitznachbarn), wenn ich mich nicht sofort wieder hinsetze, sondern etwas umhergehe. Tigere im Gang hin und her, bis mir die Stewardess mit ihrem Essenswagen entgegenkommt. Der Essensduft lässt meinen Magen wieder aktiv werden, und ich flüchte sicherheitshalber direkt aufs Klo. Schließe mich ein. Auf dem Klo gibt es kein Fenster. Gut. Wenn man sich anstrengt, könnte man sich sogar einbilden, man säße auf einer Zugtoilette. Der Gedanke beruhigt. Beschließe, die Flugzeit hier zu verbringen.

Nach fünfzehn Minuten schließt man von außen auf und holt mich raus. Wieder schauen mich 150 Augenpaare an. Diesmal weniger vorwurfsvoll, eher hasserfüllt. Ich muss mich anschnallen, denn wir setzen zum Landeanflug an. Lächle meine Sitznachbarn an. Keiner lächelt zurück. Fliegen wohl auch nicht so gerne. Rufe die Stewardess und frage, ob die Räder auch wirklich ausgefahren sind. Sie gibt keine Antwort und geht. Frage mich, ob der Pilot auch sicher ist, auf einem Flughafen zu landen und nicht auf einer Autobahn. Man liest da ja so einiges. Klingele, aber die Klingel scheint irgendwie defekt zu sein. Die Stewardess kommt nicht. Na toll, wenn schon die Klingel kaputt ist, wie sehen dann wohl erst die Bremsbeläge aus? Der Kapitän meldet sich durch die Sprechanlage und erklärt, dass es im Anflug ein paar Turbulenzen geben könnte, aber nichts Schlimmes. Es ist tatsächlich nicht ganz so schlimm, denn diesmal treffe ich sogar die Tüte.

Meine Kumpels holen mich ab. Wie denn der Flug war. Ja ... normal ... alles okay. Im Flughafen setze ich mich kurz unter einem Vorwand ab. Ich gehe zu einem Schalter und buche eine Schiffspassage Mallorca-Barcelona. Muss wohl irgendwie eine Art Höhenangst haben ...

# 35. Babysitten

### 2. April 1985

Heute Abend zum Babysitten bei Frank und Ina. Sie würden
gerne ausgehen und mal wieder unter Leute kommen. Das wäre
selten genug seit der Geburt ihres Sohnes vor sieben Monaten.
Normalerweise würden sie ja Ulla fragen, aber die sei plötzlich
krank geworden. Klar, wenn ich helfen kann, tu ich das.

### 19 Uhr

Bei Frank und Ina zuhause. Ina stellt mir ihren Sohn vor.
Mäxchen. Sage »Hallo Mäxchen« und lächle. Mäxchen verzieht
das Gesicht und macht ein Bäuerchen. Mehr sagt er nicht.

### 19 Uhr 10

Frank und Ina sind weg. Babysitten ist einfach. Mäxchen liegt
ruhig im Bettchen und ich kann fernsehen.

### 19 Uhr 12

ALARM! Mäxchen schreit. Renne ins Schlafzimmer und frage
ihn, was er hat, doch Mäxchen antwortet nicht. Vielleicht hat
er mich ja nicht richtig verstanden. So ein Baby kann ja noch
kein Deutsch. Stelle meine Frage pantomimisch dar. Mäxchen
reißt die Augen auf und starrt mich an. Für einen Moment ist
Ruhe. Wahrscheinlich sucht er in seinem kleinen Kopf nach einer
passenden Antwort. Unterbreche meine Pantomimevorstel-
lung. Augenblicklich schreit Mäxchen weiter. Vielleicht hat er
ja Hunger? Was isst denn so ein Baby? Frage ihn, indem ich

pantomimisch ein gebratenes Hähnchen und eine Pizza darstelle.
Mäxchen kann sich nicht entscheiden und schreit weiter.

### 19 Uhr 16

Anruf bei Ulla. Damit ich nicht mit der Tür ins Haus falle, frag
ich erst mal, wie es ihr geht. Super, warum? Ob sie denn nicht
krank sei. Nö, wieso? Bringe das Gespräch auf allgemeine
Themen, wie Urlaub und ob sie wüsste, was denn so ein Baby zu
essen pflegt. Ach so, Frank und Ina hätten ein anderes armes
Arschloch gefunden, oder sei ich nicht bei diesem Schreihals?
Ähm ... ja doch ... aber ganz zufällig. Ulla meint, ich soll ihm
ein Fläschchen geben. Das würde helfen. Manchmal. Bedanke
mich und lege auf. Aha, ein Fläschchen. Aber was für eins?
Whisky? Ich kann ja nach einem Fläschchen Whisky hervorragend
schlafen, bezweifle aber, dass Mäxchen einen Single-Malt zu
schätzen weiß.

### 19 Uhr 18

Zweiter Anruf bei Ulla. Bevor ich reden kann, sagt sie, dass
es ihr gut geht und die Babyfläschchen würden in der Küche
stehen. Im Hängeschrank. Dann wünscht sie mir noch einen
schönen Abend, giggelt blöd und legt auf.

Okay. Finde in der Küche tatsächlich ein Babyfläschchen.
Aber nicht im Hängeschrank, sondern auf dem Tisch. Ina hat es
wohl vorbereitet. Gebe das Fläschchen Mäxchen, der sofort den
halben Inhalt im Bettchen verteilt. Ich Idiot! Habe vergessen,
diesen Saugnucki oben aufs Fläschchen zu schrauben! Wo
bewahrt Ina ihre Saugnuckis auf? Suche die Küche ab. Nix. Überlege Ulla anzurufen, verwerfe die Idee aber. So ein Saugnucki
lässt sich doch sicher auch selber herstellen. Finde im Badezim-
merschrank eine Packung Kondome. Ziehe das Kondom über die
Flasche und mache ein Loch oben rein. Super! Doch Mäxchen will
immer noch nicht. Das Einzige, was er will, ist schreien.

## 19 Uhr 25

Dritter Anruf bei Ulla. Mein Gott, was hat die denn plötzlich
für schlechte Laune! Wenn sie geahnt hätte, dass ich ihren Job
übernehme, hätte sie auch direkt selber auf Mäxchen aufpassen
können. Das sei wahrscheinlich einfacher, als aufzupassen, dass
ich alles richtig mache. Erkläre meine Kondomkonstruktion.
Ullas Laune bessert sich etwas. Saugnuckis seien in der Küche,
im Stehschrank unten, noch hinter dem Backpapier. Warum
verstecken Menschen so wichtige Dinge wie Saugnuckis, als
wäre es das Gold von Fort Knox? Haben sie Angst vor einer auf
Saugnuckis spezialisierten Einbrecherbande? Ulla gibt mir noch
den Tipp mit, ich soll Mäxchen vormachen, wie man nuckelt.
Bedanke mich und verspreche nicht mehr zu stören. Hinter
dem Backpapier finde ich tatsächlich einen Nucki und schraube
ihn auf die Flasche. Anschließend zeige ich Mäxchen, wie
man richtig nuckelt. Ziemlich lecker, sein Essen. Gebe ihm die
Flasche. Mäxchen will nicht. Zeige noch mal, wie man nuckelt. Es
klingelt. Gehe zur Tür und öffne, die Flasche noch im Mund. Die
Nachbarn starren mich entgeistert an. Ob ich nicht zu alt für ein
Fläschchen sei. Und ob es nicht besser bei dem schreienden Kind
aufgehoben ist, dann wäre es auch endlich still. Bedanke mich
für diesen wertvollen Tipp und knalle die Tür zu. Zeige Mäxchen
ausgiebig, wie man nuckelt. Doch Mäxchen will immer noch
nicht. Er könnte auch gar nicht, denn das Fläschchen ist jetzt
leer.

## 19 Uhr 40

Vierter Anruf bei Ulla. Sie hebt sofort ab und schreit in den
Hörer, ich könne Mäxchen ja meine Brust geben. Dann legt sie
auf. Bin irritiert. Meine Brust geben? Okay, mein Brustumfang
hat etwas Weibliches, aber Milch geben kann ich wirklich nicht.
Na, der werd ich was erzählen! Greife zum Hörer. Ulla hat ihren
Anrufbeantworter eingeschaltet. Toll! Und jetzt?

### 19 Uhr 44

Rufe bei Mama an. Berichte von Mäxchen und dem Fläschchen. Mama versteht nur die Hälfte. Kein Wunder bei der Schreierei. Sie meint, wenn man zu schnell das Fläschchen trinkt, könnte es sein, dass man ein Bäuerchen machen muss. Mache ein Bäuerchen in den Telefonhörer. Nein, nicht ich soll ein Bäuerchen machen, sondern das Kind. Ich hätte doch kein Fläschchen getrunken. Natürlich nicht, wie sie auf so was Abwegiges käme. Ich soll das Kind hochheben und ihm vorsichtig auf den Rücken klopfen. Das würde ein Bäuerchen lösen.

### 19 Uhr 48

Mäxchens Bäuerchen hat sich gelöst. Mit ihm sein kompletter Mageninhalt, der sich großflächig über meine Jeans verteilt hat. Kein Wunder, dass der keinen Hunger hat, so voll, wie der war. Mäxchen schreit.

### 19 Uhr 54

Anruf bei Mama. Vielleicht hilft ja ein Schnuller. Ich soll ihn aber vorher anfeuchten. Am besten mit meinem Mund. Das hätte sie mit meinem Schnuller auch immer so gemacht. Muss kurz schlucken, dann bedanke ich mich und lege auf. Suche in der Wohnung einen Schnuller. Mäxchen schreit immer lauter. Kein Schnuller. Endlich find ich einen im Wohnzimmerflokati. Nehme das Teil, steck es in meinen Mund und stürme ins Schlafzimmer. Biege auf dem Weg dorthin in die Toilette ab und entleere nun meinerseits meinen Magen. Kann keine Haare im Mund vertragen.

Spüle mir den Mund aus und stecke mir den abgewaschenen Schnuller hinein, um ihn schön anzufeuchten. Es klingelt. Öffne mit Schnuller im Mund. Wieder die Nachbarn. Nehme den Schnuller raus. Nein, ich hätte jetzt keine Zeit zu diskutieren. Habe Wichtigeres vor. Das würde man doch sehen. Nehme wütend den Schnuller wieder in den Mund und lasse die Nachbarn stehen. Stecke Mäxchen den Schnuller in den Mund. Herrlich! Stille! Ungefähr zwei Sekunden lang. Dann spuckt Mäxchen den Schnuller im hohen Bogen aus. Der Schnuller fliegt durch die Wohnung. Schnuller wieder rein. Der Schnuller fliegt. Komme mir vor wie beim Handballtraining. Nur dass mein Trainer nicht so laut schreien kann wie Mäxchen.

### 20 Uhr 15

Dritter Anruf bei Mama. Ob ich mal versucht hätte, ihm was vorzusingen, bei mir hätte das auch immer funktioniert. Lege auf und singe Mäxchen laut *Cum on feel the Noize* von Slade vor. Ein Titel, der, wie ich finde, durchaus zur Situation passt. Mäxchen sieht das anders. Okay, Gesang gehört nicht zu meinen herausragenden Fähigkeiten. Babysitten übrigens auch nicht. Suche in der Plattensammlung nach dem Original. Finde nur John Denver. Das kann ich Mäxchen (und mir) beim besten Willen nicht antun. John Denver erzeugt bestimmt ein frühkindliches Trauma. Finde zum Glück etwas anderes. AC/DC. Lege die Platte auf und spiele laut *Highway to Hell* an. Das scheint zu funktionieren, denn Mäxchen schreit jetzt zusammen mit Bon Scott um die Wette. Bin nicht sicher, wer von beiden besser singt. Feuere Mäxchen weiter an, indem ich mir den Schnuller in den Mund stecke und headbangend Luftgitarre spiele. Bis die Nachbarn im Raum stehen und sich lauthals über den Lärm beschweren. Schreie meinerseits die Nachbarn zusammen. Wie soll ein Kind schlafen, wenn alle zehn Minuten die Nachbarn auf der Matte stehen? Werfe die Nachbarn raus und schlage diesmal die Tür zu. Mäxchen imitiert gerade stimmlich Angus Youngs Sologitarre. Mit acht Marshall-Türmen. Tausend Watt.

## 20 Uhr 40

Vierter Anruf bei Mama. Vielleicht hätte das Kind ja ein Häufibäufi. Na klar! Häufibäufi! Dass ich nicht alleine drauf gekommen
bin. Lege Mäxchen auf den Küchentisch und packe ihn vorsichtig
aus. Wie ein Päckchen. Nur dass man sich nach dem Auspacken
eines Päckchens mehr über den Inhalt freut. Mäxchen hat
plötzlich zwei weitere Arme bekommen, denn egal, wie ich ihn
auch festhalte, er hat immer mindestens einen Arm frei, um sich
künstlerisch zu betätigen. Als Maler. Allerdings benutzt er keine
Ölfarbe für seine Gemälde.

## 21 Uhr 05

Die Küche sieht aus wie Picassos Guernica. Bin am Ende. Aber
Mäxchen ist wieder sauber. Ich nicht. Meine Kleidung ziert nicht
nur Mäxchens Mageninhalt, sondern nun auch das Pendant
vom anderen Ende. Mäxchen scheint mit seinem Werk zufrieden
zu sein, denn langsam beruhigt er sich. Lege ihn gerade ins
Bettchen, als das Telefon geht. Ulla. Ob ich schon vollgeschissen
sei. Brülle in den Hörer, dass alles zur besten Zufriedenheit gelaufen wäre, ich keineswegs »vollgeschissen« sei und sie könne
sich ihre Süffisanz sonst wohin stecken. Ich bin wohl etwas zu
laut, denn Mäxchen fühlt sich durch meine Brüllerei an seine
Lieblingsbeschäftigung erinnert. Knalle den Hörer hin und renne
ins Schlafzimmer, als es klingelt. Im Vorbeigehen reiß ich die Tür
auf und brülle den Nachbarn Beleidigungen an den Kopf, die ich
hier nicht wiedergeben möchte. Knalle die Tür zu und stürme ins
Schlafzimmer, als Mäxchen augenblicklich verstummt. Was hat
er jetzt? Sind seine Sirenen kaputt? Durch das Fiepen in meinen
Ohren dringt ein Geräusch. Frank und Ina schließen die Tür
auf. Die glücklichen Eltern betreten leise das Schlafzimmer und
betrachten liebevoll ihren kleinen Satan. (Muss an *Rosemary's
Baby* denken.) War doch nicht schwierig, oder? Nein, nein! Und
so zufrieden, wie Mäxchen aussieht, hätte er doch bestimmt die

ganze Zeit geschlafen. Ja, klar! War überhaupt kein Problem. Womit ich mir denn die Zeit vertrieben hätte. Mit Telefonieren. Ah ja ...

Gehe nach Hause. Stelle mich unter die Dusche, um die Spuren von Mäxchens Ausflug in den Expressionismus loszuwerden. Die Jeans schmeiß ich weg. Kann mir nicht vorstellen, dass irgendeine Chemikalie diesen Geruch jemals wieder rauskriegt. Außer Salzsäure vielleicht. Gehe ins Bett und fasse den Entschluss, in Zukunft krank zu sein, sobald Frank und Ina anrufen. Ich werde stattdessen auf Ulla verweisen und dass sie ja so in Mäxchen verliebt ist und sicher irre erfreut wäre, wenn Frank und Ina sie einmal spontan mit ihrem Sprössling besuchen würden. Vor allem, wenn sie mal wieder krank sei. Zufrieden schlafe ich ein. Boshaftigkeit kann mitunter auch Spaß machen. Hab ich heute gelernt.

Von Mäxchen.

# 36. Life on stage

### 30. Juli 1985

Habe morgen Abend einen Auftritt. Mit meiner eigenen Theater-
gruppe, den »Magic Marabus«. Die »Magic Marabus« existieren
seit ungefähr drei Wochen und bestehen aus Klaus, Marcus
und mir. Auf den Namen sind wir gekommen, weil »Magic« so
geheimnisvoll klingt und »Marabus« laut Klaus ein lustiges Wort
sei. Wir spielen nämlich Sketche. Ich bin Schauspieler, Fahrer
und Roadie. Marcus ist Roadie, Fahrer und Schauspieler. Klaus
kümmert sich um das Management. Manchmal wechseln wir uns
mit unseren Aufgaben aber auch ab. Zumindest Marcus und ich.

Klaus ist mächtig stolz, den morgigen Gig an Land gezogen
zu haben. (Profis sagen »Gig« statt »Auftritt«) Ein ganz großes
Ding, sagt er. Die Betriebsfeier einer großen Firma. In Köln!
85-jähriges Bestehen. Und die wollen es mal richtig krachen lassen. Klaus ist begeistert. Es ist zwar nicht unser erster Auftritt,
aber diesmal soll es sogar Gage geben.

### 31. Juli 1985

Auf dem Weg nach Köln. Ich sitze am Steuer, Klaus lotst. Das
klappt ganz gut, bis wir in Köln sind. Hier verfahren wir uns
dermaßen, dass wir fünf Mal den Rhein überqueren. Immer über
dieselbe Brücke. Dabei müssen wir höllisch aufpassen, nicht
in eine der Radarfallen zu rasen, die auf ihr installiert sind.
Schließlich erreichen wir unser Ziel, ein kleines Reihenhaus.
Hier sollen wir richtig sein? Marcus fragt, um was für eine Firma
es sich denn handele. Klaus meint, das wüsste er nicht mehr so

Auf Tour mit den »Magic Marabus«

genau, aber auf jeden Fall würde die Firma ein Jubiläum feiern und eine Firma, die schon seit 85 Jahren besteht, könne nicht klein sein. IKEA zum Beispiel wäre eine riesige Firma und würde erst seit 42 Jahren bestehen. Kann mir nicht vorstellen, dass hinter der Klinkerfassade dieses Reihenhäuschens der Angstgegner von IKEA sitzt. Klaus regelt die Sache, steigt aus und klingelt. Ganz der Manager. Durch das Seitenfenster beobachte ich, wie ein junger Mann öffnet. Klaus unterhält sich angeregt mit ihm. Zwischendurch schaut er immer lächelnd zu uns rüber und hebt den Daumen. Dann schließt der junge Mann die Tür. Klaus kommt aufgeregt ans Auto. Wir seien richtig. Es wäre jetzt nicht direkt ein Firmenjubiläum, aber ein Jubiläum sei es, da hätte er wohl was verwechselt. 85-jährig würde aber stimmen. Mir schwant Übles. Frage, ob es das ist, was ich denke, dass es ist. Klaus nickt stumm, schiebt aber sofort das Argument der Gage hinterher. Ein Argument, das zieht. Marcus und ich steigen aus, um unsere Requisiten auszuladen, als Klaus meint, das bräuchten wir nicht. Bin verblüfft. Was denn? Wir haben Roadies? Geil! Klaus meint, es wäre nicht ganz so. Vielmehr hätte er mit Hilfe des jungen Mannes eine winzige Unstimmigkeit in der Abstimmung seines kleinen Tourneeplanes entdeckt. Der Auftritt sei eigentlich erst morgen. Er hätte nicht daran gedacht, dass der Juli auch 31 Tage hätte, wie der August, da käme er immer durcheinander und wäre deshalb davon ausgegangen, dass heute schon der erste August sei. Klaus mag ein guter Manager sein, aber bis er die Qualitäten eines Ion Tiriac oder Fritz Rau vorweisen kann, muss er noch einen langen, steinigen Weg gehen. Und der Rest der »Magic Marabus« wahrscheinlich auch.

### 1. August 1985, der echte

Wieder unterwegs nach Köln. Klaus hat eine Wegbeschreibung vorbereitet. Damit es schneller geht. Es funktioniert. Überqueren nur drei Mal den Rhein, bis wir am Ziel sind. Nach unserer Ankunft erfahren wir von dem jungen Mann, dass es sich bei der Firma, die ihr Jubiläum feiert, um Oma Hedwig handelt. Dieser Umstand wirft gewisse Fragen in Bezug auf den Inhalt unseres Programms auf. Denn eigentlich hatten wir geplant, den lustigen Sketch mit der Oma, die im Altenheim ausrastet und nackt hinter ihren Pflegern herläuft, zu spielen. Die »Magic Marbus« ziehen sich zu einer künstlerischen Beratung zurück.

Wir denken nach. Geht der Sketch mit der lebenden Mumie? Marcus verneint. Die Jubilarin soll schließlich lachen und nicht an ihre unmittelbare Zukunft erinnert werden. Und der Sketch mit dem verlorenen Bein in Stalingrad? Riskant, laut Auskunft des jungen Mannes, wohl ihr Enkel, hätte Oma Hedwig zwei Weltkriege mitgemacht und ihr Mann sei gefallen. Dann scheidet der Sketch mit dem betrunkenen Erschießungskommando also auch aus. Man will die Kunden ja nicht so vor den Kopf stoßen. Schwierig. Schließlich denken wir uns einen neuen Sketch aus. Ich spiele eine schwangere Frau, die mit ihrem Mann beim Arzt ist und ständig in Ohmacht fällt. Den Rest werden wir improvisieren.

Wir fragen den jungen Mann, ob wir uns denn die Bühne mal ansehen können. Klar. Der junge Mann führt uns in ein Wohnzimmer. Gigantische sechzehn Quadratmeter gähnen uns an. Vollgestopft mit Gelsenkirchener Barock. Wir sollen aber berücksichtigen, dass nachher noch ein großer Tisch da wäre für das Abendessen und natürlich auch Stühle. Klar, das Publikum muss ja auch irgendwo hin.

Die ersten Gratulanten trudeln ein. Wir ziehen uns um. Trotz der etwas widrigen Umstände verspüre ich so was wie Lampenfieber. Der Zeitpunkt unseres Auftritts naht. Mangels Bühnenaufgang betreten wir die Bühne, indem wir uns einen Weg von hinten durch die Zuschauermenge kämpfen. Die Zuschauermenge beträgt in diesem Fall exakt neun Personen. Oma Hedwig mitgerechnet. Oma Hedwig ist sehr überrascht, denn sie fragt ihren Enkel, wer wir denn sind, und eingeladen hätte sie uns bestimmt nicht, ob wir vielleicht Einbrecher seien. Nein, nein ... wir wären die berühmten »Magic Marabus« und würden jetzt extra ein Stück spielen für sie. Oma Hedwig versteht nicht.

»WAS?«

Ihr Enkel brüllt sie aus vollem Hals an.

»MAGIC MARABUS!«

»SCHLECHTES APFELMUS?«

»NEIN! MARABUS! VÖGEL!«

Der junge Mann flattert vor Oma Hedwig rum. Oma Hedwig versteht.

»HÄHNCHEN? JA GUT! ICH PROBIER MAL, OB ICH DAS KAUEN KANN! DIE HERREN KÖNNEN SERVIEREN!«

Das kann ja heiter werden.

Der Sketch beginnt. Die Inszenierung erweist sich als schwierig. Nicht nur, weil es gnadenlos eng ist, man muss auch noch aufpassen, wohin man tritt, weil einige Dielen des Holzbodens unter meinem Gewicht so sehr nachgeben, dass die Vitrine mit den Porzellantellern sich bedenklich nach vorne neigt. Drehbuchgemäß lasse ich mich ohnmächtig zu Boden sinken. Zu Boden heißt in diesem Fall unter den Tisch. Hier schaue ich in ein Gesicht. Das Gesicht eines Hundes. Genauer: eines Riesenschnauzers. Ein Zuschauer, den ich bis jetzt nicht wahrgenommen habe. Der Riesenschnauzer scheint Gefallen an der Vorstellung gefunden zu haben, denn jedes Mal, wenn ich Anstalten mache, wieder aufzustehen, knurrt er mich an. Beschließe, erst mal liegen zu bleiben, und höre Marcus und Klaus zu. Irgendwann geht ihnen aber oben der Text aus und sie beginnen, Witze zu erzählen. Mich scheint niemand zu vermissen. Als meine Kollegen bei dem Witz mit der Affenkotze ist, strecke ich mein Bein etwas und stoße versehentlich an Oma Hedwigs Fuß. Oma Hedwig schaut unter den Tisch und bekommt einen Schreikrampf.

»DA IST EIN FREMDER MANN UNTER DEM TISCH! HILFE! POLIZEI!«

Oben herrscht Aufregung. Stühle werden gerückt. Ein Stuhlbein landet auf dem Schwanz des Riesenschnauzers, der augenblicklich reagiert, indem er in meine Hand beißt. Stehe ruckartig auf, stoße mir an der Tischplatte heftig den Kopf, eine Blumenvase  kippt um und ihr Inhalt ergießt sich auf Oma Hedwigs Schoß. Das Blumenwasser, zusammen mit dem Einsatz von Riechsalz, sorgt dafür, dass Oma Hedwig langsam ihr Bewusstsein wiedererlangt. Alle stehen besorgt um ihren Stuhl herum. Ihr Enkel fächelt ihr Luft zu. Klaus erzählt immer noch den Witz mit der Affenkotze. Niemand hört zu. Marcus und ich nehmen ihn am Arm und drängen ihn langsam raus. Im Flur schaut Klaus uns fragend an.

»Wie war ich?«

»Brillant.«

Der junge Mann kommt raus. Oma Hedwig sei auf dem Weg der Besserung. Unsere Vorstellung sei auch ganz prima gewesen, man wolle jetzt aber lieber essen.

Marcus und ich schauen fragend Klaus an. Klaus versteht nicht. Oder will nicht verstehen. Deute mit meinen Fingern das Zählen von Geld an. Klaus kapiert.

»Wir hatten ja noch nicht so richtig über unsere Gage gesprochen ...«

Wieder ganz der Manager. Klaus' große Stunde. Sind gespannt auf sein Verhandlungsgeschick. Klaus schweigt erst mal. Gehört wohl zu seiner Taktik. Der junge Mann ergreift das Wort.

»Sind die Herrschaften mit fünfzig Mark einverstanden?«

Jeder hätte dieses Angebot so verstanden, dass Marcus, Klaus und ich jeweils 50 Mark Gage erhalten. Jeder. Nicht so Klaus.

»Okay. Dann also fünfzig Mark für uns zusammen.«

Klaus schaut uns an, kneift ein Auge zusammen und hebt grinsend den Daumen. Doch damit nicht genug, denn der junge Mann legt noch eins drauf.

»Wenn Sie uns schon so entgegenkommen, dann nehmen Sie doch bitte jeder eine Flasche Sekt mit.«

Lasse ein Stoßgebet los, dass unser Manager jetzt bitte die Schnauze halten soll. Werde nicht erhört. Klaus kann das Handeln einfach nicht lassen.

»Zwei Flaschen reichen, Markus muss ja noch fahren.«

Auf dem Nachhauseweg ist meine Stimmung leicht gereizt. Klaus hat den Sekt geöffnet und quasselt die ganze Zeit von Durchbruch und dass wir sehen werden, in ein paar Jahren seien wir berühmt und der Knoten würde sicher bald platzen. Das mit dem Berühmt bezweifle ich, aber mit dem Platzen hat er tatsächlich Recht. Auf der Rheinbrücke platzt mir nämlich der Kragen und ich kriege einen Schreikrampf. Klaus hält mir gerade zur Beruhigung die Flasche Sekt hin, als die Radarfalle ein schönes Foto von mir schießt. Immerhin: mein erstes Paparazzofoto.

# 37. Zahnarzt, die zweite

### 15. März 1986, 3 Uhr

Wache mit heftigen Zahnschmerzen auf. Gehe ins Bad. Vor dem
Spiegel öffne ich den Mund und schaue hinein. Der Anblick
erinnert mich an Aufnahmen der Kölner Innenstadt nach der
Bombennacht von 1942. Vielleicht sollte man mit dem Trümmer-
feld meiner Zähne dasselbe machen wie seinerzeit mit der Kölner
Innenstadt: abreißen. Denn selbst einem Laien wie mir wird
beim Anblick der dunklen Stumpen in meinem Mund klar, dass
hier eine Sanierung zwecklos ist. Außerdem müsste ich dann zum
Zahnarzt. Und das geht nicht, denn ich habe als Kind geschwo-
ren, nie wieder eine Zahnarztpraxis zu betreten. Bis heute bin
ich da sehr konsequent und werde es auch in Zukunft sein. Nicht
etwa, weil ich Angst habe. Nein, aus Prinzip. Ich habe einfach
keine guten Erfahrungen mit der Dentisterei gemacht. Punkt.

Nehme zwei Aspirin und spül sie mit einem Glas Wasser runter, als eine Bombe in meinem Kopf platzt. Hätte nicht gedacht,
dass einfaches, kühles Leitungswasser bei Kontakt mit
meinen Zahnhälsen einen derartigen Flächenbrand in
meinem Schmerzzentrum hervorrufen kann. Halte
mich am Waschbecken fest und warte,
bis der erste Sturm vorbei ist.
Gehe ins Bett und versuche
einzuschlafen.

## 4 Uhr

Starre an die Decke und zähle meinen Pulsschlag. Das ist einfach, denn ich spüre ihn sehr deutlich in meinem Kiefer. Bei 5 400 versuch ich's noch mal mit Aspirin. Um meinen Zähnen den Kontakt mit Wasser zu ersparen, weiche ich die Tabletten im Mund ein und zerdrücke sie behutsam zwischen Zunge und Gaumen. Dann schieb ich den Tablettenbrei vorsichtig an der Wache meiner Zähne vorbei in die Speiseröhre. Es klappt. Jetzt kann ich bestimmt schlafen.

## 5 Uhr

Renne in der Küche hin und her. Dabei stoße ich mir den kleinen Zeh. Für einen Moment überschattet der schmerzende Zeh die Ereignisse in meinem Mund. Die Buddhisten nennen das Schmerzübertragung. Ob man den Zahnschmerz auch auf etwas anderes als einen Zeh übertragen kann? Bücke mich, um nach meinem Zeh zu sehen. Als ich mich wieder aufrichte, stoße ich mir den Kopf an der Tischplatte. Ja, es klappt. Man kann den Schmerz auch auf andere Regionen übertragen.

## 6 Uhr

Halte es fast nicht mehr aus und denke darüber nach, welchen Körperteil ich mir als nächsten stoßen soll. Vielleicht geh ich doch mal zum Zahnarzt. Ganz unverbindlich. Verwerfe den Gedanken sofort wieder. Bin doch kein Kind mehr!

## 7 Uhr

Könnte heulen wie ein Kind. Da fällt mir ein Hausmittel von Mama ein. Gewürznelken. Wenn man Gewürznelken in einen faulen Zahn drückt, hören die Schmerzen auf. Reiße sämtliche Küchenschränke auf und suche verzweifelt nach Gewürznelken. Ich finde alles. Socken, Kondome, ein Osterei aus dem letzten Jahr, nur keine Nelken. Es ist zum Verzweifeln! Mein

Blick fällt auf eine Muskatnuss, die während meiner Küchen-
durchsuchung auf den Boden gefallen ist. Warum soll
eine Muskatnuss nicht dieselbe Wirkung haben wie eine Gewürz-
nelke? Muss die Muskatnuss nur zerkleinern. Natürlich findet
sich in meiner Küche auch kein Nussknacker. Es hilft nichts.
Stecke mir die Nuss komplett in den Mund und zähle bis drei.
Dann beiße ich todesmutig zu.

## 9 Uhr

Werde wach. Liege benommen auf dem Küchenboden. Muss
wohl ohnmächtig geworden sein. Warte, bis sich mein Verstand
zurückmeldet. Leider sind die Zahnschmerzen schneller wieder da
als mein Verstand. Betrachte das Schlachtfeld in meiner Küche.
Bruchstückhaft setzt die Erinnerung wieder ein. Denke nach.
Schmerz findet im Kopf statt. Fakt. Er ist also gar nicht richtig
vorhanden, sondern der Kopf sagt einem, dass was wehtut.
Fakt. Wenn man dem Kopf nun mitteilt, er solle sich gefälligst
um andere Sachen scheren, wären die Schmerzen weg. Fakt.
Beschließe, es mit Selbsthypnose zu probieren. Bastele mir aus
einer Muskatnuss, die komischerweise auf dem Küchenboden
liegt, und einem Bindfaden ein Pendel. Gehe ins Bad, stelle mich
vor den Spiegel und lasse die Nuss vor meinem Gesicht hin und
her pendeln. Dabei wiederhole ich immer denselben Satz. »Du
hast keine Zahnschmerzen. Du hast keine Zahnschmerzen.«
Die pendelnde Nuss hat tatsächlich eine hypnotische Wirkung
auf mich, denn nach ein paar Minuten wird mir schwindlig.
Ich stütze mich am Waschbecken ab, rutsche aus und schlage
mir an der Kloschüssel den rechten oberen Schneidezahn aus.
Den einzigen gesunden Zahn in der Vielfalt meiner Ruinen-
landschaft.

Gebe auf und beschließe, zum Zahnarzt zu gehen. Ganz
unverbindlich.

### 11 Uhr

War gerade beim Zahnarzt. War gar nicht so schlimm. Bin testweise erst mal den Weg abgegangen. Beim nächsten Mal werd ich vielleicht sogar mal reingehen. Im Augenblick besteht jedenfalls keine Notwendigkeit mehr, denn die Zahnschmerzen haben eine Pause eingelegt.

### 11 Uhr 5

Pause vorbei. Renne wieder durch die Wohnung. Schiebe einen Film in den Videorekorder, um mich abzulenken. Ein Film mit Dustin Hoffman. *Marathon Man*. Die Folterszene mit dem Zahnarzt gibt mir den Rest.

### 15 Uhr

Geschafft. Liege im Behandlungsstuhl. Natürlich unverbindlich. Der Zahnarzt hat einen Kollegen. Beide betrachten interessiert einen meiner Backenzähne. Dafür müssen sie mir noch nicht mal in den Mund gucken. Der Zahn ist einfach so rausgefallen. Ich muss zugeben, dass so eine Zahnarztpraxis heutzutage anders aussieht als vor zwanzig Jahren. Es gibt Bilder an der Decke, die man betrachten kann, während der Arzt arbeitet. Man kann Musik hören. Das Beste aber ist: Es gibt eine Narkose. Sogar eine, die funktionieren soll. Klar, der Fortschritt ist ja auch an der Medizin nicht vorbeigegangen.

Der Kollege gibt mir eine Spritze. Nach zwanzig Minuten soll ich nichts mehr spüren. Spüre aber noch was. Der Kollege legt nach. Noch eine Spritze. Die würde sogar einen Elefanten umhauen. Kann ja sein. Mich aber nicht. Ob ich eine Narkoseresistenz hätte. Nein, aber Zahnschmerzen. Dritte Spritze. Ich soll bis zehn zählen. Als ich bei hundert bin, ziehen sich die beiden zu einer Beratung zurück. Bei 365 kommen sie wieder. Ich hätte mit Sicherheit eine Narkoseresistenz und müsste in eine Spezialpraxis.

### 16. März 1986

Habe einen Termin bekommen. Am 26. März. Einen Tag nach meinem Geburtstag muss ich in die Spezialpraxis.

### 18. März 1986

Zum Problem meiner Zahnschmerzen gesellt sich ein zweites Problem. Die Nahrungsaufnahme. Meine Nahrung muss sich exakt in einem Temperaturfenster zwischen 24 und 25 Komma 5 Grad bewegen, um keine Fiesta in meinem Schmerzzentrum auszulösen. Außerdem muss ihre Konsistenz der eines eingeweichten Milchbrötchens entsprechen. Ohne Rosinen.

### 25. März 1986

Feiere Geburtstag. Meine Zahnschmerzen feiern auch ein Jubiläum: ihr zehntägiges Bestehen. Mama schenkt mir Nussecken. Bedanke mich und lege sie in die Küchenschublade zu den Nussecken vom Vorjahr.

### 26. März 1986

Wieder im Behandlungsstuhl. Spüre nichts, denn ich kriege eine auf mich angepasste Vollnarkose. Als ich wieder aufwache, sind die Schmerzen weg. Heureka! Frage den behandelnden Arzt, ob ich noch mal wiederkommen muss. Der Arzt schaut mich verständnislos an und schiebt mir einen Terminplan rüber. Dann sagt er, ich solle mich darauf einstellen, die nächsten eineinhalb Jahre alle acht Wochen hier zu erscheinen. Schließlich handele es sich um eine Rundumsanierung. Seufze tief und willige ein.

Köln wurde schließlich auch nicht an einem Tag wieder aufgebaut.

# 38. Bofrost

## 25. März 1987

Habe einen neuen Job. Durchs Land fahren und Tiefkühlkost
verkaufen. Für die Firma Bofrost. Klingt einfach. Scheint aber
doch komplizierter zu sein, denn man muss extra einen Lehrgang
machen, bevor man losfahren darf. Eine Art Tiefkühlkoststudium.
Wow! Hätt ich nicht gedacht, dass ich noch mal studiere. Freue
mich schon auf die Semesterferien.

## 26. März 1987

Das Studium findet in einer Firmenzweigstelle bei Siegburg statt
und dauert einen Tag. Aus der Traum von den Semesterferien.

Morgens ist Theorie. In einem Schulungsraum lerne ich zusammen mit anderen Bewerbern, dass Tiefkühlkost nicht zu warm
werden darf. Eine Erkenntnis, zu der ich ohne den Lehrgang
sicher niemals gekommen wäre. Dann stellt uns der Seminarleiter
das Sortiment vor. Auf Bildern lerne ich aufregendes Tiefkühlge-
müse kennen wie Spinat, Erbsen und Möhren. Ein Highlight und
ganz neu im Programm sind ein paar Fertiggerichte. Mittags dürfen wir sogar eins in der Kantine kosten. Es gibt saure Nierchen.
Mag aber keine sauren Nierchen und frage den Seminarleiter, ob
in der Nähe eine Pommesbude sei. Der Seminarleiter meint, ich
müsse noch intensiver an meinem Firmenzugehörigkeitsgefühl
arbeiten. Schließlich müsse ich mich ja auch mit den Produkten
identifizieren. Ich würde mich aber lieber mit einer Currywurst
identifizieren. Sage aber nix, sondern bestelle die Nierchen.
Beim Essen sage ich immer wieder laut, wie lecker sie sind und

dass ich mich super mit ihnen identifiziere. Der Seminarleiter schaut mich nachdenklich an.

Am Nachmittag ist Praxis. Wie man am besten mit Neukunden in Kontakt tritt. Im Schulungsraum steht ein Türrahmen. Ich soll mal so tun, als ob ich Tiefkühlkost verkaufen möchte. Ein anderer Schulungsteilnehmer, Gerd mit Poloshirt, soll den Kunden spielen. Ich tue so, als ob ich klingele, und sage laut »bim bam«. Erstes Gekicher aus dem Seminarraum. Gerd öffnet. Ich frage ihn, ob er Tiefkühlkost möchte. Gerd sagt ja und ich sage prima. Ende. Erwartungsvoll schauen wir den Seminarleiter an. Der Seminarleiter meint, es wäre schon viel Gutes daran, aber die Realität sehe doch etwas anders aus. Klar. In der Realität würde eine Frau einem die Tür öffnen. Wir haben aber keine Frau im Kurs. Gerd fragt, ob es helfen würde, wenn er sich Orangen ins Poloshirt steckt. Gekicher. Der Seminarleiter wird etwas unsicher und schlägt vor, noch mal zu üben – ohne Orangen, aber mit vertauschten Rollen. Und wenn es uns helfen würde, könnten wir uns ja vorstellen, dass ich eine Frau sei.

Ich geh hinter die Tür. Gerd macht bim bam. Ich öffne nicht. Gerd macht noch mal bim bam. Das Gekicher wird lauter. Der Seminarleiter fragt, was los sei. Um das Verkaufsgespräch möglichst realistisch zu gestalten, hab ich mir vorgestellt, ich sei Tante Gerda. Und die ist nun mal schwerhörig. Der Seminarleiter stöhnt. Ich soll mir eben vorstellen, ich hätte ein tolles Hörgerät und deshalb die Klingel gehört. Okay. Bim bam. Ich reiße die Tür auf und brülle Gerd aus vollem Hals an. Gerd kriegt Angst und weicht einen Schritt zurück. Der Seminarleiter fragt, warum ich denn so schreien würde. Antworte, dass Tante Gerda das auch immer so macht. Selbst mit Hörgerät. Darf weitermachen. Ich nähere mich auf zehn Zentimeter Gerds Gesicht (Tante Gerda ist kurzsichtig) und brülle ihn erneut an. Nicht ohne ihm vorher aufs Poloshirt zu sabbern. Wie Tante Gerda. Diesmal bleibt Gerd eisern. Er hat in Theorie gut aufgepasst, denn er rasselt das gesamte Bofrost Sortiment herunter. Spinat. Ich schüttle den Kopf. Erbsen. Nein. Möhren. Nein. Als Gerd bei den Kuchen angekommen ist (Erdbeersahneschnitten mit fruchtiger Cremefüllung) und ich wieder den Kopf schüttle, gibt er auf. Er kann ja auch nicht wissen, dass Gerda wegen ihrer Galle nur Haferschleimsüppchen essen darf. Und die gibt es bei Bofrost nicht. Lautes Lachen aus dem Seminarraum. Fühle mich gut, denn ich bin mittlerweile sehr beliebt bei den Teilnehmern. Nicht aber beim Seminarleiter. Mit rotem Kopf verlässt er den Seminarraum.

Gerd und ich wollen die wertvolle Schulungszeit nicht ungenutzt verstreichen lassen und üben weiter. Diesmal schlüpft Gerd in die Rolle einer zwanzigjährigen notgeilen Blondine, die mir unbedingt an die Wäsche will. Das Verkaufsgespräch macht einen Riesenspaß. Die Klasse biegt sich vor Lachen. Gerade als Gerd mir mein Hemd aufreißt und ich laut »Mon amie! Mach mir den Seelachs!« brülle, stürmt der Seminarleiter mit einem Kollegen in den Raum. Sie schauen uns streng an und verkünden, dass sie uns aus Gründen der Zeitersparnis ein typisches Verkaufsgespräch vorspielen wollen.

Auftritt Seminarleiter: Bim bam. Gekicher. Böser Blick des Seminarleiters. Stille. Der Kollege öffnet die Tür. »Sie wünschen?«

»Einen wunderschönen guten Tag. Mein Name ist Sprünger. Ich komme von der Firma Bofrost und möchte Ihnen einmal unverbindlich unser Produktsortiment vorstellen.«

»Wie interessant!«

»Besonders möchte ich Sie natürlich auf unsere Sonderangebote aufmerksam machen.«

Der Seminarleiter unterbricht und erklärt, dass insbesondere der Verkauf von Sonderangeboten wichtig sei, da es sich dabei um Produkte handelt, deren Produktion demnächst ausläuft. Zeige auf und frage, wie ein Bofrost-Produkt auslaufen kann. Es sei doch tiefgekühlt. Gekicher. Im Verlauf des weiteren Verkaufsgespräches kauft der Kunde Berge von Tiefkühlkost. Gut für den Verkäufer, denn er würde jetzt eine satte Provision kriegen. Nach dem Seminar gehe ich mit meinen Kollegen in die Pommesbude. Bei Currywurst und Dosenbier feiern wir den Einstand in die Welt des Tiefkühlkostbusiness.

### 27. März 1987

Reihenhaussiedlung. Ich klingele an der Tür eines Einfamilienhauses. Eine Frau Mitte vierzig öffnet. Ich lass meinen ersten Satz los. »Einen wunderschönen guten Tag. Mein Name ist Profitlich. Ich komme von der Firma Bofrost und möchte Ihnen einmal unverbindlich unser Produktsortiment vorstellen.«

»Kein Interesse!« Tür zu. Eigentlich hätte jetzt kommen müssen »Wie interessant!« Die Frau sollte mal einen Lehrgang bei Bofrost machen.

Klingele nebenan. »Einen wunderschönen guten Tag. Mein Name ist Profitlich ...«

»Schön für Sie!« Tür zu. Muss meinen Satz schneller loswerden.

Klingele nebenan. Nix. Will gerade gehen, als ein Mann die Tür öffnet, um nach seiner Post zu sehen. Lege los: »Tag! Profitlich! Bofrost! Produktsortiment vorstellen!«

Der Mann versteht nicht. Dem Aussehen nach stammt er aus der Zeit Tutenchamuns. Allerdings sieht Tutenchamun besser aus. Die Mumie legt ihre Hand ans Ohr und schaut mich fragend an. Ich brülle meinen Satz noch mal in das Faltengebirge seines Gesichts. Der Mann schüttelt den Kopf. Dagegen ist Tante Gerda ein Kinderspiel. Denn mein Kunde trägt noch nicht mal ein

Hörgerät. Ginge auch gar nicht. Denn ein Hörgerät, das imstande wäre, seinen Hörfehler zu korrigieren, hätte die Ausmaße der Bühnenanlage von Led Zeppelin. Brülle verzweifelt weiter. In der Nachbarschaft gehen die ersten Türen auf. Kurz bevor ich heiser bin, ruft mich eine Nachbarin zu sich rüber. Erleichtert lasse ich Tutenchamuns älteren Bruder stehen.

Die Frau mustert mich. Ich mustere die Frau. Schätze ihr Alter so Ende fünfzig. Soso, ich würde also Tiefkühlkost verkaufen. Und ob ich nicht mal reinkommen möchte. Sieg! Die Frau führt mich in die Küche und entschuldigt sich für einen Moment. Sie wolle sich etwas anderes anziehen. Meinetwegen. Wenn sie sich beim Spinatbestellen in einem Kleid besser fühlt, soll sie sich ruhig umziehen. Hauptsache, ich werde meine Tiefkühlkost los.

Die Nachbarin kommt zurück. Ich habe gelesen, dass man blind werden kann, wenn man zu lange auf Schnee guckt. Aber gegen das, was sich meinen Augen jetzt bietet, ist die Antarktis ein Eiswürfel. Die Nachbarin (»Du kannst mich Elfi nennen«) schwebt in einem dunklen Negligé, das große Mühe hat, ihre Gletscherlandschaften zu verbergen, in den Raum und setzt sich mir gegenüber an den Tisch. Versuche meinen Blick von Elfis Dolomiten abzuwenden und murmele etwas von Fertiggerichten, ganz neu im Sortiment, und ob ich ihr die mal vorstellen darf. Elfi legt ihre nackten Füße auf den Tisch. Ich betrachte ihre Schwielen und offeriere das erste Fertiggericht. Gebratenes Eisbein mit Speckkruste. Vier Mark dreißig. Ich schwitze. Elfi fragt, ob ich es mir nicht bequemer machen möchte. Es sei ja ein heißer Tag heute. Dann lächelt sie mich an. Beim Anblick ihrer Zähne muss ich an das nächste Gericht denken. Dicke Bohnen mit Pökelzunge. Drei Mark fünfzig. Ich schlucke. Ob ich etwas trinken möchte. Mein Hals ist so trocken, dass ich kaum antworten kann. Elfi öffnet eine Flasche Likör und bietet mir ein Glas an. Ich kann nicht anders und kippe den Likör runter. Scheußliches Aroma. Aber es gibt Schlimmeres. Zum Beispiel

Elfis Parfum. Dem Duft nach zu urteilen stellt sie es selber her, indem sie tote Vögel in Alkohol auflöst. Das nächste Fertiggericht schießt mir in den Kopf. Hähnchenklein in Sherry-Soße. Drei Mark neunzig. Mir wird schlecht und ich frage, ob ich mal kurz zur Toilette kann. Elfi ist hocherfreut und zeigt mir das Bad. Ein Traum in rosa Plüsch. Zu Elfis Missfallen schließe ich die Tür und denke fieberhaft nach. Ich könnte durchs Badezimmerfenster abhauen. Vergittert. Elfi ist gut vorbereitet. Um den Duft von Elfis Parfum loszuwerden, reibe ich mir Zahncreme unter die Nase. Das machen Gerichtsmediziner vor einer Obduktion auch so. Elfi klopft. Ob ich etwas bräuchte. Durch die geschlossene Tür antworte ich, dass ich gut eine Metallsäge für die Gitter brauchen könnte. Elfi versteht nicht. Sie hält meine Bemerkung für einen Scherz und bleibt konsequent vor der Tür stehen. Denke gerade darüber nach, ob ich Elfi nicht einfach mitsamt der Badezimmertür überrennen soll, als es klingelt. Die Rettung! Irgendjemand muss die GSG 9 angerufen haben. Die Jungs haben bei der Geiselbefreiung in Mogadischu gute Arbeit geleistet. Allerdings trugen die Terroristen auch nicht Elfis Negligé. Höre, wie Elfi zur Tür geht. Keine Schüsse. Stille. Nach zwei Minuten schleiche ich mich aus dem Bad. Vielleicht hab ich ja Glück und Elfi ist gerade Opfer eines psychopathischen Serienkillers geworden, der sie in ihrem eigenen Parfum ertränkt hat. Schleiche mich durch den Flur und werfe einen Blick in die Küche. Elfi sitzt mit dem Rücken zu mir. Die Füße auf dem Tisch. Ihr gegenüber sitzen zwei schwitzende Männer. Auf dem Tisch liegt eine Broschüre. *Der Wachtturm*. Aha. Zeugen Jehovas. Elfi schenkt gerade ihr Likörchen aus, als einer der Männer mich flehend anblickt. So hatten sie sich den Teufel offensichtlich nicht vorgestellt. Ich lege den Finger auf die Lippen und schleiche mich raus.

Draußen atme ich auf. So muss sich der Graf von Monte Christo gefühlt haben, nachdem ihm die Flucht gelungen war. Im Auto muss ich an die Zeugen Jehovas denken und was Elfi gerade mit ihnen anstellt. Das kann ich nicht zulassen. Entschlossen fahre ich zur nächsten Telefonzelle und informiere die Feuerwehr über einen Brand in Elfis Haus. Erst als ich das Martinshorn höre, bin ich beruhigt. Beschließe für heute Feierabend zu machen. Um auf schönere Gedanken zu kommen, schaue ich mir am Abend einen Horrorfilm an.

# 39. Krank

### 1. September 1987

Schwarzen Fleck am linken Fuß entdeckt. Mir vorher nie aufgefallen. Werd ihn mal beobachten.

### 2. September 1987

Der Fleck ist noch da.

### 3. September 1987

Der Fleck ist immer noch da. Versuche, den Fleck mit einem Lineal auszumessen, um zu sehen, wie groß er ist und ob er wächst. Ziehe mir bei dem Versuch, den Fuß an mich ranzuziehen, eine Verrenkung im Lendenwirbelbereich zu. Sehr schmerzhaft. Trotzdem gelingt es mir, den Durchmesser des Flecks auszumessen. Zwei Millimeter.

### 4. September 1987

Zwei Komma eins Millimeter! Richtig genau kann man es zwar nicht messen, aber rein optisch kommt mir der Fleck schon wesentlich größer vor als gestern. Bin beunruhigt.

### 5. September 1987

Überlege, zum Hausarzt zu gehen. Verwerfe den Gedanken wieder. Wer weiß, ob ein normaler Hausarzt so einen Fleck überhaupt richtig diagnostizieren kann? Wenn es jetzt was Schlimmeres ist, nur mal theoretisch, und der Arzt sagt, ach Herr Profitlich, das ist nur ein Fleck, wieg ich mich in

falscher Sicherheit und verliere kostbare Zeit zur Behandlung
meiner Krankheit. Sollte vielleicht direkt zu einem
Spezialisten.

### 6. September 1987

Suche in den Gelben Seiten nach einem Facharzt für schwarze
Flecken am Fuß. Nichts. Ich wohne im falschen Land. In Amerika
gäbe es bestimmt für jede Art Fleck einen Spezialisten. Bin
ratlos. Meine Stimmung lässt deutlich nach.

### 7. September 1987

Habe mir Fachliteratur besorgt. Den *Pschyrembel*, ein klinisches
Wörterbuch mit über 2 000 Seiten. Darin findet man alle Krank-
heiten dieser Welt. Vertiefe mich in das Werk und bin entsetzt.
Nach den ersten fünfzehn Seiten fühl ich mich hundeelend.
Würde gerne mit jemandem über meinen Befund reden, aber was
ist, wenn es was Ansteckendes ist? Irgendwas Tropisches? Ebola?
Das kann ich meinen Freunden doch nicht antun!

### 8. September 1987

Bin erleichtert. Ebola scheidet aus. Mein Fleck könnte aber eine
Primäreffloreszenz sein. Oder sogar eine Sekundärefloreszenz.
Dann wäre es wahrscheinlich schon zu spät. Rechne mit dem
Schlimmsten.

### 9. September 1987

Ich sollte einen Dermatologen aufsuchen. Denn mein *Pschyrembel*
hat mir verraten, dass ein Fleck auf der Haut mit großer Wahr-
scheinlichkeit das Symptom einer Hautkrankheit ist (Pocken und
Pest mal ausgenommen). Darüber hinaus hat mir der *Pschyrembel*
noch verraten, dass es hunderte Hautkrankheiten gibt. Eine
ekelhafter als die andere und viele davon tödlich. Macht da ein
Dermatologe überhaupt noch Sinn? Will ich die harte Wahrheit

aus dem Munde eines mir fremden Dermatologen erfahren? Und wozu? Ich ahne sie doch bereits.

### 10. September 1987
Der Fleck ist auf monströse drei Millimeter angeschwollen. Es geht dem Ende zu.

### 11. September 1987
Frage mich, wie es ist, zu sterben. Sieht man ein Licht? Läuft das Leben noch mal schnell an einem vorbei – und wenn ja, kann ich anhalten und noch mal zurückspulen, wenn ich was verpasst habe? Und was ist mit den Teilen des Lebens, die nicht so toll waren? Kann man die überspringen?

### 12. September 1987
Setze mein Testament auf. Gerate fast mit mir selbst in Streit über die Frage, ob Peter meine Suzuki kriegen soll, oder Klaus. Wenn ich schon Streit mit mir selbst bekomme, wie werden sich da erst meine Erben die Köpfe einhauen, wenn mein Testament nicht ordnungsgemäß verfasst ist? Muss einen Notar aufsuchen, um alles hieb- und stichfest zu machen. Verfüge weiterhin, dass von den hunderten Trauernden, die um mein Grab stehen, keiner weinen darf.

Denke kurz nach und streiche den letzten Satz wieder.

### 13. September 1987
Nehme Abschied. Ziehe mich am Abend für meine letzten Stunden mit einer Flasche Whisky an einen Baggersee zurück. Ich trinke, und die Lebenskräfte schwinden. Es wird schwarz.

### 14. September 1987
Vernehme Vogelgezwitscher. Gibt es Vögel in der Hölle? Nein. Bin im Paradies! Schlage die Augen auf und bekomme augenblicklich

höllisch Kopfweh. Mein Blick fällt auf die leere Whiskyflasche. Liege immer noch am Baggersee. Werde wütend. Warum muss ich so lange leiden? Ziehe mir die Schuhe und Socken aus, um den Grund meines Dahinscheidens ordentlich zu beleidigen. Ich schreie auf meinen Fleck ein, als dieser plötzlich abfällt und wegkrabbelt. Nehme den tödlichen Fleck in die Hand und stelle fest, dass es sich um eine Zecke handelt. Bin erleichtert und lache laut los. Nicht lange, wegen der Kopfschmerzen.

### 15. September 1987

Fühle mich wie neugeboren! Eine blöde Zecke! Ha! Dann stutze ich und schlage im *Pschyrembel* unter Zeckenbiss nach. Bin entsetzt, denn das, was ich lese, bedeutet, dass ich augenblicklich handeln muss!

### 16. September 1987

Beerdigung. Feierlich verabschiede ich mich von meinem *Pschyrembel* und verbrenne ihn am Baggersee. Friede seiner Asche.

# 40. Einen Baum fällen

## 4. Juli 1988

Hab seit ein paar Wochen wieder einen neuen Job. Landschaftsbauer. Den hatte ich noch nicht. Wenn ich so weitermache, hab
ich bald alle Jobs der Welt durch. Entweder, ich fange dann
wieder von vorne an, oder jemand erfindet neue Jobs für mich.
Mal sehen ...

Ein Landschaftsbauer baut keine Landschaften, wie der
Name vermuten lassen würde, sondern macht sie eher kaputt.
Zumindest sieht es auf den ersten Blick so aus, denn mein erster
eigener Auftrag ist das Fällen zweier Bäume. Mein Chef gibt mir
noch mit auf den Weg, dass ich aufpassen soll, der Betrieb sei
zwar versichert, aber Vorsicht sei die Mutter und so weiter.
Jaja ... Klar ... Steige in unseren Firmenwagen, einen kleinen
Suzuki-Jeep, und mache mich auf den Weg zu unserem Kunden.

Um Platz für Gemüsebeete zu schaffen, soll ich zwei große
Birken aus dem Garten eines Rentners entfernen. Das Fällen
eines Baumes sieht im Fernsehen sehr einfach aus. Man haut
ein paarmal die Axt in den Stamm, dann ruft man »Timber!« als
Warnung, dass jetzt ein Baum fällt, und schaut anschließend mit
coolem Clint-Eastwood-Blick zu, wie der Baum krachend umfällt.
Hab ich in einer Dokumentation über kanadische Baumfäller gesehen. Setze meinen Clint-Eastwood-Blick auf und haue die Axt
in den Stamm der ersten Birke. Ein bisschen Borke fällt ab. Rufe
»Timber!« und warte, bis der Baum fällt. Zwei Minuten später
steht die Birke immer noch. Vielleicht muss man ein bisschen
fester zuhauen. Schlage zu. »Timber!«

Nichts. Nach fünf weiteren »Timber!« bekomme ich Zweifel, ob ich es tatsächlich mit einer Birke zu tun habe, oder eher mit einem als Birke getarnten mexikanischen Guajak-Baum. Dessen Holz ist nämlich so hart, dass man Eisensägen braucht, um Bretter aus seinem Stamm zu fertigen. Haue noch mal zu. Diesmal richtig mit Schmackes. Die Schneide dringt etwas tiefer ins Holz ein. Will die Axt wieder rausziehen und renke mir dabei fast die Schulter aus. Die Axt sitzt bombenfest im Stamm. Zerre wie bekloppt, doch der Baumstamm gibt keinen Millimeter meines Werkzeugs freiwillig wieder her. Dann eben anders! Schmeiße die Kettensäge an. Ein Gefühl der Macht durchströmt meinen Körper. Schaue die Birke an. Glaube fast zu sehen, wie sie vor Angst zittert. Erbarmungslos setze ich die Säge an und bleibe sofort stecken. Wup! Motor abgewürgt. Schaue wieder die Birke an. Sie zittert immer noch. Aber wahrscheinlich nicht vor Angst, sondern wegen eines Lachanfalls. Kurz über der Axt steckt jetzt die Kettensäge fest. Hat irgendwie einen Hang zur Selbstbereicherung, dieser Mist-Baum. Bin gereizt. Werfe die Kettensäge wieder an und gebe Vollgas. In einem Regen von Sägespänen kann ich die Säge befreien. Das letzte Stündlein der Birke hat geschlagen. Begeistert zerspane ich den widerspenstigen Stamm. Ich gerate dermaßen in einen Kettensägenrausch, dass ich überhaupt nicht bemerke, wie der Baum umkippt. Schalte die Kettensäge aus und rufe schnell noch »Timber!« hinterher. Dann betrachte ich mein Werk. Die Birke ist in ihrer kompletten Länge sauber umgekippt. So, wie ich es geplant hatte. Nur nicht in die Richtung, die ich geplant hatte. In Kanada wäre das egal, in welche Richtung ein Baum fällt, denn in Kanada ist wahnsinnig viel Platz. Im Gemüsegarten des Rentners nicht. Zum Beispiel steht hier eine Gartenlaube. Vielmehr: sie stand. Denn da, wo sie eben noch war, ruht jetzt die Birke (in Frieden). Der Rentner ist nicht begeistert. Auch mein Argument, durch den Abriss der Gartenlaube doch schon viel Platz für Gemüsebeete gewonnen zu

haben, überzeugt ihn nicht. Der Mann beruhigt sich erst, als ich ihm klarmachen kann, dass die Firma den Schaden selbstverständlich ersetzt. Wir seien ja extra gegen solche Unfälle versichert. Ob wir auch gegen Dummheit versichert seien. Spare mir die Antwort und mache mich an den zweiten Baum. Damit nicht auch noch der kleine Zierfischteich des Rentners meinen Fällarbeiten zum Opfer fällt, stelle ich ein paar Überlegungen an.

Wie bringt man einem Baum bei, in welche Richtung er abzudanken hat? Mein Blick fällt auf die Seilwinde an der Schnauze des Suzukis. Idee! Man zieht den Baum einfach in die gewünschte Richtung. Mittels Seilwinde. Steige auf eine Leiter und befestige das eine Ende des Stahlseils in fünf Meter Höhe an einer stabilen Astgabelung. Steige wieder runter, gehe zum Suzuki und schalte die Winde ein. Das Seil spannt sich langsam. Der Baum ächzt. Sehr gut. Mache mich mit der Kettensäge ans Werk, während die Winde das Seil immer straffer spannt.

Der Baum scheint aus härterem Holz zu sein als sein Kollege, denn die Kettensäge braucht ihre Zeit. Setze ab, um eine Pause zu machen, und stutze. Wo ist der Suzuki hin? Weit und breit nichts zu sehen. Plötzlich vernehme ich über mir ein Knirschen. Wie eine dicke Birne baumelt der Suzuki über mir im Baum. Ganz schon kräftig, diese Seilwinde. Hat tatsächlich den ganzen Jeep den Baum hochgezogen.

Überlege, wie ich den Suzuki am schonendsten pflücken könnte.

Frage die Frau des Rentners, ob sie nicht ein paar Kissen
für mich hätte. Hat sie. Sofakissen. Selbst bestickt. Bedanke
mich und lege die Kissen unter dem Baum aus, um den Aufprall
des Jeeps etwas zu mildern. Mit einem Bolzenschneider steige
ich wieder auf die Leiter und kappe das Stahlseil. Der Suzuki
tut das, was die Schwerkraft ihm gebietet, und kracht auf die
Kissen. Nachdem der Regen aus Kissenfedern sich gelegt hat,
betrachte ich den Suzuki. Wahrscheinlich weltweit der erste
Totalschaden, der an einem Auto entsteht, weil es von einem
Baum gefallen ist. Und bei den Kissen wahrscheinlich weltweit
der erste Totalschaden, der aufgrund eines Zusammenstoßes mit
einem Jeep entstand. Aber wir sind ja versichert. Der Rentner
kommt hinzu, betrachtet unseren Ex-Jeep und meint, der Suzuki
scheint wohl etwas zu leicht gewesen zu sein, oder hätte ich
etwa vergessen, die Handbremse anzuziehen? Hab ich. Das sag
ich aber nicht, sondern bestätige den Rentner in seiner Theorie
über das mangelnde Gewicht des Mini-Jeeps. Ob wir nicht ein
anderes Fahrzeug hätten. Nicht so eine leichte Reisschüssel.
Haben wir. Fahre mit dem Linienbus zurück in den Betrieb, um
dort schweres Geschütz zu holen.

Bei dem schweren Geschütz handelt es sich um einen Unimog
416. Baujahr 69, achtzig PS, acht Gänge, Kriechgangzusatzge-
triebe, Leergewicht gut drei Tonnen. Das sollte reichen. Schleiche mich am Büro des Chefs vorbei auf den Hof des Betriebs.
Der Chef muss ja nicht jetzt schon mitbekommen, dass der Jeep
einen kleinen Schaden hat. Steige in den Unimog. Der Schlüssel
steckt. Betrachte nachdenklich den Wald aus Gangschaltungs-
hebeln und lasse den Motor an. Irgendwann krieg ich den
Unimog dazu, sich in Gang zu setzen. Mit drei km/h schleiche
ich vom Hof der Firma. Draußen versuche ich hochzuschalten.
Der Unimog quittiert jegliche Berührung eines Schalthebels
mit gefährlich lautem Knirschen aus Richtung irgendeines
seiner fünf Getriebe. Lasse die Schalthebel in Ruhe und krieche

weiter. Dabei mache ich eine interessante Erfahrung. Denn beim Unimogfahren erlebt man die Landschaft um sich herum genauso intensiv wie beim Wandern. Nur, dass man dabei nicht zu Fuß gehen muss. Zeit und Raum zerfließen. Wie der Schweiß auf den Stirnen der Fahrer in der Schlange hinter mir. Träume davon, mir später einmal einen Trecker zu kaufen.

Drei Stunden später stehe ich wieder im Garten des Rentners. Befestige das Stahlseil an der dicken Astgabelung und schalte die Winde des Unimogs ein. Dann greife ich wieder zur Kettensäge. Diesmal klappt es. Der Baum kippt. Genau in die Richtung der Seilwinde.

Die Karosserie eines Unimogs hat eine einzige Schwachstelle. Das Fahrerhaus. Während Fahrgestell, Antrieb und Holme aus armdicken Stahlplatten zu bestehen scheinen, hat der Konstrukteur dieses Fahrzeugs für das Fahrerhaus lediglich hauchdünnes Blech vorgesehen. Warum, weiß der Teufel. Wahrscheinlich, weil Menschen in den Augen des Konstrukteurs nicht so schützenswert sind wie Achtganggetriebe. (Dabei hätte es ein Einganggetriebe auch getan. Zumindest bei meiner Fahrweise.)

Der Birke schien die Konstruktionsschwäche nicht unbekannt zu sein, denn zielsicher hat sie sich für ihren Landeplatz das Fahrerhaus des Unimogs ausgesucht. Schaue mich um. Der Garten des Rentners hat nicht mehr viel von einem Gemüsegarten. Eher was von einem Schrottplatz. Einem Schrottplatz mit Sofakissenresten. Nur der Zierfischteich erinnert noch an den Ursprungszustand der Grünanlage. Noch. Denn als ich in das eingedrückte Fahrerhaus des Unimogs steige, um den Wagen behutsam wegzusetzen, stoße ich an einen der zig Gangschaltungshebel. Der Unimog setzt sich mit viel Schwung in Bewegung und pflügt einmal quer durch den Zierfischteich. Dann finde ich versehentlich den Rückwärtsgang und pflüge noch einmal durch. Würge den Unimog ab und beschließe, erst mal Feierabend zu machen.

In der Firma gibt es gewisse Unstimmigkeiten mit meinem Chef. Wie er denn der Versicherung klarmachen soll, dass der Suzuki vom Baum gefallen ist. Oder wie man mit einem Unimog, noch dazu einem defekten Unimog, drei große Goldfische überfahren kann und einen Karpfen. Einen Koi-Karpfen. Schlage vor, falls die Versicherung Zweifel am Unfallhergang hat, den Unfall noch einmal nachzustellen. Ich wüsste ja, wie es ginge. Der Chef brüllt mich an, einen so teuren Mitarbeiter hätte er noch nie gehabt. Wenn er jetzt meinen Lohn damit meint, kann ich nur sagen, dass Qualität eben ihren Preis hat. Vom Bäumefällen bin ich für die Zukunft befreit.

### 13. Juli 1988

Lege heute mit einem Minibagger eine Drainage an. Dabei muss ich höllisch aufpassen, nicht die Gasleitung in der Erde zu beschädigen. Treffe stattdessen die Wasserleitung. Bin für die Zukunft vom Baggern befreit.

### 20. Juli 1988

Beim Ausschachten für das Beet eines Vorgartens zerhacke ich mit meinem Spaten ein Stromkabel. Ziemlich dickes Ding. Die Straße hat acht Stunden lang keinen Strom. Bin von der Arbeit mit dem Spaten für die Zukunft befreit.

### 27. Juli 1988

Die Betriebshaftpflichtversicherung hat meinem Chef gekündigt. Bin ab sofort von jeglicher Arbeit befreit. Landschaftsbau scheint nicht so richtig mein Ding zu sein …

# 41. Arbeitsamt

### 18. Mai 1989

Morgen will ich zum Arbeitsamt. Bin schon länger arbeitslos und will mich beraten lassen. Muss wahrscheinlich viel Geduld mitbringen.

### 19. Mai 1989

Auf dem Arbeitsamt bin ich überrascht. Der Flur vor dem Büro meines Sachbearbeiters ist total leer. Freue mich, nicht lange warten zu müssen, und betrete das Büro meines Sachbearbeiters. Natürlich klopfe ich vorher an. Der Sachbearbeiter fragt, ob ich eine Wartemarke habe. Nein, bräuchte ich aber auch nicht, denn außer mir sei kein anderer da, der wartet. Der Sachbearbeiter erklärt mir, dass ich trotzdem eine Wartemarke benötige. Das Amt hätte nämlich vor zwei Wochen ein neues elektronisches System angeschafft, um die Wartezeiten zu verringern. Das System wäre zukunftsweisend und funktioniere vollautomatisch. Wartemarken gäbe es draußen am automatischen Wartemarkenspender.

Auf dem Wartemarkenspender steht, dass man den grünen Knopf drücken muss, um eine Wartemarke zu erhalten. Drücke den Knopf. Ein Ping ertönt. Aber keine Wartemarke ist zu sehen. Drücke noch mal. Ping. Keine Wartemarke. Ping, ping, ping, ping, ping, ping. Nix. Entdecke im Flur gegenüber einen anderen Automaten, der nach Knopfdruck (ding dong) eine Wartemarke ausspuckt. Ich habe Nummer 138. Na also.

Setze mich in meinen Flur und starre auf das Kästchen, das gleich meine Nummer anzeigen wird. Nach fünfzehn Minuten macht es ping und das Kästchen zeigt endlich eine Nummer an. Die Zwölf. Schaue mich um, kann aber keine 126 Wartende entdecken, die noch vor mir dran sein sollen. Ich bin immer noch allein. Warte ein bisschen und klopfe noch mal an die Tür. Der Sachbearbeiter schaut auf meine Wartemarke und meint, ich sei zu früh, denn jetzt wäre die Zwölf dran.

»Draußen sitzt aber keiner.«

Der Sachbearbeiter schaut auf ein kleines Schaltpult mit einer Anzeige und vielen Knöpfen.

»Das System sagt eindeutig, dass draußen acht Personen warten, weil acht Wartemarken gezogen wurden. Und zwar die 12, die 13, die 14, die 15, die 16, die 17, die 18 und die 19. Der Wartemarkenautomat löst nämlich automatisch bei jedem Knopfdruck einen elektronischen Impuls aus. Ich kann dann in dieser Anzeige hier genau sehen, wie viele Personen draußen warten, und sie in der richtigen Reihenfolge aufrufen. Das spart enorm Wartezeit.«

»Das merkt man deutlich.«

»Sehen Sie.«

»Und was soll ich jetzt tun?«

»Warten, bis Sie dran sind.«

»Können wir nicht einfach so tun, als ob ich die Zwölf hätte?«

»Nein, denn ich muss dem System ja den Eingang der Warte-marke Nummer zwölf bestätigen. Hier, mit der Taste N. Wenn ich jetzt die Nummer zwölf bestätige, ohne dass sie vorliegt, und der tatsächliche Inhaber der Wartemarke zwölf erscheint, kann ich seine Nummer nicht mehr bestätigen. Und dann?«

»Ähm ...«

»Gibt's Streit zwischen den Wartenden. Und genau das soll das System ja verhindern.«

»Draußen kann aber keiner mit der Nummer zwölf sitzen, weil der Automat draußen leer ist.«

»Und wo bitte haben Sie dann Ihre Wartemarke her?«

»Die hab ich mir im Flur gegenüber geholt.«

Der Sachbearbeiter springt auf. »WAS? Sind Sie wahnsinnig!? Sie können doch keine Wartemarke aus einem anderen Wartebereich ziehen! Wissen Sie, was das auslösen kann?«

Er stürmt an mir vorbei nach draußen. Gehe ihm nach. Im Flur nebenan hat sich eine Menschenmenge gebildet. Beamte, Angestellte und Wartende diskutieren heftig miteinander. Aggression liegt in der Luft. Bekomme mit, dass wohl mit dem System irgendwas nicht stimmt. Eine fehlende Wartemarke scheint der Grund zu sein. Nummer 138. Solange diese Nummer nicht bestätigt wird, ist das System blockiert, erfahre ich. Wende mich diskret an einen der hier zuständigen Sachbearbeiter und teile ihm mit, dass ich die vermisste Marke hätte. Der Mann ist erleichtert und nimmt mich mit zu seinem Büro.

»Gott sei Dank! Die Situation drohte schon zu eskalieren. Sie haben also Fragen zum Leistungsbezug?«

»Nein, ich will mich eigentlich wegen meiner beruflichen Perspektiven beraten lassen.«

»Da sind Sie hier falsch. Da müssen Sie zu den Kollegen in den Flur gegenüber.«

»Die akzeptieren meine Wartemarke nicht.«

»Da kann ich nix für Sie machen.«

Will gehen, als mich der Sachbearbeiter zurückruft. Er druckst rum.

»Ähm ... Könnte ich vielleicht trotzdem Ihre Wartemarke haben? Für Sie ist sie ja wertlos, aber wir könnten dann endlich mal weitermachen hier.«

Gebe ihm meine Marke und gehe. Während ich rausgehe, höre ich noch, wie er sich an die aufgebrachte Menge wendet.

»Mal alle herhören, bitte! Wir haben Grund zur Hoffnung! Die vermisste Wartemarke Nummer 138 ist aufgetaucht.«

Verhaltener Jubel kommt auf. Der Sachbearbeiter fährt fort.

»Ich bitte nun denjenigen mit der Nummer 139, die Wartemarke 138 von mir in Empfang zu nehmen und seinerseits seine
Wartemarke an den mit der Nummer 140 zu übergeben, der seine
Marke ebenfalls weitergibt und so weiter. Wir wollen ja, dass es
gerecht und vor allem unkompliziert zugeht.«

Eine wilde Wartemarkentauscherei setzt ein. Dabei bricht
ein regelrechter Tumult aus, dessen Ende ich aber nicht mehr
mitkriege. Bin längst wieder auf dem Weg nach Hause.

### 20. Mai 1989

Rufe beim Arbeitsamt an. Eine junge Frauenstimme meldet sich.
Klingt eifrig.

»Arbeitsamt Siegburg, guten Tag. Was kann ich für Sie tun?«

»Guten Tag, ich hätte gerne einen Termin wegen einer
Berufsberatung.«

»Hatten Sie deswegen schon mal einen Termin bei uns?«

»Nein, deswegen ruf ich ja an.«

»Weil normalerweise ist das nämlich so, dass ein
Termin immer im Anschluss des vorausgegangenen Termins
direkt mit dem Sachbearbeiter gemacht wird. Dann
kommen Sie also zum ersten Mal und möchten sich
arbeitslos melden?«

»Nein, gemeldet bin ich schon.«

»Versteh ich nicht. Dann hatten sie also doch
schon mal einen Termin?«

»Nein, als ich mich arbeitslos gemeldet habe,
bin ich einfach so gekommen. Ohne Termin.«

»Ohne Termin? Da mussten Sie aber
bestimmt lange warten, was?«

»Es ging.«

»Das ist jetzt vorbei, wir
haben nämlich ein neues System.
Vollautomatisch.«

»Ich weiß.«

»Da muss keiner mehr warten. Ist ganz unkompliziert.«

»Ich weiß.«

Pause. Die Frau hat offensichtlich den Faden verloren. Bringe sie auf das Anliegen meines Gesprächs zurück, indem ich noch mal den Termin ins Spiel bringe.

»Was ist jetzt mit meinem Termin?«

»Ach ja ... Ich könnte Sie ja mal mit einem Sachbearbeiter verbinden, dann können Sie telefonisch mit ihm einen Termin machen.«

Warte auf die Verbindung. Nichts passiert. Nach einer Weile meldet sich die Frau.

»Soll ich Sie denn jetzt verbinden?«

Die Frau verfügt wirklich über ein immenses Maß an Entschlusskraft.

»Ja, bitte verbinden Sie mich.«

»Haben Sie denn einen Telefontermin?«

»Nein!«

»Dann kann es aber sein, dass Sie etwas warten müssen. Denn die Termine werden ja extra gemacht, um die Wartezeit zu verkürzen. Wenn Sie jetzt aber keinen Termin haben ...«

»Bitte verbinden Sie mich! Ich habe Zeit!«

»Augenblick.« Kurze Pause, dann: »Ich verbinde Sie jetzt.«

Sie schafft es tatsächlich, denn es macht krack in der Leitung und eine Bandstimme ertönt: »Bitte warten ... bitte warten ... bitte warten ...«

Frage mich, ob die beim Amt befürchten, ihre Anrufer könnten ohne diese Ansage einfach mit dem Warten aufhören. Nach zwanzig Minuten meldet sich wieder die junge Frau. Sie klingt etwas aufgelöst.

»Es tut mir furchtbar leid, aber ich erreiche den Sachbearbeiter nicht. Vielleicht ist er schon zu Tisch. Wir machen nämlich um zwölf Uhr dreißig Mittagspause. Was machen wir jetzt bloß?«

Schaue auf die Uhr. 12 Uhr 31. Will ihr gerade sagen, dass ich später noch mal anrufe, als sie eine Idee hat.

»Wissen Sie was? Ich versuch es einfach noch mal! Augenblick bitte.«

Man kann über die Frau denken, was man will. Sie mag etwas begriffsstutzig sein, aber hilfsbereit ist sie auf alle Fälle. Prompt höre ich wieder die Stimme, die mich ermuntert zu warten. Warte aber nicht, sondern gehe zum Arbeitsamt. In der Kantine treffe ich meinen Sachbearbeiter. Innerhalb von zwei Minuten habe ich einen Termin für acht Uhr am nächsten Tag. Als ich wieder zuhause bin, leiert die Bandstimme immer noch ihr Mantra aus dem Hörer. Will gerade auflegen, als die junge Frau sich wieder meldet. Diesmal ist sie regelrecht aufgewühlt.

»Hören Sie? Ich bin total verzweifelt! Ich erreiche einfach niemanden! Im ganzen Haus nicht!«

Ich rede beruhigend auf die Frau ein und gebe ihr den Tipp, mal in die Kantine zu gehen. Sie verabschiedet sich dankbar und legt auf. Frage mich, wie weit es diese Frau in ihrem Job wohl bringen wird. Wahrscheinlich sehr weit.

## 21. Mai 1989

Sitze kurz vor acht im Arbeitsamt. Der Flur ist gerammelt voll mit Wartenden. Alle haben Wartemarken in den Händen. Ich nicht, denn wenn man einen Termin hat, braucht man keine Wartemarke, sondern wird direkt aufgerufen. Im Flur gegenüber erkenne ich einige der Menschen wieder, die ich bei dem Intermezzo vorgestern dort kennen gelernt habe. Frage mich, ob sie *wieder* hier sind oder *noch*.

Punkt acht kommt der Sachbearbeiter und schließt sein Büro auf. Stehe auf, um ihm zu folgen. Zeitgleich steht eine punkig gekleidete Frau auf, mit der ich an der Tür fast zusammenpralle. Sie hält eine Wartemarke in der Hand und keift mich an, dass ich mich verpissen solle, sie sei jetzt dran. Der Sachbearbeiter

erklärt ihr, dass ich einen Termin hätte. Da bräuchte man keine Wartemarke.
Die Frau wird sauer und krakeelt laut
rum. Begriffe fallen wie »Zweiklassen-
Gesellschaft«, »Staatswillkür« und »Psy-
chofolter«. Andere Wartende kommen
hinzu. Eine heftige Diskussion über Sinn
und Unsinn der Wartemarkeneinrichtung
entbrennt. So ähnlich muss die Französische
Revolution begonnen haben. Bevor die
ersten Guillotinen aufgebaut werden, schiebe
ich meinen Sachbearbeiter mit sanftem Druck
in sein Büro und schließe die Tür. Endlich
Ruhe. Wir setzen uns und ich äußere meinen
Wunsch nach einer beruflichen Veränderung.
Ob ich schon mal an eine Ausbildung gedacht
hätte. Erwähne meinen Ausflug in die Gastronomie
und erzähle, dass ich seit dem Abbruch meiner
nicht begonnenen Kochlehre nicht mehr dazu
gekommen sei, über eine Ausbildung nachzudenken.
Musste ja immer arbeiten. Aber jetzt könnte ich mir
eine Ausbildung gut vorstellen. Zum Beispiel eine
Schreinerlehre. Das würde mir liegen.

»Was Ihnen liegt, können Sie gar nicht beurteilen.
Dazu muss man erst mal ein Profil erstellen. Wenn wir
so eine Ausbildung bezahlen, müssen wir schließlich
sicher sein, dass die Menschen in dem Beruf auch
glücklich sind und ihn zufriedenstellend ausüben können.
Erst gestern hatten wir einen, der unbedingt Sozialpäd-
agoge werden wollte. Sein Profil ergab aber, dass er für
einen anderen Beruf viel besser geeignet ist. Und jetzt
raten Sie mal, welche Ausbildung der Mann demnächst
macht?«

Zucke mit den Achseln.

»Schlachter!«

»Interessant ... und so ein Profil ... kann sich das auch mal irren?«

»Niemals. Es wird nämlich von Psychologen ausgewertet.«

»Dann bin ich sicher, dass der Mann in seinem neuen Beruf glücklich sein wird.«

Frage mich, was das Profil über meine verborgenen Talente verrät und welchen Beruf ich noch ergreifen werde. Das Erstellen des Profils ist relativ einfach. Es erfolgt mittels eines speziellen Fragebogens, den ich ausfüllen soll. Die erste Frage lautet: Welcher Beruf liegt Ihnen Ihrer Meinung nach am besten? Überspringe die Frage, denn ich hab ja eben gelernt, dass ich das noch gar nicht wissen kann. Bei den nächsten Fragen muss man Kreuzchen machen. Ich werde gefragt, was meine Lieblingsfarbe ist (kreuze »schwarz« an), ob ich lieber Kreise mag oder Vierecke und ob der Bundeskanzler Kohl oder Schmidt heißt. Die Fragen sind alle sehr leicht, allerdings hat keine von ihnen auch nur entfernt mit der Berufswelt zu tun. Zumindest nicht auf den ersten Blick. Aber ich bin ja auch kein Psychologe.

Nachdem ich achtzig Kreuzchen gemacht habe, gebe ich den Bogen ab. Das war's. Der Sachbearbeiter teilt mir mit, dass man mich postalisch über das Resultat meines Profils in Kenntnis setzt. Bedanke mich und verlasse das Büro. Die Situation im Flur hat sich immer noch nicht beruhigt. Zwei herbeigerufene Polizisten versuchen, die Situation in den Griff zu kriegen, werden aber von der Menge ignoriert, da sie keine Wartemarken vorweisen können.

### 1. Juni 1989

Post vom Arbeitsamt bekommen. Ein Profil konnte nicht erstellt werden, weil meine Angaben im Fragebogen lückenhaft waren. Bekomme einen neuen Termin.

### 10. Juni 1989

Wieder beim Arbeitsamt. Beantworte diesmal die erste Frage und schreibe, dass ich Schreiner werden möchte. Kreuzchen mach ich keine. Gebe den Bogen ab.

### 20. Juni 1989

Post vom Arbeitsamt bekommen. Die psychologische Auswertung meines Profils hätte zweifelsfrei ergeben, dass ich für einen handwerklichen Beruf wie den des Schreiners geeignet sei. Dann lese ich noch, dass man einer Ausbildungsmaßnahme zustimmen würde. Wow! Freue mich auf meine Zukunft als Schreiner! Damit hätte ich wirklich nicht gerechnet!

# 42. Die Sache mit dem Alter

### 29. Januar 1990

Die Schreinerlehre ist okay. Aber in der letzten Zeit komme ich mir irgendwie alt vor. Besonders mittwochs und freitags, wenn ich in die Berufsschule muss. Ich bin mit Abstand der Älteste in der Klasse, was man alleine schon daran sieht, dass ich der Einzige bin, der nicht raucht. Mit sechzehn ist Rauchen noch chic. Mit 29 eben nicht mehr. Aber das ist nicht der alleinige Grund, warum man mich in der Klasse für einen Exoten hält. Für einige meiner Mitschüler kommt es schon einem medizinischen Wunder gleich, dass ich in meinem methusalemhaften Alter überhaupt noch lebe. Wie es denn sei, mein Leben als Greis, und wie ich mit meinem körperlichen Verfall so umgehe.

»Was denn für ein Verfall?«

»Na, so Opis wie du, die müssen doch bestimmt alle zehn Minuten einen Kaktus pflanzen.«

Entgegne, dass ich noch nie einen Kaktus gepflanzt hätte, und ernte großes Gelächter. Kaktus pflanzen sei ein anderer Begriff für pinkeln. Um nicht alt auszusehen, kontere ich mit einem töften Begriff aus der Jugendsprache.

»Ach ihr meint, den Jürgen würgen?«

Schaue in ratlose Gesichter. Hab ich griechisch gesprochen? Die Gesichter wenden sich wortlos ab. Bin ich denn tatsächlich schon so in die Jahre gekommen?

### 2. Februar 1990

Betrachte mich abends im Spiegel. Finde, dass ich noch ganz

gut aussehe. Auch die kleinen Falten an den Augen machen mich nicht älter, sondern allenfalls interessanter. Hatte ich die eigentlich immer schon? Suche alte Fotos. Finde eins aus dem Jugoslawienurlaub. Das ist mehr als zehn Jahre her. Man sieht deutlich, dass ich darauf keine Falten habe. Dann müssen die wohl neu sein. Vielleicht sind es ja nur Lachfalten. Überlege, ob ich viel gelacht habe in der letzten Zeit. Eher nein. Schaue wieder in den Spiegel und stutze. Kann es sein, dass die Falten ein Stückchen größer sind als eben? Bin beunruhigt und eine weitere Falte entsteht auf meiner Stirn. Habe keine Lust mehr, mir beim Altern zuzusehen, und lege mich ins Bett. Schlaf soll ja jung halten.

### 5. Februar 1990

Musste heute Nacht zweimal auf die Toilette. Einen Kaktus pflanzen.

### 7. Februar 1990

Denke über das Alter nach. Ein eindeutiges Anzeichen fürs Älterwerden ist ja zunehmende Vergesslichkeit. Bin eigentlich nie vergesslich und in der Birne ziemlich fit. Ich kann mich zumindest nicht erinnern, mal was wirklich Wichtiges vergessen zu haben. Bin beruhigt. Dann kommt mir ein furchtbarer Gedanke. Was ist, wenn ich vergessen habe, wann ich das letzte Mal was vergessen habe?

### 9. Februar 1990

Wieder nachts zweimal auf die Toilette gegangen. Meine Blase war früher irgendwie belastbarer. Ein erstes Anzeichen drohenden Verfalls? Muss der Sache auf den Grund gehen.

### 10. Februar 1990

Um mir ein Bild über meine aktuelle körperliche Verfassung zu machen, unternehme ich einen Dauerlauf. Breche nach 200 Metern fast zusammen und bin erleichtert. Meine Kondition hat sich in den letzten zehn Jahren anscheinend nicht verschlechtert.

### 11. Februar 1990

Heute im Fernsehen zum ersten Mal bewusst Webung für »Doppelherz« gesehen. Damit man auch im Alter noch aktiv ist und so. Die Werbung war mir bis jetzt nie aufgefallen. Vielleicht hab ich's aber auch vergessen. Und selbst wenn, fühle ich mich trotzdem nicht von der Werbung angesprochen. No!

### 12. Februar 1990

Beim Sex versagt!

### 13. Februar 1990

Flasche Doppelherz gekauft.

### 14. Februar 1990

Wirkt!

### 28. Februar 1990

Doppelherz ist alle. In der Apotheke schau ich mich um. Was es alles an Mittelchen für die ältere Generation gibt! Haftcremes für die Dritten (6 Mark 49), Mittel gegen häufigen Harndrang (8 Mark 70, Vorteilspackung 16 Mark), Gels gegen Arthrose (3 Mark 90), Rheuma (3 Mark 65), Gelenkverschleiß (4 Mark 10) und so weiter. Junge, Junge … das ist ja eine ganze Industrie, die vom Älterwerden lebt. Auf dem Weg nach Hause verspüre ich einen leichten Schmerz im linken Kniegelenk.

### 2. März 1990

Um meinem Image als lebende Mumie entgegenzuwirken, bringe ich ein Hightech-Gerät mit in die Berufsschule. Einen Walkman!

Das Teil wirbelt beträchtliches Interesse bei den Schülern auf. So was haben die tatsächlich noch nicht gesehen. So was Antiquiertes. Dann zeigt man mir einen Discman. So was hatte ich noch nicht gesehen. Und das soll funktionieren? Ohne Kassette?

## 6. März 1990

Beim Arzt. Nur so, zum Check-up. Und vielleicht auch ein bisschen wegen meines häufigen Harndrangs. Im Wartezimmer blättere ich in einer ADAC-Zeitung. Fühle mich wie achtzig, denn im Werbeteil versucht man, mir einen Treppenlift nach dem anderen schmackhaft zu machen. Brauch ich nicht. Habe keine Treppe.

Der Arzt sagt, meine Prostata sei völlig in Ordnung. Dem Alter entsprechend. Aha. Ist das jetzt eher positiv oder negativ zu verstehen? Frage aber sicherheitshalber nicht nach. Zuhause komme ich zu dem Entschluss, die Diagnose positiv zu sehen, und schmeiße meine Vorteilspackung Granu-Fink-Kapseln weg. Eingenommen hab ich sie sowieso nicht. Ich hab sie nur gekauft, um für den Fall der Fälle gewappnet zu sein. Genau wie die Krampfadercreme.

## 12. März 1990

Alarm! Graues Haar gefunden. Töne mir die Haare. Mit Henna. Die Aktion ist ein voller Erfolg. Kein graues Haar mehr auf dem Kopf. Dafür sehr viele rote.

## 13. März 1990

Mein Pumuckl-Look kommt in der Berufsschule gut an. Würde mich um zehn Jahre jünger machen, wenn nicht mein Pommespanzer wäre. Pommespanzer? Sei ein anderes Wort für Puddingdampfer. Ach so, mein Bauch! Will gerade den Satz loslassen, dass Bier diesen Bauch formte, besinne mich aber eines Besseren und halte den Mund. Für meine Mitschüler stammt dieser Satz wahrscheinlich aus dem Alten Testament. (Was er wahrscheinlich auch tut!)

## 25. März 1990

Geburtstag. Heute werde ich dreißig! Noch mal so viel, und ich bin schon sechzig! Mir ist nicht nach Feiern. Bin allein zuhause und gucke Fernsehen. *Mosaik. Das Magazin für die ältere Generation.*

## 6. April 1990

Bin heute das erste Mal auf einer Ü30-Party. Ü30 bedeutet, dass nur Leute auf die Party dürfen, die über dreißig sind. Bin ich ja. Weit! Die Party ist gar nicht so schlecht. Unterhalte mich mit einem Typen und beeindrucke ihn ziemlich mit meinem Wissen über den neuen Discman. Später kann ich sogar noch den Satz mit dem Bier zum Besten geben. Völlig gefahrlos. Keiner bezeichnet mich als Opa. Gerate in Fahrt und erwähne, dass ich jetzt mal einen Kaktus setzen müsse. Schaue in fragende Gesichter. Gott, sind die alt!

## 28. Juni 1990

Gehe jetzt seit drei Monaten regelmäßig auf Ü30-Partys. Seitdem fühle ich mich jünger. Habe nämlich entdeckt, dass ich dort mein auf der Berufsschule erworbenes Wissen gewinnbringend einsetzen kann. Ich weiß auf den Tag genau, wann das neue Album von Depeche Mode erschienen ist. Und dass es »abfetzmäßig porno« klingt. (Neues Wort für »erste Sahne«.) Dass der neue Modetrend eindeutig in Richtung Baggy Pant weist, ist mir schon seit Monaten klar (fast schon ein alter Hut), und ich bin der Erste, der weiß, was eine Diddl-Maus ist. Und noch wichtiger: wie hässlich sie ist! Gleichzeitig interessieren sich die Kids an der Schule immer mehr dafür, wie es so zu meiner Jugendzeit war. Also im Mittelalter. Erzähle, dass ich zu meiner Bundeswehrzeit

Led Zeppelin in der Sporthalle Köln gesehen habe. Und dass ich vor Gericht gestanden habe. Wegen Diebstahls. Mein Ansehen steigt und ich werde befördert. Vom MOF (Mensch ohne Freund) zum Digger (Kumpel). In meinem ständigen Wechsel zwischen Berufsschule und Ü30-Partys fühle ich mich wie ein Botschafter, der zwischen zwei Generationen vermittelt. Eigentlich eine schöne Aufgabe.

Und eine, die jung hält.

# 43. Angst

Arbeit am Gesellenstück

### 4. Juli 1991

Heute in sechs Wochen hab ich meine Gesellenprüfung. Bin gut vorbereitet und büffele wie ein Bekloppter. Ich weiß alles über Holzverbindungen, Furniere, Oberflächenbehandlung oder Holzschädlinge. Kann aber irgendwie in der letzten Zeit nachts schlecht schlafen. Fühle mich angespannt, gleichzeitig schlapp und leide unter erhöhter Nervosität. Habe gelesen, dass auch Männer ihre Tage haben können. Vielleicht ist es ja bei mir so weit.

Nachts liege ich wach und rechne aus, wie viele Tage mir noch ungefähr bis zu meinen Wechseljahren bleiben.

### 6. Juli 1991

Peter meint, ich soll mal in die Sauna gehen. Das würde ungemein entspannen. In der Sauna betrachte ich die Wand (Rotzeder Profil, acht Millimeter mit versenkter Nut). Nach dem dritten Saunagang leg ich mich in den Ruheraum. Bin tatsächlich etwas entspannt, denn ich schlafe ein. Werde von einem Mann geweckt, der mir einen Ausweis vor die Nase hält. Industrie- und Handelskammer, Prüfungs-Ausschuss. Der Mann teilt mir mit, dass die IHK beschlossen hätte, meine Prüfung vorzuziehen. Und zwar auf jetzt. Stehe auf und trete nackt vor ein Prüfungs-Komitee. Einer der Prüfer hat eine Peitsche in der Hand. Er grinst mich an und fragt, welchen Stechbeitel man zur Setzung einer Schwalbenschwanzverbindung nehmen müsse. Meine Antwort kommt eine Sekunde zu spät, denn schon hab ich einen Schlag mit der Peitsche weg. Schreie wie am Spieß und wache schweißgebadet auf. Gehe mit zittrigen Beinen nach Hause und schließe mich ein, damit keiner von der IHK hereinkann. Bin ich noch normal?

### 7. Juli 1991

Peter meint, wenn ich bekloppt sei, müsse ich eben in die Irrenanstalt. Wie gefühlvoll von ihm. Vielleicht hab ich ja nur was Organisches.

### 8. Juli 1991

Sitze beim Arzt. (Schrank: Eibe Furnier, Tischplatte massiv, einfach gezapft) Der Arzt teilt mir nach der Untersuchung mit, dass ich kerngesund sei. Zumindest organisch. Bin enttäuscht. Mist! Organisch kerngesund! Ob Peter doch Recht hat? Muss an den Film mit Jack Nicholson denken. *Einer flog über das Kuckucksnest*. Werde unruhig. Der Arzt schaut mir lächelnd in die Augen und drückt auf einen Knopf seiner Sprechanlage. Bestimmt kommen gleich zwei Wärter rein, um mir eine Zwangsjacke zu verpassen. Kriege Angst und schaue mich nach einer Fluchtmöglichkeit um. In dem Jack-Nicholson-Film wirft einer der Irren ein Waschbecken aus dem Fenster, um aus der Klapse zu fliehen. Kann kein Waschbecken entdecken. Werde panisch. Mein Puls rast. Die Tür geht auf. Ich schreie laut auf. Doch statt zwei Gorillas mit Zwangsjacke steht nur die Sprechstundenhilfe im Raum. Sacke in mich zusammen. Der Arzt schaut mich ernst an und wendet sich dann an seine Sprechstundenhilfe.

»Könnten Sie mir bitte die Visitenkarte der Kollegin Nelle-Distel heraussuchen?«

Wie ich erfahre, handelt es sich bei Kollegin Nelle-Distel um eine Therapeutin, die auf Prüfungsangst spezialisiert ist. Die hätte ich nämlich. Ich und Angst! Pah! Weise die Diagnose weit von mir. Der Arzt stellt mir eine simple Frage.

»Wann genau, sagten Sie, haben Sie Ihre Prüfung?«

Das Blut schießt mir in den Kopf. Puls 180. In der halben Minute. Kriege kaum Luft. Nehme die Visitenkarte und gehe. Am Nachmittag mache ich einen Termin mit der Therapeutin.

## 11. Juli 1991

Erste Sitzung. Bin todmüde. Kaum geschlafen. Frau Nelle-Distel sieht gar nicht so übel aus. Midirock, Nylons. Schaue auf ihre Beine. Die kleinen Härchen bilden unter dem Nylonstrumpf eine Art Maserung. Könnte kongolesische Wenge sein. Überlege, wie man ein Hartholz wie kongolesische Wenge fachmännisch verbinden würde. Lamellos oder Dübel? Schiele noch mal auf ihre Beine. Ein paar Holzdübel schauen aus ihren Waden. Reibe mir die Augen. Die Holzdübel sind weg. Muss wohl vom Schlafmangel kommen.

Frau Nelle-Distel erklärt, dass es einfache Mittel gäbe, Prüfungsangst in den Griff zu kriegen. Wenn ich an die Prüfung denke, soll ich mir einfach was Schönes vorstellen. Wusste nicht, dass Psychologie so einfach sein kann. Dann üben wir, an schöne Sachen zu denken. Ich soll die Augen schließen und Frau Nelle-Distel erzählt von einem schönen Strand in der Karibik. Warm, laues Lüftchen, warmes Wasser. Öffne die Augen und schiele zu ihr rüber. Sie erzählt mit geschlossenen Augen, taucht regelrecht ab in ihre Strandwelt und macht dabei einen völlig glücklichen Eindruck. Beneidenswert. Versuche mit aller Kraft an den Strand zu denken, aber immer wieder schiebt sich kongolesische Wenge ins Bild.

In der Nacht kann ich wieder nicht schlafen. Gehe zwölf Mal um den Block und versuche mir was Schönes vorzustellen. Als ich zum dreizehnten Mal um den Block gehe, fällt mir was ein, was ich schön fände. Schuhe. Bin wohl im Tran barfuß rausgegangen.

### 18. Juli 1991

Zweite Sitzung. Die Therapeutin meint, dass meine Angst wahrscheinlich tiefer sitzt als angenommen. Ob ich als Kind mal ein Trauma hatte. Mir fällt nix ein. Meine Kindheit verlief friedlich. Geschlagen wurde ich nie. Frau Nelle-Distel führt an, dass ein Trauma nicht automatisch mit körperlicher Gewalt zu tun haben müsste. Es könnte zum Beispiel sein, dass man mir im Alter von zwei Monaten die mütterliche Brust entzogen hat. Das wäre vielen Männern so gegangen, und einige von ihnen würden deshalb heute noch Verhaltensauffälligkeiten zeigen. So sei bei diesen Männern die Angst verbreitet, Luftballons platzen zu lassen, weil das männliche Unterbewusstsein den Ballon mit der mütterlichen Brust assoziiere. Aha.

In der Nacht schlafe ich keine Minute, weil ich die ganze Zeit überlege, wann ich das letzte Mal einen Luftballon zum Platzen gebracht habe. Morgens durchfährt mich ein schrecklicher Gedanke. Hab ich überhaupt jemals einen Ballon zerplatzen lassen?

### 19. Juli 1991

Luftballon gekauft. Vor dem Laden noch blase ich ihn auf und bring ihn zum Platzen. Einfach so. Ging völlig problemlos. Bin erleichtert und lasse direkt noch einen platzen. Entdecke Peter, der mich wohl beobachtet hat. Peter tippt sich an die Stirn. Bin beunruhigt.

### 25. Juli 1991

Dritte Sitzung. Heute werde ich hypnotisiert. Ich soll dadurch in meine früheste Kindheit zurückversetzt werden, um Dinge aufzuarbeiten, die mir damals passiert sind. Hab ein bisschen Angst, weil ich noch nie hypnotisiert worden bin. Frau Nelle-Distel beruhigt mich. Da würde überhaupt nichts passieren und die Hypnose hätte bis jetzt noch bei jedem funktioniert. Mag sein, bei mir funktioniert sie nicht. Damit die Therapeutin aber nicht denkt, ich sei anders als die anderen, tue ich so, als würde ich in Trance fallen, und fange an, mich wie ein Kind aufzuführen. Die Therapeutin ist begeistert von ihrer Hypnose. Steigere mich immer mehr in die Rolle hinein und fordere energisch Bauklötze. Mal sehen, wie sie damit umgeht. Frau Nelle-Diestel springt auf und holt ein paar Bauklötze (Buche, unbehandelt) aus einer Schublade. Damit hab ich nicht gerechnet. Interessant, was die in so einer Praxis alles haben. Beim nächsten Mal fordere ich ein anderes Spielzeug. Vielleicht einen Ferrari. Im Augenblick aber sehe ich mich gezwungen, mit Bauklötzchen zu spielen. Baue eine Sitzgruppe. Dann mach ich die Sitzgruppe kaputt und baue eine Schrankwand. Die Therapeutin beobachtet mich fasziniert und schreibt viel in ihr Notizbuch.

## 1. August 1991

Vierte Sitzung. Die Therapeutin teilt mir mit, dass sie mein Verhalten analysiert hat. Ich sei ein sehr interessanter Patient. Sie hätte bei mir nämlich eine neue und einzigartige Phobie festgestellt, die sie so noch nicht gesehen hat. Die Angst vor dem Verlust von Bauklötzchen. Ob ich was dagegen hätte, wenn sie das über mich zusammengetragene Material für ihre Zusatzausbildung benutzen würde. (Bei »Ausbildung« bricht mir kalter Schweiß aus.) Sie denkt nämlich, sie könnte das Material ganz gut benutzen für ihre Prüfung (Puls schnellt hoch auf 190) zur Gestalttherapeutin. Und die Prüfungsanforderungen wären verdammt hoch. So eine Prüfung sei der reinste Stress, aber mit meinem Material erhofft sie sich ein besseres Prüfungsergebnis (kurzfristiger Herzstillstand). Als sie bemerkt, dass ich kreidebleich bin, diagnostiziert sie einen akuten, sehr schweren Anfall von Bauklötzchenverlustangst und drückt mir eilig ein paar Bauklötzchen in die Hand.

### 8. August 1991

Schlafe überhaupt nicht mehr. Mein Körper fühlt sich an, als ob er nicht zu mir gehört. Eigentlich hab ich keine Lust mehr auf Therapie. Mir bringt es nix, aber meine Therapeutin ist immer total aus dem Häuschen, wenn sie mich sieht. Mein Fall sei absolut einzigartig und ich soll mich auf eine langjährige Therapie einstellen. Mindestens acht Jahre, schätzt sie überglücklich. Schön, dass ich Sonne in ihr Leben gebracht habe. Heute wollen wir bis ganz zurück in meine pränatale Phase. Frage sie, ob Embryo reicht oder ob ich noch weiter zurück soll. Frau Nelle-Distel schaut mich nachdenklich an. Soll sie denken, was sie will. Mir ist das alles egal. Ich hab in der nächsten Woche Prüfung.

### 15. August 1991

Prüfungstag. Körper aus Gummi. Finger auch. Kann ncht mer shreibn. UUuuuuu...

### 16. August 1991

BESTANDEN! Die Prüfung war ein Klacks! Fühle mich wie neugeboren. Konnte schlafen wie ein Baby! Die ganze Nacht. Die Angst ist wie weggeblasen. Das Wort »Prüfung« löst keinen Schweißausbruch mehr aus. Ich kann es zehn Mal schreiben, ohne dass ich mich verkrampfe! Prüfung, Prüfung, Prüfung, Prüfung, Prüfung, Prüfung, Prüfung, Prüfung, Prüfung, Prüfung! Wunderbar!

Am Nachmittag suche ich glücklich meine Therapeutin auf, um ihr mitzuteilen, dass ich ihre Hilfe nicht mehr benötige. Ich sei geheilt. Frau Nelle-Distel ist fassungslos. Sie hätte sich eigentlich schon auf die langjährige Zusammenarbeit gefreut, und das würde sie ja jetzt total zurückwerfen, auch wegen der Prüfung zur Gestalttherapeutin. Und sie wüsste überhaupt nicht, wie es jetzt weitergehen soll, denn sie hätte ja fest mit mir gerechnet, und überhaupt sei das eine entsetzliche Katastrophe für sie. Dann fängt sie an zu heulen. Drücke ihr zur Beruhigung ein paar Bauklötzchen in die Hand und gehe. Das Leben ist wieder schön!

# 44. Hausmeister zwischen den Welten

### 5. September 1991

Die Ausbildung hat sich gelohnt. Als Schreinergeselle bekommt
man tatsächlich leichter Arbeit. Nur keine als Schreiner. Arbeite
seit einer Woche als Hausmeister in einem Asylantenwohnheim.
Heute muss ich Glühbirnen im Flur wechseln. Ein Inder sieht
mir dabei zu. Als das Licht wieder funktioniert, bedankt er sich
überschwänglich bei mir. Irre, mit was für Kleinigkeiten man
den Leuten hier eine Freude bereiten kann. Dann stellt er mir
seine Familie vor. Und seine Kinder. Acht Stück. Muss an meine
Erfahrung mit dem *Kamasutra* denken und wie kräfteraubend
mein Ausflug in die erotische Welt Indiens damals für mich war.
Bemitleide den Mann ein bisschen. Seine Frau schenkt mir einen
Fresskorb zur Begrüßung. Das würde man in Indien so machen
und ich soll direkt mal probieren. Das lass ich mir nicht zweimal
sagen und erlebe eine völlig neue kulinarische Erfahrung: den
galoppierenden Flächenbrand. Wusste nicht, dass in der indischen Küche Napalm verwendet wird. Renne schreiend durch den
Flur auf der Suche nach Löschwasser. Ein Nigerianer hat Gnade
und lässt mich in sein Bad. Nach zwanzig Minuten lässt der
Brand nach. Der Inder und seine Frau lächeln. Meine Reaktion
scheint wohl normal zu sein.

### 6. September 1991

Heute Morgen einen Anruf erhalten. Ein Chilene hätte irgendwo
eine Kakerlake entdeckt. Als ich im Wohnheim ankomme,

herrscht große Aufregung. Der Chilene stürmt im Flur auf mich zu und lässt einen Wortschwall auf mich los. Verstehe kein Wort. Gott sei Dank ist auch eine Dolmetscherin vom Amt da. Frage sie, was denn los sei. Herr Rubalcaba hätte eine Kakerlake entdeckt. Ja, das wüsste ich schon. Frage, wo er sie denn gefunden hätte. Die Dolmetscherin lässt einen Wortschwall auf Herrn Rubalcaba los. Herr Rubalcaba antwortet lange und ausgiebig. Die spanische Aussprache kann man getrost als feucht bezeichnen. Kurz bevor ich durchgeweicht bin, schließt Herr Rubalcaba seinen Vortrag mit einer kleinen Fontäne ab und die Dolmetscherin übersetzt.

»In der Hafenspelunke.«

Bin irritiert. Wusste nicht, dass Siegburg einen Hafen hat, geschweige denn eine Hafenspelunke. Und überhaupt, wurde die Kakerlake denn nicht hier im Haus gefunden? Die Dolmetscherin fragt noch mal nach. Wortschwall hin, Wortschwall zurück. Es sei schwierig zu verstehen, weil der Mann einen eigenartigen Dialekt spräche, aber sie sei sich jetzt sicher, dass Herr Rubalcaba die Kakerlake in einem bolivianischen Propellerflugzeug entdeckt hätte. Um aber hundertprozentig sicher zu gehen, fragt die Dolmetscherin noch mal nach und unterstreicht ihre Ausführungen, indem sie – ein Propellerflugzeug imitierend – mit ausgebreiteten Armen durch den Flur knattert. Herr Rubalcaba guckt mich an und tippt sich an die Stirn. Ich nicke. Wir verstehen uns auf Anhieb. Eine Minute später weiß ich, dass er die Kakerlake im Flur entdeckt hat. Erteile der Dolmetscherin Landeerlaubnis und gehe. Ein Stockwerk tiefer treffe ich Herrn Bakshi wieder, den Inder mit dem reichen Kindersegen. Ob er mir seine Kinder schon mal vorgestellt hat. Ja klar, alle acht. Herr Bakshi lacht. Nein, nein, das wären ja noch lange nicht alle. Natürlich muss ich mit, mir seine restlichen Kinder ansehen. Herr Bakshi fragt, warum ich denn im Haus sei, das Licht würde doch funktionieren. Erzähle, dass ich hier bin, um ein paar Kakerlaken vor die Tür zu setzen. Herr Bakshi starrt mich entsetzt an. Dann rennt er schreiend in die Wohnung und redet aufgeregt auf seine Frau ein. Die Nachricht über die Kakerlaken scheint die beiden bis ins Mark zu erschüttern, denn Frau Bakshi bekommt einen fürchterlichen Weinkrampf. Nach und nach tauchen die Kinder auf. Alle heulen und rennen schreiend durch die Wohnung. Mein Gott, was hab ich angerichtet? Will die Familie beruhigen, als Herr Bakshi mich wütend anschreit. Sie würden niemals gehen! Nur mit Gewalt! Wer denn gesagt hat, die Bakshis sollen gehen? Na, ich hätte das gesagt! Mit Kakerlaken seien doch wohl sie gemeint! Verstehe überhaupt nichts mehr, bis ich erfahre, dass der alte Büdchenbesitzer von gegenüber meine indische Familie als Kakerlaken bezeichnet. Nett von ihm. Kann das Missverständnis gerade noch aufklären. Es handele sich um echte Kakerlaken, diese Krabbeltiere. Ach, Tilacatta? Genau, Tilacatta. Die Familie ist erleichtert. Aus Dankbarkeit kriege ich einen Fresskorb. Diesmal sei das Essen aber nicht so scharf. Eine Minute später klopfe ich wieder bei dem Nigerianer und stürme ins Bad. Diesen Büdchenbesitzer muss ich mir mal vorknöpfen.

### 7. September 1991

Im Büdchen. Bin keine Minute drinnen, als der Mann schon seine politische Diarrhö bekommt. Das ganze Gesocks da drüben in dem Heim, die seien doch alle dreckig und die würden sich alle nicht richtig waschen. Betrachte nachdenklich den Urinfleck auf seiner ballonseidenen Jogginghose und schätze sein Alter auf mindestens zwei Wochen. Oben scheint der Mann aber auch nicht ganz dicht zu sein, denn jetzt erklärt er, dass die da drüben sowieso alle nur hier seien, weil die Mauer weg ist. Und wenn's nach ihm ginge, würde man die wieder aufbauen. Er würde den Stacheldraht spenden. Stimme ihm zu, dass eine Mauer gebaut werden müsse. Allerdings direkt vor seiner Tür. Damit solche Arschlöcher wie er nicht auch noch draußen die Luft verpesten

mit ihrem geistigen Durchfall. Getroffen. Der Mann ist so außer sich, dass der Urinfleck einen frischen Nachbarn bekommt. Bevor ich kotzen muss, gehe ich. Im Rausgehen stoße ich versehentlich einen Zeitungsständer um. Dann noch einen zweiten.

### 8. September 1991

Kakerlakenjagd hört sich einfacher an, als es ist, denn um die Viecher zu jagen, muss man sie erst mal finden. Krempele das halbe Haus um. Finde nicht eine Kakerlake. Ist aber nicht schlimm, denn kurz darauf finden die Kakerlaken mich. Stehe gerade mit Herrn Bakshi im Flur (er zeigt mir gerade seine zwei Jüngsten), als eine von ihnen über meinen Fuß krabbelt. Mit einem eleganten Dreher zertrete ich das Teil. Das war's. Ende. Und dafür die ganze Aufregung? Bücke mich und schaue mir den zerquetschten Körper an. Ich bin nicht der Einzige, der Interesse für das tote Insekt hat, denn aus den Augenwinkeln registriere ich, dass ein paar seiner lebenden Kollegen ebenfalls auf seine sterblichen Überreste gucken. Herr Bakshi lächelt weise. Ein indisches Sprichwort sagt: »Wenn eine Kakerlake stirbt, kommen alle Verwandten zur Beerdigung.« Die Verwandtschaft scheint verdammt groß zu sein. Muss zur chemischen Keule greifen.

### 9. September 1991

Bringe das bewährte Paral zum Einsatz. Vier Dosen versprühe ich im Flur, bis ich selbst fast umkippe. Zwei Sunden später schau ich nach. In der Mitte des Flurs liegt ein großer Haufen Kakerlaken. Interessant, die Tiere scheinen zum Sterben zusammengekommen zu sein. Ähnliches kennt man ja von Elefanten. Für mich ist das praktisch, weil ich den Kakerlakenfriedhof einfach mit dem Besen zusammenfegen kann. Setze den Besen an, als Bewegung in den Haufen kommt und das irrtümlich für tot gehaltene Bataillon blitzschnell ausschwärmt. Von wegen zum Sterben zusammengekommen! Das sah eher aus wie eine

Manöverbesprechung. Wie konnten die Viecher vier Dosen Paral überleben? Tragen die Gasmasken?

Am Nachmittag zieht die Familie Nguyễn ein. Die Nguyễns kommen aus Vietnam. Zur Begrüßung bekomme ich einen Fresskorb. Bin erst misstrauisch, probiere aber vorsichtig. Nicht schlecht. Und lange nicht so scharf wie die Spezereien der Familie Bakshi.

### 12. September 1991

Lege Spezialfallen aus. Nur für Kakerlaken. Mit extra klebrigem Leim drin und dicken Brocken Fress-Lockstoff. Das wird funktionieren.

### 13. September 1991

Die Fallen sind völlig leer. Nichts drin. Auch kein Fress-Lockstoff mehr. Wie zum Teufel haben die Viecher den da rausbekommen, ohne kleben zu bleiben? Mit Helikoptern? Vielleicht ist aber auch der Leim nicht der beste. Fasse in eine der Fallen und bleibe augenblicklich mit meiner Hand darin kleben. Versuche, die Falle loszuwerden, und bleibe natürlich mit meiner anderen Hand ebenfalls kleben. Nach zwanzig Minuten kann mich Herr Rubalcaba befreien. Für Hausmeister ist die Falle jedenfalls super geeignet. Und jetzt? Doch wieder Paral?

### 14. September 1991

Simone meint, Gift wäre scheiße. Man würde in der Ungeziefer-bekämpfung heute eher mit natürlichen Fressfeinden arbeiten. Das sei auch viel ökologischer, wegen Umwelt und so. Simone blättert in ihrem Öko-Buch und findet auch direkt die passenden Fressfeinde. Echsen, Warane und kleinere Alligatoren würden sich hervorragend eignen. Glaube nicht, dass die Bewohner über Krokodile im Hausflur erfreut wären, und blättere ebenfalls in dem Buch. Aha, es gibt also auch Spinnen, die Kakerlaken verzehren. Interessant. Zeige den Abschnitt Simone, die augenblicklich beginnt, loszukreischen. Simone und ihre Angst vor Spinnen.

### 15. September 1991

Informiere mich in der Zoohandlung. Ja, die Tegenaria Atrica, im Volksmund auch Winkelspinne genannt, würde sich als natürlicher Fressfeind der Kakerlake durchaus eignen. Ich bräuchte aber mindesten hundert Stück. Ich hätte aber Glück, man könne mir ein paar verkaufen, denn der natürliche Fressfeind der Winkelspinne sei der Kanarienvogel, und ihre Kanarienvögel wären geradezu verrückt nach Winkelspinnen, weswegen man immer genügend da hätte. Kaufe eine Schachtel Tegenaria Atrica und gehe nach Hause. Nachts gibt's einen Riesenalarm, weil Simone beim Naschen das Kanarienvogelfutter gefunden hat. Von Simones Schreierei in Panik versetzt, müssen die Spinnen sofort das Weite gesucht haben. Simone steht auf einem Stuhl und weigert sich runterzukommen, bevor ich alle Spinnen erledigt habe. Frage Simone, ob ich schnell ein paar Kanarienvögel besorgen soll, so als natürliche Fressfeinde, wegen Umwelt und so. Simone brüllt zurück, ich soll Paral nehmen, aber schnell.

### 16. September 1991

In der Zoohandlung noch eine Schachtel gekauft. Lasse die Spinnen im Asylantenheim laufen. Das wird ein Massaker!

### 19. September 1991

Die Spinnen sind alle weg. Wahrscheinlich liegen sie vollgefressen in einer Ecke rum. Später entdecke ich, dass die Spinnen tatsächlich rumliegen. Aber nicht vollgefressen, sondern tot. In den Kakerlakenfallen. Gott, sind Spinnen dämlich. Vielleicht sollte ich doch Krokodile nehmen. Die passen wenigstens nicht in die Kakerlakenfallen.

Kriege wieder einen Fresskorb von den Vietnamesen. Kochen nicht schlecht, die Brüder. Frage, was das denn sei. »Con gián!« Hä? »Chiên gián mặt đất!« Aha. Muss ich mir merken.

### 20. September 1991

Herr Bakshi ist glücklich. Seine Frau ist in anderen Umständen. Um den Festtag gebührend zu feiern, bekomme ich einen Fresskorb.

### 21. September 1991

Andere Schabenfallen aufgestellt. Der Hersteller verspricht hundertprozentigen Erfolg. Worin, sagt er nicht. Zu Recht. Fange nicht eine Kakerlake.

### 22. September 1991

Herr Rubalcaba gibt mir zu verstehen, dass er schon länger keine Kakerlake gesehen hat. Seine Frau schenkt mir aus Dankbarkeit einen Fresskorb.

### 23. September 1991

Die Kakerlaken machen sich tatsächlich rar. Was ist passiert? Ist ihnen der Kampf gegen mich zu langweilig geworden? Sind sie auf den Mars ausgewandert? Mit einer schnell zusammengezimmerten Mini-Saturn-V-Rakete?

### 24. September 1991

Um mich für meine nächtliche Spinnenattacke zu entschuldigen, lade ich Simone zum Essen ein. Richtig fein, beim Vietnamesen in Bonn. Ich will mich als Fachmann der vietnamesischen Küche outen und bestelle »Chiên gián mặt đất«. Meine Bestellung löst Erstaunen aus. Danach hätte ja noch nie jemand gefragt. Und schon gar kein Europäer, wo wir uns doch so ekeln vor Insekten. Simone schaut den Kellner komisch an. Wahrscheinlich denkt sie bei Insekten wieder an ihre Spinnen. Bevor sie wieder ausrastet, erkläre ich schnell, dass Insekten was anderes sind als Spinnen. Der Kellner pflichtet mir bei. Gegrillte Vogelspinnen würden ganz anders schmecken als frittierte Kakerlaken. Jetzt schaue ich den Kellner komisch an. Der Kellner wird etwas unsicher. Ich wüsste aber schon, dass »Chiên gián mặt đất« frittierte Kakerlaken seien, die zu einer schmackhaften Paste zerrieben würden. Nein, das wusste ich nicht. Schlagartig wird mir aber klar, warum ich im Wohnheim keine Kakerlaken mehr entdecke.

## 26. September 1991

Stehe wieder im Büdchen. Um mich bei dem Besitzer für mein Benehmen zu entschuldigen. Als Zeichen meiner Reue schenke ich ihm einen Fresskorb. Morgen werde ich ihm erzählen, was er gegessen hat. Damit er in Zukunft weiß, wovon er spricht. Abends geb ich eine kleine Party im Wohnheim. Mein selbst gekochtes »Chiên gián mặt đất« kommt hervorragend an.

# 45. IBM

### 4. Oktober 1991

Peter meint, ich wäre rückständig. Weil ich die Stundenliste
für meinen Hausmeisterjob
immer noch mit der Hand
ausfülle. Wie sonst? Mit dem
Fuß? Nein, heutzutage würde
man so etwas mit einem Computer erledigen. Das sei viel fort-
schrittlicher und würde eine Menge Zeit sparen. Ich hatte mich
mit dem Thema Computer noch nie beschäftigt, aber in meinem
Freundeskreis tauchen immer mehr von diesen Kisten auf. Muss
wohl was dran sein.

### 8. Oktober 1991

Peter hat ein Superangebot. Einen gebrauchten IBM Computer
mit modernem 286er Prozessor und 40 MB Festplatte. Eine
Höllenmaschine für nur 800 Mark. Ich wäre echt blöd, wenn ich
da nicht zuschlagen würde.

### 9. Oktober 1991

Seit heute bin ich stolzer Besitzer eines Computers, denn ich
bin ja nicht blöd. Peter schließt alles an. Die neue Anschaffung
macht sich gut auf meinem Schreibtisch. Ich hocke mich neben
Peter und schaue zu. Dann kommt der feierliche Moment. Peter
schaltet ein. Es macht piep und brumm. Nach zwei Minuten
kann man auf dem Bildschirm einen Buchstaben sehen. »C«.

Bin beeindruckt. Peter schiebt eine Diskette in den Computer, und nach weiteren zwei Minuten erscheint »A«. Abwechslungsreich, so ein Computer, aber Peter scheint nicht zufrieden zu sein. Da würde ein ungeheuer wichtiger Treiber fehlen. So könne er das Betriebssystem nicht aufspielen und er müsse eben eine Diskette mit dem Treiber holen. Ich soll bloß nix anfassen, aber immer gucken, ob sich auf dem Bildschirm was tut. Peter geht. Schaue eine Stunde konzentriert auf das blinkende »A«. Als Peter wieder auftaucht, hat er eine Plastiktüte voll Disketten dabei. Drei Stunden später hat er es geschafft. Das Betriebssystem startet. Peter ist begeistert. Frage ihn, was ich mit so einem Betriebssystem machen kann. Oh, eine ganze Menge. Im Grunde stünde mir eine neue Welt offen. Ich könnte mir zum Beispiel das Dateisystem angucken. Peter macht es vor und zeigt auf eine Datei, die autoexec.bat heißt. Was man damit machen kann, sei der nackte Wahnsinn. Frage, ob man auch eine Stundenliste damit ausfüllen kann. Peter glotzt mich an. Ich hätte ja wohl überhaupt keine Ahnung. Komme mir rückständig vor. Peter hält einen zwanzig-minütigen Vortrag über kompliziert klingende wichtige Dateien. Komme mir nun stark rückständig vor. Lenke das Thema auf ein Gebiet, von dem ich was verstehe, und frage noch mal nach der Sache mit der Stundenliste. So weit seien wir noch lange nicht. Erst müsste das System gepflegt werden. Das ist nämlich sehr empfindlich. Oha! Zum Beispiel müsste man Dateien defragmen-tieren. Einmal am Tag, besser zweimal. Peter macht es vor und defragmentiert. Wir schauen zu, wie auf dem Bildschirm bunte Klötzchen von rechts nach links wandern. Das könne jetzt zwei Stunden dauern, weil ich so eine irre große Festplatte hätte. Bin stolz. Tief in der Nacht geht Peter nach Hause.

### 10. Oktober 1991

Am nächsten Nachmittag steht Peter wieder auf der Matte.
Diesmal mit zwei Tüten voll Disketten. Man müsse erst mal
ein paar Tuningprogramme installieren, damit die Kiste noch
schneller wird. Ob ich denn heute schon defragmentiert hätte.
Nein, habe ich ganz vergessen. Peter guckt mich tadelnd an.
Okay, dann würde er das jetzt machen. Ausnahmsweise. Ich
könnte ja ein paar Bier holen. Als ich zurückkomme, sind schon
vierzehn Prozent der Klötzchen defragmentiert. Frage Peter,
ob ich während der restlichen 86 Prozent meine Stundenliste
ausfüllen könnte. Ernte einen bösen Blick. Doch wohl nicht mit
der Hand! Ich hätte doch einen Computer! Peter installiert bis
spät in die Nacht.

### 11. Oktober 1991

Punkt 17 Uhr ist Peter wieder da. Hatte gar nicht mit seinem
Besuch gerechnet. Kriege direkt ein schlechtes Gewissen, weil
ich wieder nicht defragmentiert habe. Peter möchte das Tabellenprogramm installieren. Damit ich endlich loslegen kann. Ginge
auch schnell. Gegen 22 Uhr ruft Peter seinen Kumpel Wolfgang
an. Der sei Speziallist für Problemfälle. Aha, ich bin also ein Pro-
blemfall. Um zwei Uhr morgens beschließt Wolfgang, die Platte
zu putzen. Peter übersetzt. Das würde heißen, alles zu löschen
und das komplette System noch mal neu zu installieren. Das sei
schon mal notwendig, wenn man den Computer viel benutzt. Bis
jetzt hab ich den Computer selber noch nicht ein Mal benutzt,
aber Wolfgang muss es ja wissen. Vertagen die Putzaktion auf
morgen.

### 12. Oktober 1991

Wolfgang hat einen Kumpel mitgebracht, Holger. Langsam gehen
mir die Stühle aus. Hole Bier und Pizza für alle. Gegen 23 Uhr
gibt mein Computer ein erstes Lebenszeichen von sich: »C«.

Alle sind begeistert und ich könnte echt dankbar sein, so viele
Spezialisten um mich zu haben. Bin dankbar.

### 13. Oktober 1991

Heute kommt Petra zu Besuch. Freue mich. Will ihr
meinen Computer zeigen und schalte ihn ein. Als das »C«
erscheint, drücke ich, um mich als Kenner zu erweisen, ein
paar Tasten. Der Computer rattert los. Eine nicht aufhören
wollende Buchstabenkette wandert über den Bildschirm.
Bin verunsichert und rufe Peter an. Zehn Minuten später
stehen Peter, Wolfgang und Holger vor der Tür. Mann,
Mann, Mann, was ich denn wieder für einen Mist fabriziert
hätte! Die drei entschließen sich nach heftiger Diskussion
für eine komplette Neuinstallation. Schicke Petra nach
Hause. Hole Bier und Pizza. Um vier Uhr morgens erscheint
wieder das »C«. Frage Peter, ob er zuhause auch solche
Probleme mit seinem Computer hätte. Nein, leider hätte er
keinen Computer.

### 16. Oktober 1991

Der Betrieb eines modernen EDV-Systems ist teuer. Alleine in
der letzten Woche 160 Mark für Pizza und Bier ausgegeben.
Aber es hat sich gelohnt. Denn heute kann ich endlich meinen
Stundenzettel ausfüllen. Mit meinem Computer! Peter hat mir
gezeigt, wie es funktioniert. Markiere ein Kästchen auf dem
Bildschirm und tippe eine »6«. Wie von Geisterhand erscheint
die »6« in dem Kästchen. Ins Kästchen darunter tippe ich eine
»5«. Nach etwa 30 Sekunden erscheint in dem Kästchen darunter
automatisch eine »11«. Geil! Das hätte ich ohne Computer nie
zustande bekommen! Tippe begeistert unter die »5« eine »7«.
Aus der »11« wird eine »19«. Rechne nach. Eigentlich müsste
da jetzt »18« stehen. Rufe Peter an. Nein, nein, ein Computer
könne sich nicht irren. Überlege, ob sich vielleicht die moderne

Mathematik irrt. Peter meint, ich soll mal defragmentieren. Er würde in der Zwischenzeit Wolfgang anrufen. Zwei Stunden später gehe ich Pizza und Bier holen. Wie ich erfahre, hat mein Tabellenprogramm einen äußerst seltenen Rundungsfehler. Ich könnte stolz sein, denn so was gehört fast schon ins Museum. Bin stolz. Um vier Uhr morgens ist der Rundungsfehler beseitigt.

## 17. Oktober 1991

Mein erster Stundenzettel ist fertig! Mit modernster Computerunterstützung, ohne Rundungsfehler. Betrachte die Tabelle auf dem Bildschirm. Schön wäre es, wenn ich mein Werk jetzt ausdrucken könnte. Kann ich aber nicht. Die Anschaffung eines Druckers war durch den plötzlich auftretenden immens hohen Pizza- und Bierkonsum in meinen vier Wänden schlicht nicht mehr drin. Schreibe die Liste mit der Hand ab und überlege, wie viel Zeit ich jetzt gespart habe.

## 21. Oktober 1991

Peter hat Geburtstag. Ich habe mit ein paar Kumpels zusammengelegt und ihm einen Computer geschenkt. Meinen. Bekommen habe ich noch 500 Mark. Der Wertverlust ist wohl der einzige Nachteil an so einem Computer.

# 46. k-buff

Die Auftritte werden immer zahlreicher. Zusammen mit Andy, den ich beim Karaokemoderieren im poco Loco kennengelernt habe, trete ich als schwerere Hälfte des Comedy-Duos »Profi und Andy« auf. Profi bin ich. Andy ist Andy.

Trotz unserer häufigen Gastspiele sind wir weit davon entfernt, in so etwas wie eine Gewinnzone zu kommen. Zum einen, weil die Gagen sich seit den »Magic Marabus« nicht wesentlich erhöht haben, zum anderen, weil wir durch unsere Mini-Tourneen quer durchs Bergische Land extrem hohe Spritkosten haben. Da muss sich was ändern.

Abends sitzen wir im poco Loco und denken nach. Dieter, der Kellner, denkt mit. Er meint, wir könnten richtig viel Benzingeld sparen, wenn wir mit Bus und Bahn zu den Auftritten führen, schwarz natürlich. Sein Vorschlag stößt auf wenig Begeisterung. Bus zu fahren sei eh schon unsexy, meint Andy, erst recht zu seinem eigenen Auftritt, selbst wenn man ohne Ticket fährt. Pflichte ihm bei. Andy hat eine andere Idee.

»Wir müssen dafür sorgen, dass das Publikum zu uns kommt. In unser eigenes Theater.«

Hammer! Ein eigenes Theater! Brillante Idee! Nie wieder Requisiten schleppen. Nie wieder Auftritte in zu kleinen Wohnzimmern. Nie wieder nach der Vorstellung theoretisch nix trinken dürfen, weil man noch fahren muss. Denke an Theater wie die Alte Oper in Frankfurt, das berühmte Thalia in Hamburg oder das Broadway-Theater. Die kriegen schließlich auch ihr Publikum.

Warum nicht auch wir? Andys Idee ist nicht schlecht. Das findet Dieter auch. Er will mit einsteigen. Ein gutes Theater kann auch einen Kellner gebrauchen, meint er. Intensiv studieren wir den Immobilienteil des Siegburger Stadtanzeigers. Zurzeit scheint das Angebot an leerstehenden Theatern jedoch reichlich dünn zu sein.

### 19. April 1992

Dieter ruft an. Er sei fündig geworden. Treffen uns am Nachmittag zur Besichtigung der Immobilie. Unser Broadway-Theater entpuppt sich als leerstehende Schreinerwerkstatt. Es liegt auch nicht in New York, sondern in Siegburg, kostet dafür aber nur hundert Mark im Monat. Wir beschließen, die Werkstatt zu mieten. Falls das mit dem Theater nicht klappt, kann man hier immer noch Motorräder reparieren.

### 20. April 1992

Meeting in unserem neuen Theater zwecks Planung der Umbaumaßnahmen. Denn dass komplett umgebaut werden muss, darin sind wir uns alle einig. Bis auf eine Einschränkung. Dieter meint nämlich, dass er den Werkstattraum, der später mal das eigentliche Theater werden soll, so lassen würde, wie er ist. Natürlich müsse man eine Bühne bauen, klar. Aber sonst würde er nichts ändern. Das sei moderner Industrial-Look und wäre in vielen Theatern so. Außerdem hätte es Flair. Sogar vom Putzen würde er dringend abraten, um nicht dieses einzigartige Flair zu zerstören. Das leuchtet uns ein. Andy fragt, was denn mit Toiletten sei. In echten Theatern gäbe es für Frauen und Männer getrennte Klos. Schauen uns den Werkstattpott an. Eine winzige, ehemals weiße, jetzt nikotinfarbene Kammer mit einer im Farbton passenden Porzellanschüssel. Kein schöner Anblick. Wie soll man daraus zwei getrennte Toiletten bauen? Dieter meint, das wäre gar nicht nötig. Im Gegenteil. Unisex-Toiletten seien schwer im Kommen und hätten auch so ein ausgeflipptes Künstlerflair.

Also genau das Richtige für ein Theater. Lassen uns überzeugen. Der Umbau der Toiletten wird gestrichen. Überlegen weiter. Was braucht man noch? Eine Garderobe? Wir schauen uns an. Braucht man eigentlich nur im Winter. Und selbst dann hängen die Leute lieber ihre Jacken über die Stühle. Das kann man ja in jeder Kneipe beobachten. Die Garderobe wird gestrichen. Genauso wie ein Foyer. Nicht gestrichen wird die Kasse und ein Bereich, in dem man Getränke (Bier) zu sich nehmen kann. Getränke sind extrem wichtig für ein gutes Theater, meint Dieter. Er muss es wissen, er ist ja vom Fach.

### 23. April 1992

Treffen uns zum Umbau. Dieter hat einen kleinen Tisch und eine Geldkassette mitgebracht. Den Tisch als Kassenbereich und die Geldkassette für die Einnahmen. Damit wäre die Kasse schon mal fertig. Wir machen uns an die Gestaltung des Getränkebereichs und bauen eine Art Theke in die Werkstatt. Dieter hat ein Zehn-Liter-Fass Kölsch mitgebracht, um unseren neuen Ausschank einer ausgiebigen Prüfung zu unterziehen. Zwei Stunden später hole ich ein zweites Fass. Die Prüfung erweist sich als ziemlich umfangreich. Nach dem dritten Fass sind wir zufrieden und machen uns daran, aus alten Paletten die Bühne zusammenzunageln.

### 24. April 1992

Müssen die Paletten wieder auseinanderreißen. Irgendwie ist gestern niemandem aufgefallen, dass wir die Bühne direkt vor der Tür zu unserer ausgeflippten Unisex-Toilette aufgebaut haben. Nach dem Abriss meint Andy, er würde gerne noch mal den Getränkebereich auf seine Funktionstauglichkeit hin untersuchen. Sicher ist sicher. Dieter pflichtet ihm bei. Gebe mich geschlagen und fahre zwei Fässchen holen. Ein drittes bring ich zur Reserve mit. Falls es zur Nachprüfung kommt.

## 25. April 1992

Fertig! Die Bühne steht. Um für gedämpftes Theaterlicht zu sorgen, haben wir Küchensiebe über die nackten Glühbirnen gestülpt, die von der Decke hängen. Ein Theaterscheinwerfer gehört schon zu unserem Equipment. Eigentlich ist es kein richtiger Theaterscheinwerfer, sondern eine leere Fünf-Liter-Sauerkrautdose, in die ich eine Fassung und einen 200-Watt-Strahler geschraubt habe. Macht aber was her, wenn so ein Ding an der Decke hängt. Um möglichst unverfälschte Theateratmosphäre zu schaffen, pople ich sogar das Sauerkraut-Etikett von der Dose ab. Perfekt. Die erste Vorstellung kann kommen. Brauchen nur noch einen Namen für unser Theater. Überlegen lange. Verlegen den Ort der Besprechung in unseren Getränkebereich. Nach zwei Fässchen kommt Elisabeth vorbei. Elisabeth wohnt gegenüber und versorgt uns während unserer Umbaumaßnahmen mit Schnittchen. Wir haben immer noch keinen Namen, als Elisabeth meint, dass sei aber ein ganz nettes Kabuff hier. Das ist es! Mit einem dritten Fässchen taufen wir unser neues Theater auf den Namen Kabuff.

## 26. April 1992

Dieter meint, Kabuff wäre ein guter Name. Allerdings würde er Kabuff nicht in einem Wort, sondern getrennt und in Kleinbuchstaben schreiben. k-buff. Das sähe moderner aus und ließe Platz für Interpretationen. Dann bliebe ja nur noch die Frage nach dem Spielplan. Wir schauen uns an. Spielplan? Daran hat noch keiner so richtig gedacht. Schwierig. Wechseln zur weiteren Erörterung in den Getränkebereich.

## 1. Mai 1992

Premiere! An die Sache mit dem Spielplan hat keiner mehr gedacht, und so spielen Andy und ich heute das, was wir auf den Geburtstagen und Betriebsfeiern auch immer gespielt haben. Sketche. Allerdings haben wir auch an etwas anderes nicht gedacht. Stühle. Ein Theaterpublikum zeichnet sich nämlich unter anderem dadurch aus, dass es (von den Standing Ovations abgesehen) im Allgemeinen sitzend einer Vorstellung beiwohnt. Zum Glück fiel uns dieser Fauxpas aber noch rechtzeitig auf und wir haben professionell reagiert. Indem wir den Eintrittspreis für unsere Premiere geändert haben. Von einer Mark pro Person zu einem Stuhl pro Person. So schlagen wir zwei Fliegen mit einer Klappe. Wir kriegen Stühle, und es ist gewährleistet, dass auch wirklich jeder Zuschauer einen Sitzplatz hat. Der Plan geht auf. Dank einer ausgeklügelten Werbekampagne (vier handgemalte Plakate aufgehängt, davon zwei im poco Loco), Mundpropaganda und meinen Verwandten ist die Bude abends gerappelt voll. Wir wissen gar nicht wohin mit so viel Stühlen. Die Vorstellung wird ein Kracher. Die Stimmung ist super und wir werden sechs Fässchen Bier los. Zwei davon verkaufen wir sogar.

### 21. Juni 1992

Mittlerweile haben wir alle zwei Wochen eine Vorstellung. Auf der Bühne improvisieren wir viel. Dadurch haben wir automatisch immer wieder ein neues Programm. Das Publikum beginnt uns zu lieben, und wir werden fast schon zu einer Art Geheimtipp in Siegburg. So richtig geheim sind wir aber doch nicht, denn kurz vor der Vorstellung spricht mich ein Mann im Theater an.

»Guten Abend, Bruchmann mein Name. Sind Sie hier der Verantwortliche?«

Geil! Die Presse ist da! Lege mich mächtig ins Zeug.

»Klar! Und der Laden brummt!«

»Fein. Dann können Sie mir doch sicher auch Ihre Konzession zeigen?«

Kann ich nicht. Dafür zeigt Bruchmann mir seine. Einen Ausweis vom Ordnungsamt. Stelle mich dumm.

»Braucht man denn für so ein Theater eine Konzession?«

»Sie brauchen für alles eine Konzession. Außer natürlich, es ist privat.«

»Ach so! Na, dann brauchen wir auch keine, denn das ist ja privat hier alles.«

Bruchmann zeigt auf das Publikum, das nach und nach eintrudelt.

»Dann sind das alles Ihre privaten Gäste?«

»Ja klar. Alles Freunde und Bekannte.«

»Und warum hängen dann Plakate in der Stadt? Ich habe acht Stück gefunden. Davon alleine vier in einer Kneipe.«

Stimmt, wir hatten vor zwei Wochen ja den Werbe-Etat verdoppelt.

»Die Plakate sind nur dazu da, unsere Freunde und Bekannte daran zu erinnern, dass sie heute eingeladen sind. Natürlich privat und selbstverständlich völlig kostenlos.«

Andy kommt aufgeregt zu mir.

»Geil! Wir haben schon dreißig Karten ...«

Weiter kommt er nicht, weil ich versehentlich gegen sein Schienbein trete. Bruchmann schaut mich an. Klärungsbedarf liegt in der Luft.

»Mein Freund Andy wollte sagen, dass er schon dreißig Karten verschenkt hat.«

Andy guckt mich an.

»Wieso verschenkt? Das sind über fünfzig Mäuse! Oder zwei Fässchen Bier für den Tresen! Geil, was?«

Meine Freude hält sich in Grenzen. Bruchmann schaut uns an.

»Sie schenken hier alkoholische Getränke aus?«

Bevor Andy antwortet, stoße ich versehentlich meinen Ellbogen in seine Rippen. Andy krümmt sich. Ich lächle.

»Andy, darf ich dir Herrn Bruchmann vorstellen? Herr Bruchmann kommt vom Ordnungsamt und besucht unsere rein private und natürlich völlig kostenlose Veranstaltung.«

Andy kapiert.

»Na, dann will ich mal nicht weiter stören.«

Weg ist er. Kameradenschwein. Im Laufe der nächsten zehn Minuten kann ich Bruchmann halbwegs davon überzeugen, dass dies alles hier rein privat ist und wir keineswegs Bier verkaufen, sondern unsere Gäste eingeladen sind und uns ab und an mal Geld spenden, damit wir Getränke kaufen können. Bruchmann geht. Bin trotzdem beunruhigt.

### 24. Juli 1992

Vorstellung. Rappelvoll. Spitzenstimmung. Spiele gerade eine Hula-Hoop-Tänzerin, als ich im Publikum ein mir bekanntes Gesicht entdecke. Bruchmann. Scheiße! Um den Schein einer privaten Veranstaltung zu wahren, gehe ich runter von der Bühne und plaudere mit dem Publikum, als wären es lauter Bekannte. Das Publikum hält meine Aktion für eine lustige Nummer und brüllt vor Lachen. Selbst Bruchmann lacht ein bisschen.

### 28. August 1992

Vorstellung. Bruchmann hat seine Frau mitgebracht. Beide amüsieren sich prächtig. In der Pause fragt mich Frau Bruchmann, warum wir nur Bier ausschenken und keinen Wein. Schaue unsicher ihren Mann an. Bruchmann lächelt gnädig. Hole im Büdchen gegenüber Lambrusco und schenke seiner Frau ein Glas davon ein. Bruchmann bestellt für sich ein Bier und spendet 4 Mark 50.

### 12. September 1992

Vorstellung. Das Siegburger Ordnungsamt geht bei uns mittlerweile ein und aus. Bruchmann hat seinen Kollegen Bescheid gesagt. Die wiederum bringen ihre Frauen mit, sodass wir quasi gezwungen sind, neben Bier und Wein auch Sekt auszuschenken. Alle amüsieren sich.

### 23. Oktober 1992

Unser kleiner Betrieb beginnt langsam, sich zu rechnen. Wir fangen an, Pläne zu schmieden. Aber auch jemand anderes schmiedet Pläne. Das Finanzamt. Bekomme Post. Wegen der Einkommensteuererklärung. Gewerbesteuer, Umsatzsteuer und so weiter.

### 25. Oktober 1992

Werde beim Finanzamt vorstellig. Erkläre dem zuständigen Beamten, dass das Ganze ein bedauerlicher Irrtum sei. Diese Sache mit dem Theater sei nämlich völlig privat. Das könnten auch die Kollegen vom Ordnungsamt bestätigen, vor allem Herr Bruchmann, der sei nämlich Stammkunde. Verbessere mich. Stammgast ... also er käme gerne zu Besuch. Rein privat. Der Finanzbeamte nickt. Soso ...

### 12. November 1992

Nach der Vorstellung nimmt Bruchmann mich zur Seite. Er ist ziemlich geladen. Was mir denn einfiele, ihn an die Kollegen vom Finanzamt zu verpfeifen. Konnte ich doch nicht wissen, dass die irgendwie miteinander in Verbindung stehen. Bruchmann meint, er hätte lange ein Auge zugedrückt, aber jetzt müsse man das Ganze offiziell machen. Mit Schankgenehmigung, zwei Toiletten, Gewerbeschein, und vor allem genügend Parkraum für unsere Gäste. Parkraum? Wieso denn Parkraum? Bruchmann führt mich raus. Die Straße ist bis in die zweite Reihe komplett zugeparkt.

### 14. Dezember 1992

Bescheid vom Ordnungsamt. Man käme uns entgegen, schließlich seien wir zu einem Teil der Kultur Siegburgs geworden. Zehn Parkplätze würde die Stadt uns zur Verfügung stellen. Sieg! Andy nimmt den Wisch und wird blass. Ob ich nicht weiter gelesen hätte. Die Stadt würde uns zwar die Parkplätze zur Verfügung stellen, allerdings sollten wir dafür bezahlen. Und zwar den läppischen Betrag von 15 000 Mark das Stück. Sind die bekloppt? Für 15 000 Mark kann man sein Auto jahrelang in eine Tiefgarage stellen. Beschließen, den Bescheid erst mal zu ignorieren.

### 12. Januar 1993
Bescheid vom Ordnungsamt. Der Preis für einen Parkplatz ist auf 16 000 Mark angestiegen.

### 24. Februar 1993
Bescheid vom Ordnungsamt. Man räumt uns eine letzte Frist ein.

### 14. März 1993
Es hilft nichts. Müssen uns dem Druck des Ordnungsamtes beugen. Knapp ein Jahr nach der Eröffnung schließen wir das k-buff. Um die Beerdigung gebührend zu feiern, widmen wir uns ein letztes Mal ausgiebig unserem Getränkebereich.

# 47. Knusperhäuschen und der Kontakt zum TV

Als Wirt

**21. März 1993**

Seit der Schließung des k-buff fehlt mir was. Hatte mich an die regelmäßigen Auftritte und die anschließenden Feiern in unserem Getränkebereich sehr gewöhnt und fühlte mich dort fast schon wie zuhause. Es ist, als wäre ein Stück von mir gegangen, und ich versinke in tiefer Trauer.

**31. März 1993**

Bekomme einen Anruf. Eine Stimme namens Lothar fragt, ob ich schon mal was vom Knusperhäuschen gehört hätte. Will der Typ mich verarschen? Ruft mitten in meiner Trauerphase an und erzählt mir was von Märchen? Lothar klärt mich auf. Das Knusperhäuschen sei eine alteingesessene Kneipe in St. Augustin, und er sei der neue Pächter. Er hätte gehört, dass wir unser Theater hätten schließen müssen wegen ... wegen was denn eigentlich? Ähm, ja ... es hätte gewisse Differenzen mit der Stadt gegeben, aber nichts Dramatisches. Warum er fragen würde. Es sei so, fährt er fort, dass sein Knusperhäuschen zwar sehr erfolgreich liefe, aber nicht ganz so erfolgreich, wie er sich das vorgestellt hätte, und ob ich nicht Lust hätte mit einzusteigen.

Das k-buff sei ja ganz gut gelaufen und ich könnte meine Erfahrung im Unterhaltungssektor mit einfließen lassen, um die Kneipe noch erfolgreicher zu machen. Frage ihn, was er unter »noch erfolgreicher« verstünde. Erfolgreicher als jetzt, bekomme ich zur Antwort. Gott, muss man dem Typen aber auch alles aus der Nase ziehen? Hake nach und will wissen, wie erfolgreich sie denn JETZT sei. Lothar wird etwas kleinlauter. Also, er hätte schon mehrere Stammgäste. Zwei, um genau zu sein. Der eine würde abends immerhin bis zu zwölf Herrengedecke verzehren (Bier & Korn), der andere käme im Schnitt nur auf neun, würde dafür aber eine warme Mahlzeit bestellen. Eine Frikadelle. Mit Brot! Denke nach. Scheint ja ordentlich zu brummen, sein Laden. Trotzdem ist mir die Sache irgendwie sympathisch. Wahrscheinlich, weil ich glaube, in Lothar einen Seelenverwandten zu erkennen. Ich weiß nicht, was mich reitet, aber ich verspreche ihm, mir den Laden einmal näher anzusehen.

### 3. April 1993

Samstags zur besten Kneipenzeit betrete ich das Knusperhäuschen. Komme kaum in die Kneipe. Nicht, weil sie überfüllt ist, sondern weil die Tür klemmt. Drinnen spielt James Brown. An der Theke sitzen zwei ältere Männer. Das müssen die Stammgäste sein, von denen Lothar sprach. Ansonsten ist der Laden leer. Lothar begrüßt mich. Frage ihn, ob er trotz des momentanen Hochbetriebs ein wenig von seiner knappen Zeit abzwacken könnte, um mir die Kneipe mal zu zeigen. Klar. Lothar macht eine Führung. Wir beginnen in der Küche. Tip top. Auf dem Herd steht eine Pfanne mit zwei Frikadellen. Lothar scheint nicht wirklich mit weiteren Gästen zu rechnen. Die Toiletten machen einen super Eindruck. Im Gegensatz zum k-buff gibt es hier getrennte Toiletten für Damen und Herren. Dann zeigt Lothar mir die Perle des Knusperhäuschens. Den Billardraum. Riesengroß. In meiner Vorstellung sehe ich eine Bühne ... ein bisschen Farbe ...

ein, zwei Sauerkrautdosenscheinwerfer ... Lothar bemerkt meine Begeisterung. Er hätte sich so was gedacht, ich sei ja so eine Art Künstler, und vielleicht könnte man hier im Knusperhäuschen ja so was Ähnliches aufziehen wie im k-buff. Frage, ob er genügend Parkplätze hätte, die seien nämlich existentiell für einen Kulturbetrieb. Lothar nickt. Das sei kein Problem, vor dem Haus sei Stellfläche für mindestens zwanzig PKW. Nicht schlecht. Lothar fährt fort. Das Knusperhäuschen hätte noch einen weiteren Vorteil. Da fünfzig Prozent seiner Stammgäste pensionierte Polizisten seien, würde man es mit der Sperrstunde nicht so genau nehmen. Der linke der beiden (Theo) hätte nämlich zeit seines Lebens ein Auge auf Helma, die alte Pächterin des Knusperhäuschens, geworfen. Aha. Aber was ist, wenn er mitbekommt, dass statt Helma jetzt zwei Männer hinter der Theke stehen? Lothar beruhigt mich. Nach spätestens sechs Herrengedecken sei Theo der physiognomische Unterschied zwischen der 95-jährigen Helma und uns nicht mehr so wichtig. Überlege kurz und schlage ein. Werd ich eben Wirt. Warum nicht?

### 5. April 1993

Kündige meinen Hausmeisterjob. Zum Abschied bekomme ich vierzehn Fresskörbe geschenkt. Meine erste Amtshandlung im Knusperhäuschen besteht darin, einen Teil der Fresskörbe an unsere beiden Stammgäste zu verteilen. (Auf Kosten des Hauses.) Insbesondere der Verzehr der indischen Kostbarkeiten sorgt bereits am Abend für ein spürbares Umsatzplus im Bereich des Bierkonsums. Lothar schaut mich anerkennend an. Ich wüsste, wie man Geschäfte macht.

### 10. April 1993

Das Stammpublikum unseres Ex-Theaters ist froh, im Knusperhäuschen einen neuen Treffpunkt gefunden zu haben. Abends ist die Kneipe ganz gut gefüllt. Theo und sein Kumpel sind natürlich auch da. Sie staunen nicht schlecht, im Knusperhäuschen eine für sie völlig neue Spezies zu entdecken: Frauen. Lothar lobt mich. So würde man es machen. Neue Gäste gewinnen, ohne die Stammkunden zu vergraulen.

### 17. April 1993

Erster Auftritt von »Profi und Andy« im Knusperhäuschen. Die Bude ist voll. Pendle zwischen der Küche, wo ich Frikadellen brate, der Bühne und dem Tresen hin und her. Die Kombination Küche/Zapfhahn/Bühne gefällt mir als neuer Arbeitsplatz ausgesprochen gut (bereits ein Kilo zugenommen). Lothar ist zufrieden. Machen erst um fünf Uhr morgens zu.

### 24. April 1993

Haben die Speisekarte erweitert. Neben Frikadelle mit Brot haben wir jetzt auch Bockwurst im Angebot.

### 30. April 1993

Tanz in den Mai. Das Knusperhäuschen platzt aus allen Nähten. Ich übrigens auch (drei Kilo zugenommen). Weil wir alle Hände voll mit Zapfen und Kochen zu tun haben (die Speisekarte wurde um Bohneneintopf ergänzt), findet heute ein Gastauftritt im ehemaligen Billardzimmer statt. Ein kleiner Mann aus Bonn steht auf der Bühne und erzählt lustige Sachen. Bernhard Hoëcker. Aus dem Mann könnte was werden.

### 15. Mai 1993

Der kleine Mann hat einen Kumpel mitgebracht. Bastian Pastewka. Auch nicht schlecht ...

### 4. Juni 1993

Der Laden brummt. Kurz vor Feierabend (fünf Uhr) zapfe ich für einen Gast das letzte Pils. Der Gast spricht mich an. Ich hätte ja echt Talent. Räume ein, im Selbstversuch lange geübt zu haben, bis ich in der Lage gewesen sei, so ein Pils zu zapfen. Er würde weniger das Pils meinen als vielmehr mein Talent, die Leute zu unterhalten. Und ob ich nicht mal Lust hätte, auf einer richtig großen Bühne zu spielen. Noch größer als ein Billardzimmer? Der Mann nickt. Bin aufgeregt. So aufgeregt, dass ich das nächste Pils vergeige und selber trinken muss. Der Mann fährt fort.

Man plane im Theater am Tanzbrunnen ein Musical. *Chachacha*. Allerdings seien die drei Hauptdarstellerinnen mitunter etwas kapriziös, vor allem was ihre Kostüme anginge, und deshalb käme es teilweise zwischen den einzelnen Nummern zu längeren Umziehpausen. Ob ich mir vorstellen könnte, in diesen Pausen das Publikum ein wenig zu unterhalten? Klar kann ich mir das vorstellen. Doch dann fällt mir ein, dass ich unmöglich die Kneipe allein lassen kann. Das sei kein Problem, meint der Mann, das Musical würde ja nicht so oft gespielt. Nur vier Mal die Woche. Von acht bis halb elf. Ich wäre dann spätestens gegen elf wieder im Knusperhäuschen und könnte zapfen. Klingt realistisch. Verspreche, mir die Sache einmal anzusehen. Wer weiß? Vielleicht werd ich ja mal Musicalstar. Muss an *Cats* denken. Überlege, wie ich mich in einem hautengen Katzenkostüm machen würde ...

### 12. Juni 1993

Was der Mann verschwiegen hat, ist die Tatsache, dass die Proben schon um 15 Uhr beginnen. Proben waren für mich immer schon überflüssig, aber ich singe ja auch nicht. Am meisten Zeit nimmt der Soundcheck in Anspruch. Da sind Sängerinnen wohl sehr empfindlich. Vor allem, wenn sie aus den USA kommen, so wie unsere.

Soundcheck. Andy sitzt am Pult. (Da man noch einen Techniker brauchte, hab ich ihn kurzerhand mitgebracht.) Die Band spielt. Sängerin eins trällert und bricht ab. (Ihre Miene erinnert mich irgendwie an einen Kunstdruck, der früher im Flur

meiner Eltern hing. Ich glaube, *Der Schrei* von Edvard Munch.)
Die Sängerin wendet sich mit vorwurfsvoller Geste an Andy.

»A little bit warmer, please.«

Andy dreht an einem Knöpfchen. Musik. Geträller. Abbruch.
Munch-Gesicht.

»A little bit warmer, please.«

Knöpfchendrehen. Musik. Geträller. Ich höre null Unterschied.
Sängerin eins schon. Abbruch. Munch-Gesicht.

»Yes. Better. But a little, little bit warmer, please.«

So geht das eine Stunde lang. Irgendwann gibt Diva Nummer
eins sich zufrieden. Soundcheck für Diva Nummer zwei. Musik.
Geträller. Abbruch. Munch-Gesicht.

»Oh no! A little bit colder please!«

Andy schaut mich traurig an. Gehe in die Kantine und trinke
ein Pils. Da die hier kein Pils zapfen können, zapf ich mir selber
eins. Drei Stunden und sieben Pils später holt man mich. Habe
in der Zwischenzeit der Wirtin der Kantine einen Schnellkurs im
Pilszapfen verpasst. Ich soll bald wiederkommen. Mach ich. Denn
dies war bestimmt nicht der letzte Soundcheck.

### 24. Juni 1993

Premiere. Als Pausennummer fordere ich Andy auf, den Sound »a
little bit warmer« einzustellen. Auf dieser Basis improvisiere ich
eine lustige Soundchecknummer. Alle haben Spaß. Das Publikum,
Andy und ich. Nur die drei Diven nicht, die mich mürrisch an-
schauen, als ich nach meiner Nummer hinter die Bühne komme.

### 12. Juli 1993

Heute Abend meine Improvisation etwas ausgedehnt. Das Publikum lacht. Die Diven stehen hinter der Bühne, fertig umgezogen,
und zeigen energisch auf die Uhr. Ich soll voranmachen. Wieso?
Das Publikum amüsiert sich doch. Lege noch eine Nummer drauf,
bevor ich den Platz frei mache für die drei Grazien.

### 24. Juli 1993

Heute beeile ich mich mit meiner Pausenimprovisation. Die Diven sind erleichtert. Muss nämlich schnell ins Knusperhäuschen, weil heute jemand bei uns auftritt, der nach Aussage einiger Kumpels noch kranker im Kopf sein soll als ich: Pit Klocke. Meine Kumpels hatten Recht.

### 12. August 1993

Die doppelte Belastung durch das Engagement bei *Chachacha* und meine Tätigkeit im Knusperhäuschen beginnt erste Folgen zu zeigen. Ich nehme ab. Trotzdem fühle ich mich rundum ausgefüllt.

### 3. September 1993

Bekomme einen interessanten Anruf. Ob ich nicht Lust hätte, mal beim Kölner Comedy Cup aufzutreten. Der Comedy Cup sei ein Podium für Newcomer. So new come ich mir gar nicht mehr vor, will mir die Sache aber mal durch den Kopf gehen lassen.

### 4. Oktober 1993

Trete beim Kölner Comedy Cup auf. Jeder »Newcomer« bekommt einen erfahrenen Paten zur Seite gestellt. Mein Pate ist Bernd Stelter. Wir sind uns recht ähnlich. Auch körperlich. Nach meinem Auftritt spricht mich wieder ein Mann an. Er heiße Jacky Dreksler und würde demnächst fürs Fernsehen eine Comedysendung produzieren. Ob ich mir vorstellen könnte, vor der Kamera zu stehen. Kann ich.

### 12. November 1993

Einladung zu einem Casting bekommen. Ein Casting ist so eine Art Einstellungstest, ob man fürs Fernsehen geeignet ist. Entgegen meiner üblichen Gepflogenheit bekomme ich keine Prüfungsangst.

## 22. November 1993

Casting. Machen Probeaufnahmen. Als der Kameramann mich sieht, meint er, man solle besser 16 zu 9 drehen. Das sei schwer im Kommen und für meine Figur auch ein passenderes Bildformat. Bekomme ein kleines Drehbuch für einen Sketch in die Hand gedrückt. Bin beeindruckt. So was habe ich noch nie gesehen. Dann soll ich zum Kostüm. Die Kostümfrau schaut mich an. So was hat sie noch nicht gesehen. Werden trotzdem fündig.

Der Dreh verläuft gut. Alle sind zufrieden. Abends bekomme ich einen Anruf von Jacky Dreksler. Ich sei dabei. Gebe eine Lokalrunde im Knusperhäuschen.

## 12. Januar 1994

Erster Drehtag. Bin wahnsinnig aufgeregt. Mein Text lautet »Aua«. Vor dem Dreh stiefle ich nervös auf dem Flur auf und ab und wiederhole immer wieder meinen Text, bis mich die Frau aus der Maske besorgt fragt, ob ich einen Arzt benötige.

Auf dem Dreh spiel ich meinen Part eloquent durch. Ohne Texthänger. Ich bin aber der Einzige, der durchspielt, denn bei Dreharbeiten setzt man immer wieder ab und muss die Kamera anders aufbauen. So kommt es, dass man für eine Szene, die im Fernsehen vielleicht drei Minuten dauert, wesentlich mehr Zeit zum Drehen braucht. Nach einer Weile hab ich den Bogen raus.

## 2. März 1994

Mein Alltag sieht mittlerweile so aus: Acht Uhr aufstehen. Acht Uhr dreißig ab zum Dreh. 19 Uhr Feierabend (für die anderen). Ich fahre zum Theater und gebe den Pausen- clown. (Meine Pausenüberbrückungen summieren sich während einer Vorstellung mittlerweile auf knapp dreißig Minuten.) Anschließend ins Knusperhäuschen hinter die

Theke bis ein Uhr. Der Begriff Freizeit existiert nicht mehr in meinem Kosmos. Lange geht das nicht mehr so, und ich muss mich entscheiden.

### 6. März 1994

Ein Gespräch mit Lothar steht an. Habe mich entschlossen, meine Tätigkeit im Bereich der Unterhaltungsgastronomie zu Gunsten einer Komikerkarriere aufzugeben. Sehe meine Zukunft doch eher auf der Bühne. Lothar ist traurig, aber er zeigt Verständnis. Ob ich mir das gut überlegt hätte, weil so eine Entscheidung sei ja auch ziemlich riskant. Da hat er Recht, aber wenn nicht jetzt, wann dann? Und wenn das mit dem Komiker nicht klappen sollte, kann ich ja immer noch als Wirt arbeiten.
Oder als Schreiner.
Oder Hausmeister.
Oder Fahrer für Tiefkühlkost.
Bauarbeiter.
Supermarkthilfe.
Schweißer.
Babysitter.
Tellerwäscher.
Koch.
Hundesitter.